U0723514

法治视域下知识产权行政保护问题研究

杨小飞　徐艳　著

中国商务出版社
CHINA COMMERCE AND TRADE PRESS

图书在版编目（CIP）数据

法治视域下知识产权行政保护问题研究 / 杨小飞，
徐艳著 . — 北京：中国商务出版社，2021.9 （2023.3重印）
ISBN 978-7-5103-4012-3

Ⅰ.①法… Ⅱ.①杨… ②徐… Ⅲ.①知识产权保护—
—研究—中国 Ⅳ.① D923.404

中国版本图书馆 CIP 数据核字（2021）第 202814 号

法 治 视 域 下 知 识 产 权 行 政 保 护 问 题 研 究

FAZHI SHIYU XIA ZHISHICHANQUAN XINGZHENG BAOHU WENTI YANJIU

杨小飞　徐艳　著

出版发行：中国商务出版社

地　　址：北京市东城区安定门外大街东后巷 28 号　　邮编：100710

网　　址：http://www.cctpress.com

电　　话：010 64212247（总编室）　　　010-64515164（事业部）
　　　　　010-64208388（发行部）

印　　刷：河北赛文印刷有限公司

开　　本：787 毫米 ×1092 毫米　　1/16

印　　张：13

版　　次：2021 年 12 月第 1 版　　　印　　次：2023 年3月第 2 次印刷

字　　数：263 千字　　　　　　　　定　　价：60.00 元

前　言

知识产权是人类在社会实践中创造的智力劳动成果的专有权利。各国对知识产权的共享和限制问题十分重视，知识产权制度通过法律确认人们在科学、技术、文化、艺术等领域从事智力活动时所创造的精神财富的享有权，通过调整社会关系来维护知识产权创造者的合法权益，鼓励人们的创造性，促进科学技术经济发展。

改革开放以来，我们学习和借鉴了世界上大多数国家的通行做法，建立和实行了与我国社会主义市场经济发展相适应的知识产权制度，从而全面打开了以知识产权激励和保护创新为手段、有效运用知识产权国际规则参与全球经济活动的大门。具有中国特色的知识产权行政管理体系也随之创建起来，经历了从无到有、逐步发展的历程，在推动我国知识产权制度建立与完善，以及国家知识产权战略的制定与实施等方面发挥了重要的作用。

在新一轮技术创新和产业变革浪潮的推动下，全球经济发展格局正在发生深层次的结构性变化，变成以关键领域前沿技术和知识体系创新为引擎，以知识产权核心资产和战略运用为支撑的知识经济深入发展，知识产权已经成为国家发展的战略性资源和提升国际竞争力的核心要素，成为市场主体创新驱动发展并取得市场竞争优势的关键。近年来，我国知识产权数量呈现出持续快速增长态势，我国已成为名副其实的知识产权大国，但还不是知识产权综合实力较强的知识产权强国。针对这一基本现状和发展要求，《国务院关于新形势下加快知识产权强国建设的若干意见》出台，发出了"深化知识产权领域改革，加快知识产权强国建设"的总动员。要实现将我国建设成为知识产权强国这一战略目标，中国知识产权行政管理体系就必须在更高层次上、以更高的标准进行科学化管理，就必须在新形势下更好地发挥政策引导、执法保护和公共服务等职能，通过制定政策、搭建平台、优化环境等方式有效推动知识产权创造、运用、保护和管理。

作　者
2021 年 3 月

目　录

第一章

知识产权及相关概念

对"知识产权"一词的起源，学界有不同的看法。一般认为，知识产权作为法律用语是来自英文"intellectual property"的意译。将一切来自知识活动的权利概括为"知识产权"，早期见于17世纪中叶的法国学者卡普佐夫，后为比利时著名法学家皮卡第所发展。皮卡第认为："知识产权是一种特殊的权利范畴，它根本不同于对物的所有权。所有权原则上是永恒的，随着物的产生与毁灭而发生和终止，但知识产权却有时间限制。一定对象的产权在每一瞬间内只能属于一个人（或一定范围的人——共有财产），使用知识产品的权利则不限人数，因为它可以无限地再生。"这一学说后来被许多国家和国际组织所认可。

20世纪60年代缔结的《成立世界知识产权组织公约》使用了"intellectual property"一词。目前知识产权已成为国际上通用的法律术语。我国20世纪七八十年代在民法理论上曾称为"创造成果权"，1986年颁布的《民法通则》正式明确采用"知识产权"用语。另外，我国台湾地区称之为"智慧财产权"。而在实践中，知识产权出现了更多的别样称谓，如无形财产权、物体财产权、非物质财产权、准物权、符号财产权、信息产权、创造性劳动权等。

第一节　知识产权的概念

在生活中，知识产权一词使用较多。其在不同的场合或提法中，指代不同的意义。其中主要有以下三种：

（1）指知识产权的权利本身。如作为一种权利，与物权、债权一起构成民事权利之整体。

（2）指知识产权的保护对象。比如下述提法：开发知识产权、知识产权创造。产生这一现象的原因在于知识产权的英文"intellectual property"本身即有知识产权对象之含义。同时，知识产权对象缺乏像"物"（物权对象）一样受到广泛认同的简练用语，又加上人们对知识产权的意义认识模糊，致使人们常把"知识产权"用来指代其对象。

（3）指知识产权的法律制度。比如：知识产权是一项重要的民事法律制度。

在本书中，都是按第一种提法使用"知识产权"这个术语。

将来自知识活动领域的权利概括为"知识产权"的是 17 世纪中叶的法国学者卡普佐夫，后来为比利时著名法学家皮卡第所发展。但对于知识产权的概念和法律特征，国内学界并未完全取得共识。在立法上，知识产权的概念多采用列举式定义，而在学界，更多的努力在于进行概括式定义，试图准确揭示出定义对象的本质特征，以区别于其他类似的事物。

一、列举式定义

列举式定义，又称范围式定义，即通过对知识产权种类和范围的列举对知识产权下定义。这种分类是依据具体知识产权的对象而作出的，每一类直接细分到具体的权利类型。列举式又有不完全列举与完全列举之分。不完全列举的定义，如"知识产权传统上包括专利、商标、版权三个法律领域"和"专利权、商标权与著作权等一般结合在一起称之为知识产权"。完全列举式定义，可见于《成立世界知识产权组织公约》（WIPO）第 2 条第 8 款，后被《与贸易有关的知识产权协定》（TRIPS）第一部分的第 1 条第 2 款所继承。上述两个国际公约对知识产权划定的范围基本反映在当今世界各国的知识产权法律制度之中。

（一）《成立世界知识产权组织公约》（WIPO）

《成立世界知识产权组织公约》于 1967 年 7 月 14 日，在斯德哥尔摩签订，共 21 条。其第 2 条第 8 款列举的知识产权包括以下几种：关于文学艺术和科学作品的权利；关于表演艺术家的演出、录音和广播的权利；关于在人类一切领域内的发明的权利；关于科学发现的权利；关于工业品外观设计的权利；关于商品商标、服务商标、工商业名称和标记的权利；关于反不正当竞争的权利及在工业、科学、文化或艺术领域内其他一切来自智力活动的权利。

（二）《与贸易有关的知识产权协定》（TRIPS）

1993 年 12 月 15 日，关贸总协定通过的《与贸易有关的知识产权协定》列举的知识产权包括以下几种，著作权及其相关权利（邻接权）；商标权；地理标记权；工业品外观设计权；专利权；集成电路布图设计（拓扑图）权；对未公开信息的保护权（商业秘密权）等等。

（三）《民法通则》

我国《民法通则》第 94 条至 97 条列举的知识产权包括，著作权（版权）；专利权（发明专利权、实用新型专利权、外观设计专利权）；商标权；发现权；发明权和其他科技成果权。

《民法通则》第一次在我国从法律上认定了知识产权的存在及其私权性质，但其关于知识产权种类的列举存在历史的局限。这种历史局限可以认为是正常的，知识产权处于日新月异的发展阶段，新生事物层出不穷。比较后来的 TRIPS 与之前的 WIPO 之间关于知识产权保护对象范畴的界定，也存在明显的差异。

二、概括式定义

概括式定义，是通过对保护对象的概括抽象的描述，简要说明这一权利的"属加种差"的方式，来给出知识产权的定义。

（一）知识产权概括式定义

（1）知识产权是基于创造成果和工商业标记依法产生的权利的统称。这一定义，注重"创造成果"的概念，使之与"劳动成果""智慧、智力"及"创造活动"划清界限，并排除了"非创造性成果"；同时，依据各自获得财产的手段不同将知识产权的保护对象分为创造成果与工商业标记两类。

（2）知识产权指的是人们可以就其智力创造的成果依法享有的专有权利。这一定义把知识产权的客体，包括工商业标记，都归纳为具有创造性的创造成果。

（3）人们对其智力活动创造的成果和经营管理活动中的标记、信誉依法享有的权利。这种表述考虑到创造成果权用以解释工商业标记权时存在障碍，故进行了刻意区分，但其关于经营管理活动中的标记、信誉的用语，使之范围较之工商业标记的用语而言显得更为宽泛。

（4）知识产权是公民依法控制与知识活动有关的信息、享有自身利益和排除他人干涉的权利。它具有支配权的一般特性和特征，以区别于债权、人权等。

另外，还有从不同角度和侧重点对知识产权作出概括性界定。比如：①基于知识产权的产生过程。知识产权法是规范知识产权产生、获得、使用和维护的法律。②从描述知识产权规制对象的角度。知识产权是人们对于自己的智力创造成果和工商业标记依法产生的权利的总称。③从理论抽象之后的规制对象出发。智力劳动者应对其知识产权品享有财产权。知识产权是指自然人、法人对其在科学技术、文学艺术领域内创造的精神财富，依据法律规定享有的专有权。

（二）概括式定义所表征出知识产权概念的特征

1. 知识产权是基于创造成果与经营标记所产生的权利

从这一观点出发，有人主张排他性是知识产权的标志，并认为知识产权的排他性主要表现在：债务人享有排他性权利，即对其创意服务的垄断和排他性权利，未经债务人同意，任何人不得使用债务人的知识产品（除非法律要求）。具有相同属性的两项或两项以上的知识产权不能在同一知识产权上共存。例如，在两项相同发明的情况下，根据法定程序只能授予其中一项专利权；与现有技术相比，如果没有显著的材料特征和进步，后续发明就无法获得相应的专利权。然而这样的看法还有待商榷。

所谓专有，在法律意义上是指专有其利益。其实，物权、人身权都具有这种属性。物权是对物直接支配并排除他人干涉的权利，人身权是专属于权利人、不可分离的、没有直接经济内容的权利，甚至不能转让和继承。

尽管知识产权、物权和人身权利具有不同的法律和事实条件以及不同的利益，它们各自的利益具有相同的排他性。因此，排他性不是知识产权的特征。此外，知识产权债务人的利益排他性程度远低于属人法和实际法的排他性程度。物权是绝对的，即当所有权人行使对该物的权利时，不允许他人干涉或可要求他人积极支持。物主控制时，不受地域和时间的限制。知识产权的垄断是相对的，这种垄断权往往受到权力的限制（如合理使用、临时过境、使用权等），同时，此项权利的排他性仅在特定地区、领土以及有效期内有效。

2. 知识产权的产生一般须由法律所认可

换言之，并非所有的知识产品都可以成为知识产权的保护对象。一方面，在不同历史时期的不同国家，受经济、科技、文化等因素影响，知识产权的范围也有所差异。另一方面，法定之权意味着并非所有施加于知识产权保护对象上的行为都会受到知识产权法律的规制。例如，亚马逊网站在图书征订下方展示关于该图书目录以及内容介绍，就不构成知识产权上的意义。

有观点从知识产权是法定之权入手，主张法律确认性是知识产权的特征。法律确认性特征坚持者认为，知识产权的产生和取得方式不同于有形财产权的产生和取得方式。由于创造成果内容的无形性，决定了它本身不能直接产生知识产权，而必须依照专门的法律确认或授予才能产生知识产权，如专利、商标的授权审查程序。这样的观点及其分析，存在几个方面的问题：

（1）如果将须经法律直接确认等同于国家授予性，那么它只能反映专利权、商标权以及其他相类似的权利，因为著作权和商业秘密不需要国家批准授权。而且在有的国家，商标权是通过使用取得的或者是可以通过使用取得的。

（2）这种观点造成认识上的混乱，好像除知识产权外，其他权利是自然产生的，不需要法律的确认。其实，任何权利都需要经过法律确认之后才能称之为权利。因此，须经法律直接确认不能作为知识产权的法律特征。

3. 知识产权不等于智力创造性成果权

并不是所有以知识产权的名义受到管制的权利都来自知识领域，也不是所有的权利都基于创造性成果。从权利来源的角度来看，知识产权主要发生在知识创造和商业活动领域；从权利客体的角度来看，它包括创造性成果、品牌和其他可能的声誉和知识信息。

第二节　知识产权的特征

研究一种权利的法律特征，是为了弄清楚该权利在主体、客体、内容等方面的特点，并把它和其他权利区别开来，使该权利能够成为一种独立于现有民事权利的新型权利，以此指导人们的学习和司法实践。对于权利特征的描述，应当有以下要求：一是要说明其法律品格；二是要区别于其他民事权利（知识产权一般与传统的财产所有权作对比区别）；三是该权利特点要与权利对象的特点区分开来；四是该特点应不涉及该权利所保护的利益（社会关系）的特点。知识产权的特征属于知识产权的基础理论，自我国开展知识产权研究以来，学者对知识产权的特征有不同的归纳。本书赞同知识产权的法律特征有两个，一是时间性，二是权利内容的多元性与多重性。

一、时间性

知识产权制度既要促进科学、技术、文化的广泛传播，又要注重保护知识产品创造者的合法利益，协调权利人与社会公众之间的矛盾。从这个意义上说，知识产权的时间限制性规定，反映了社会需要和公众利益，反映了利益平衡的基本精神。

时间性特点是知识产权与所有权的主要区别之一。所有权不受时间限制，只要其标的物没有灭失，权利即受到法律保护；物灭失，物权归于消灭，并不导致"公权"的产生。知识产权在时间上的有限性，是世界各国为了促进科学文化发展、鼓励创造成果公开所普遍采用的原则；期限届满，权利归于消灭，"私权"变为"公权"。

同时，知识产权的时效性与他物权的时间性也存在差异。他物权的设定发生在特定主体之间，并以所有权的存在为前提。他物权是指在他人所有的物上设定或享有的权利，源于罗马法，是指权利人根据法律规定或合同的约定，对他人之物享有的有限支配的物权。

知识产权的时效性与债权的时间性存在差异。债权涉及债权人和债务人之利益，以履行、清偿为目的，故不承认债权的永久性。知识产权一定时间内的垄断利益，表面上是国家与个人的契约所限定的，实质上是利益平衡使然。

知识产权的时间性，即只在规定期限保护。法律对知识产权各项权利的保护，都规定有一定的有效期，各国法律对保护期限的长短可能一致，也可能不完全相同，只有参加国际协定或进行国际申请时，才对某项权利有统一的最低保护期限。

二、权利内容的多元性与多重性

知识产权的权利内容具有多元性。受二元统一体之限制，物权对象的物是特定的、唯一的，只能是"一物一权"。一物一权原则是物权法中一项仅适用于所有权的原则，一物一权中的"权"仅指所有权而言，不包括任何他物权。反之，就"知识"而言，它是纯形式，是一元的，它虽然借助于质料才能表现，但它的表现却不受特定质料的限制。由此，现实中"知识"呈现出"一形多用"的现象。一张绘画，作为纯造型艺术可以悦目，同时，还可作产品外观设计、包装装潢、工商业标记、广告素材，等等。在对"知识"的利用中，所有方式都可以不受时空限制而合法共存，都会给权利人带来相应的利益。

此外，知识产权的内容多种多样。其使用权不仅可以由权利人本人行使，还可以通过以下方式行使：与事物的独特性相比，知识作为一种形式不仅可以无限期地复制，而且还可以变相地复制，即通过恢复进行复制。知识产权所有者不仅能在不同的国家行使其权利，还可在同一个国家同时或先后转让相同或不同的知识产权。这包括两种情况，第一，不同的权力可以委托给几个人，例如，版权持有人授予出版商出版作品的权利、改编作品的权利以及向电影制片厂制作电影的权利；第二，同样的权力也可以授予几个人，例如，通过正常的许可协议，专利所有人授予两个以上的企业专利权、版权持有人授予两个以上的表演团体相同作品的公共服务权、商标所有者授予两个以上的公司商标权。虽然产权也可以从财产中分离出来，但整个对象的最终用户只能是一个人，并且使用对象有权限，因为内容只能委托给一个人。与知识产权相比，所有权和所有权分离的形式非常有限，因此权利分散，即多重性是知识产权区别于其他民事权利，特别是物权的另一个重要特征。这一特点使知识产权所有者享有更多的选择自由。它可以通过各种方式行使自己的权利，以寻求最大的经济利益。所谓知识产权的使用，就是学会在同一个国家或不同的国家，尽可能地使用自己的知识产权，开拓和占领市场，取得尽可能多的经济效益。

第三节　知识产权法的体系

民法是知识产权的灵魂，知识产权法属于民法的范畴。知识产权法律体系中几乎所有的制度与原则都可溯源于民法。经过三十多年的发展，我国已经形成了以《中华人民共和国专利法》（以下简称《专利法》）、《中华人民共和国商标法》（以下简称《商标法》）、《中华人民共和国著作权法》（以下简称《著作权》）为支撑，集成电路布图设计、植物新品种、地理标识、商业秘密等保护制度交相辉映的知识产权法律体系，可谓成就斐然。其中，《专利法》与《商标法》一般统称为工业产权。但随着科技的进步，新近出现"工业版权"的称谓。

一、知识产权法的组成

民法是知识产权的灵魂，知识产权法属于民法的范畴。知识产权法律体系中几乎所有的制度与原则都可溯源于民法。知识产权法是调整基于创造成果与工商业标记而产生的各种社会关系的法律规范的总和。商标权、专利权和著作权构成我国知识产权的核心内容。围绕这三项权利，我国分别制定了《商标法》《专利法》和《著作权法》，从而确立我国知识产权法律体系的三大支柱。此外，知识产权证包括《中华人民共和国反不正当竞争法》（以下简称《反不正当竞争法》）、《计算机软件保护条例》、《中华人民共和国植物新品种保护条例》（以下简称《植物新品种保护条例》）等一系列知识产权法律、法规。

（一）著作权法

著作权，又称版权，它是基于文学、艺术及科学作品依法产生的一种专有权利。著作权的称谓主要来自大陆法系，其原因是著作权法的立法理由或者说正当性主要来自对作者的人格保护。而"版权"（copyright）用语主要流行于英美法系，其原因在于版权制度是"从出版商的特权脱胎而来"，版权相关产业在传统上是以出版商为主导地位的，故而侧重于复制出版的权利。不过随着时代演进，著作人身权逐渐得到全世界范围内的重视。世界上第一部版权法——英国的《安娜法令》标志着开始保护作者的权利，而不仅仅是出版者的权利。

《著作权法》中的著作权是一种狭义的著作权，主要是指作者的权利，作者的人身权与财产权共同构成完整的著作权，但两者又相互区别，在一定条件下可以依法分离。而与著作权相关的权利（即邻接权，也有称相关权，如出版、表演、广播、录音录像等）同样受到保护。因此在很多场合下使用的著作权称谓，是一种广义的著作权概念，它包括狭义的著作权（作者权）与邻接权。

著作权法保护的是作品的表达，不保护作品的思想内容。在著作权法保护的范围中，不包括思想、方法、步骤、概念、原则或发现，无论上述内容以何种形式被描述、展示或体现。著作权法不保护创意或构思，著作权人不能阻止他人使用其作品中反映出来的思想或信息。

（二）专利法

在知识产权法中，专利法具有极为重要的地位。专利法是国际上通行的一种利用法律和经济的手段来保护、鼓励发明创造，促进技术进步的制度。一般而言，凡涉及技术方案法律保护的问题多属于专利法调整的范畴。发明创造要取得专利保护必须满足实体与程序的要求。专利制度的特征是以公开换垄断，具体而言，一方面发明创造人要以书面的方式公开全部的技术方案信息；另一方面，国家以法律的手段保障权利人对于实施技术方案的垄断权利。我国专利法所保护的发明创造有三大类：发明、实用新型和外观设计。其中，外观设计与作品之间可能会发生概念交叉。

在一般意义上，著作权与专利权所保护的东西本来就不是一样的，著作权保护的是一定思想下的表达，专利权保护的是一定表达上的思想。只不过我们在实际应用中，要注意到这里所谓的表达、思想，均应该在知识产权法的基本理念下作出正确的判断，比如专利法保护的思想应该被理解为技术方案。

（三）商标法

商标权法律制度是保护商品商标和服务商标使用者权利的法律法规。商标是指商品的生产者、经营者或者服务的提供者为了标明自己、区别他人，在自己的商品或服务上使用的可视性标识，即由文字、图形、字幕、数字、三维标识或颜色组合，以及上述要素的组合规程的标识。

商标权中的三维商标和专利权中的外观设计、著作权中的雕塑作品都可能出现概念交叉的情况。

（四）商业秘密

商业秘密是指不为公众所知并可能给权利人带来经济利益的技术和商业信息，因此，商业秘密包括技术信息和商业信息两部分，如管理方法、生产和营销策略、客户名单、来源信息和其他等商业信息，生产配方、工艺流程、技术诀窍、设计图纸等技术资料。

侵犯商业秘密的不正当竞争行为有以下几种情形：

（1）以盗窃、利诱、胁迫或者其他不正当手段获取权利人的商业秘密。

（2）披露、使用或者允许他人使用上述手段获取的权利人的商业秘密。

（3）违反约定或违反权利人有关保守商业秘密的要求，披露、使用或者允许他人使用其所掌握的商业秘密。

（4）第三人明知或应知前三项侵犯商业秘密的行为，而仍获取、使用或披露他人的商业秘密。

（五）其他的知识产权

1. 植物新品种权

植物新品种是指经过人工培育的或者对发现的野生植物加以开发，具备新颖性、特异性、一致性和稳定性的，并有适当命名的植物新品种。植物新品种知识产权保护在不同的国家有两种模式，一种是以专门法保护植物新品种，另一种还可以利用专利制度保护植物的新品种。在我国，植物新品种不受《专利法》的保护。

2. 地理标识

地理标识又称原产地标识，根据我国现行《商标法》规定，地理标识是指标示某商品来源于某地区，代表该商品的特定质量、信誉或者其他特征，主要是由该地区的自然因素或人为因素所决定的标识。地理标识可以是国家名称及不会引起误认的行政区划名称和地区、地域名称。

与商标一样，地理标识也具有识别特定商品的作用，但二者的区别也是很明显的：

（1）商标识别的是商标权人与他人生产、经营的同类产品或服务进行区别，而地理标识则是用以区别一地区与其他地区出产的同种产品。地理标识指代着的特定质量和信誉，与产品的品质有密切的关系，因此可以将地理标识注册为证明商标加以保护。

（2）特定的商标只能为商标注册人专用，或经商标权人许可的少数被许可人使用，而特定的地理标识则可由该地域范围内的经营同种产品的所有企业共用。地理标识的权利是集体权利，并且可以作为集体商标注册。地理标识所指的特定地区的企业，只要产品达到特定的质量要求，就可以使用该地理标识。也正是因为地理标识的地域特定性，决定了地理标识不能转让和许可其他地区同类产品的使用，否则会混淆使用该地理标识产品的来源，以及稀释了该地理标识的驰名度。

对地理标识的特殊保护是没有时间限制的。除了通过《商标法》的上述保护外，我国《反不正当竞争法》将伪造产地，对商品质量作引入误解的虚假表示也作为一种不正当竞争行为加以禁止。

3. 集成电路布图设计权（拓扑权）

集成电路是指半导体集成电路，即中间产品或终端产品，将半导体材料作为基板，并将至少两个或多个组件与至少一个有源组件进行部分或全部互连，并将该电路集成到基板中或基板上，只有原创的布图设计才能受到法律保护，即布图设计必须是创作的智力成果，而不是布图设计师或集成电路制造商认可的常规设计。

布图设计的权利持有人对其布图设计进行复制和商业利用的专有权利，具体包括复制权和商业利用权。集成电路布图设计专有权的保护制度既具有版权保护的部分特征，又具有工业产权，特别是专利权保护的部分特征。

4. 知名商品的特有名称、包装、装潢

现行《反不正当竞争法》第五条第二款规定，未经授权使用已知商品的唯一名称、包装和装潢或与已知商品类似的名称、包装和装潢，导致与他人的已知商品混淆，误导买家相信其为已知商品，是一种不公平竞争行为。知名商品的特有名称、包装、装潢因其具有特有性而与注册商标一样具有显著性特点和区别功能。伪造知名商品的包装、装潢会导致消费者在购买时产生混淆和误解。这是一种严重违反公平和诚信原则的不公平竞争。

知名商品是指在市场上具有一定知名度、为相关公众所知悉的商品。知名商品产品本身与产品的名称没有直接关联，与商标权使用的变动也没有关系。如"红罐王老吉"包装、装潢权属纠纷案中，知名商品是指加多宝公司利用王老吉配方所生产出来的凉茶，而不是指标注王老吉商标的凉茶，更不是指王老吉商标。

有观点认为，知名商品的特有包装、装潢与未注册商标是一回事。但商标与商品的特有包装、装潢有着显著的区别：

（1）使用目的不同。使用商标的目的主要是识别不同经营者的商品或者服务项目，而使用商品包装、装潢的目的在于说明或美化商品。

（2）构图设计不同。商标构图力求简洁、明快，突出其显著特征，以达到识别经营对象的目的，而商品包装、装潢着力于渲染、美化商品，浓墨重彩，图案绚丽。

（3）商标所使用的文字或图形一般不能与商品内容相同，而商品包装、装潢则不受此限制。实践中大多数装潢的图案与商品的内容相一致。

（4）商标是商标权人的专用权，经核准注册后非经商标主管机关批准不得随意改变。而商品包装、装潢可以根据市场销售的需要，随时变动装潢图案和文字，而无须经过批准。

5. 域名

域名作为网络中一个特有的概念，为完成特定的分址、寻址而存在。一个域名作为IP地址别名，其技术内容使之能连接至因特网，并能被方便访问，且商标、驰名商标或

企业名称，具备很高的信誉和影响，在网络中作为域名意味着巨大的社会价值和商业价值。如果将商标、字号作为 IP 地址别名，具备一定指向的意义。域名作为企业在网络中的唯一具有识别性的标识，具有显著的区别功能，从某种程度上说它指向了一个企业，其商业价值与商标权类似。由于域名的复杂特点，因商标权和域名权冲突而引起的争议不断出现。

在域名与商标权的协调中，应基于公平与效率原则去考虑二者的利益均衡。任何一方的扩大与发展都不应不适当占有对方符合规律发展和扩大的空间甚至原有的权利领域。

6. 特殊标识权

特殊标识权利人依据《特殊标识管理条例》享有专有权。特殊标识，是指经国务院批准举办的全国性或国际性的文化、体育、科学研究及其他社会公益活动所使用的，由文字、图形组成的名称及缩写、会徽、吉祥物等标识。比如，奥林匹克标识专用权。还有一些在商品上使用的标识，如剧毒标识、易碎标识、防潮防湿标识等。它们只反映某些商品的特殊性质，提醒人们在运输、保管、使用这些商品时加以相应注意，是一种公共符号。这些标识与前面所述的特殊标识权是不一样的，也不能作为商标设计图案而为某一个人专有。

除了上述的种类外，知识产权是否还包括商号、科学发现等类型，学界尚有不同的看法。一般认为，关于科学发现的权利即发现权不是一种产权，发现人不能对其进行垄断；发明权是关于确认发明者的身份、获得荣誉和物质奖励的权利，而不是可以垄断其发明的技术的权利，而知识产权本质上是一种垄断权，因此发明权和发现权都不是严格意义上的知识产权。对于反不正当竞争而言，尽管其与知识产权有着密切关系，但并非所有的不正当竞争行为都和知识产权有关。与知识产权有关的主要是两类：一是侵害知识财产的不正当竞争；二是滥用知识产权的不正当竞争。

二、知识产权的分类

（一）根据是否与产业活动有关，知识产权分为工业产权和著作权

一种传统分类法是将知识产权分为工业产权与著作权两类。其中工业产权包括专利权与商标权。这种分类方法是以知识的功能为标准划分的。

著作权和工业产权的保护对象所反映的领域和作用不同，其表现形式也有所区别。工业产权的对象，是以一定的产品、工艺方法以及标记为表现形式，其作用也主要在物质生产、生活的实用性以及商品流通方面用以满足人类的物质需求，改善人们的衣、食、住、行等生产和生活条件。作品则主要反映在文学艺术和科学范围之内，用以丰富人类的

精神生活。文学艺术作品可以令人赏心悦目，科学作品则帮助人们认识和理解人与自然。

自 20 世纪 60 年代起，工业产权与著作权开始交叉和渗透，开始出现工业版权。工业版权的特点是：对象必须具有新颖性和独创性，实行注册保护制和较短保护期，权利主要享有复制权和发行权，没有著作权主体享有的那种广泛的权利。工业版权的典型代表是计算机软件与集成电路布图设计。

（二）根据标的不同，知识产权分为创造性成果权利和识别性标识权利

创造性成果权利是指对创造成果所享有的知识产权，包括专利权、集成电路布图设计权、植物新品种权、技术秘密权、版权、软件权、工业品外观设计权。识别性标识权利是指商业活动中的识别性标识所享有的知识产权，分为商标权、商号权、地理标识权、特殊标识权、域名权、商品特有名称权、商业外观权，以及其他与制止不正当竞争有关的识别性权利。

（三）其他分类

1. 以规范目的为标准

这一分类方式将知识产权分为三类：

（1）与保护文化艺术创作相关的权利（著作权与邻接权、工业品外观设计权）。

（2）与保护技术创新相关的权利（发明专利权、实用新型专利权、集成电路布图设计权、植物新品种权）。

（3）与保护正当交易相关的权利（商标权、商号权、产地识别标记权、制止不正当竞争权）。

2. 以知识产权的价值来源为标准

这一分类方式将知识产权分为两类：

（1）创造成果类知识产权，指对创造性的创造成果享有的知识产权。包括专利权、著作权、集成电路布图设计权、植物新品种权、商业秘密权与发明权等。

（2）商业标记类知识产权，指对商业活动中的识别性标识所享有的知识产权。包括商标权、地理标识权、特殊标识权、域名权和知名商品特有名称、包装、装潢权等。

3. 以取得方式为标准

这一分类方式将知识产权分为两类：

（1）事实取得的知识产权，指知识产权仅依一定事实的出现即可自动取得，不需履行一定的法律程序。如著作权、发明权、商业秘密权，以及知名商品特有名称、包装、装潢权等。

（2）申请取得的知识产权，是指知识产权须经申请人申请，由相应的行政机关依一定程序审查批准予以登记、注册后，方能取得。如专利权、植物新品种权、注册商标权、特殊标识权等。

4. 以是否具有财产性内容为标准

这一分类方式将知识产权分为两类：

（1）人身性知识产权，是指知识产权人所享有的人身权利或精神权利，一般仅为自然人所有。如著作权中的人身权利（或称精神权利）、发现人、发明人等。

（2）财产性知识产权，是指知识产权人所享有的财产权利或经济权利，从权利比重来看，财产权利在知识产权的范围与内容上占据绝大部分。一般而言，人们所说的知识产权往往仅指财产性质的知识产权，如著作权中的财产权利（或称经济权利）、专利权、集成电路布图设计权、植物新品种权、商标权等

5. 依据知识产权存续有无期限来分

这一分类方式将知识产权分为两类：

（1）有期限的知识产权，指仅能于一定期间存续的知识产权。如发明专利权（20年）、集成电路布图设计权（10年）。

（2）无期限的知识产权，指存续期间法律无限制的知识产权。如商业秘密权，知名商品特有名称、包装、装潢权，著作权中的署名权、修改权、保护作品完整权等。

第四节　知识产权单行法比较及其与其他法律的关系

一、著作权与专利权、商标权

著作权与专利权、商标权同为知识产权，具有知识产权的共性，但又存在以下区别：

（一）权利对象不同

著作权法讲求的文化多样性和商标法讲的识别性不同。因为尽管二者存在交叉之处，即构成著作权对象的作品也可以用来作为商标使用，而作为商标使用的标识很多情况下也可以构成著作权保护的作品。但著作权保护作品，并不保护作品的思想内容，只是保护该思想内容的表达方式；而专利权保护的是发明人的技术思想；商标权保护的是具有区别性

的商标标识及其背后的商品经济秩序。

（二）权利要求不同

著作权并不要求保护的作品是首创的，只要求它是独创的。就著作权法而言，只要某个表达形式的本身没有独创性，不管如何使用，也难以获得具有特定财产内容的著作权。无论任何作品，只要它是独立创作完成的，具有独创性，不管是否与已发表的作品相似，就可获得著作权。由于讲求识别性，因此尽管某个标识的设计本身没有任何识别力或创造性，但如果在实际使用中获取了识别力，仍然可以作为事实上的商标使用，或者向主管机关申请为注册商标。

（三）保护程度不同

著作权并不排除他人独立创作雷同或类似作品，只要雷同或类似的作品具有原创性，就都可以取得著作权；而专利权和商标权只能授予同一权利内容的先发明人或先申请人，具有高度的独占性和排他性。专利权人和商标权人在法定期限和范围内，可以排除一切非权利人对专利和商标的使用和复制。

（四）保护前提不同

著作权的保护以自动产生为原则，以登记注册为补充。著作权法采取作品一创作完成就自动取得著作权的事实主义和非要式主义，和该作品是否实际使用没有任何关系。通常作品一经创作完成，著作权便自动产生；而专利权和商标权的获得则须履行法定手续，即经过法定机构完成必要的技术、法律鉴别、审查后，特别授权产生。而且商标法最终总是要求作为商标使用的标识必须实际使用，因为只有在实际的使用中才能产生识别性。这在采取使用产生商标专用权的国家自不待言，即使在采取注册产生商标专用权的国家，最终也是如此，因为获得核准注册的商标如果连续三年不实际使用，主管机关可加以撤销。

（五）保护期限不同

一般来说，著作权的保护期限较长，而专利权和商标权的保护期限则较短。在我国，自然人作品的保护期限为作者终身及其死后50年，截止于作者死后第50年的12月31日；而专利权的保护期限一般不超过20年，商标权的保护期限为10年，但保护期满后可续展，且不受续展次数的限制。

二、知识产权法与反不正当竞争法

我国所称的不正当竞争，是指经营者违反《反不正当竞争法》规定，损害其他经营者合法权益，扰乱社会经济秩序的行为。竞争是指经营者之间的竞争，即两个或两个以上的经营者在市场上以较有利的价格、数量、质量或其他条件争取交易机会的行为。一般的竞争是经济意义上的竞争，可以起到资源优化配置、优胜劣汰、调整价格与价值的关系、保护消费者利益，以及减少非市场因素与实现交易公平的作用。但其中也会发生违背公共利益的竞争，形成不正当竞争，其表现往往与社会道德规范和法律规则要求相悖。

我国《反不正当竞争法》的立法宗旨是保障社会主义市场经济健康发展，鼓励和保护公平竞争，制止不正当竞争行为，保护经营者和消费者的合法权益。在立法上对反垄断基本未作规定，只是对一些限制竞争行为作出禁止性规定，这主要是因为当时对于反垄断的理论还缺乏深入而系统的分析研究。对不正当竞争行为的治理以行政程序为主、司法为辅。

反不正当竞争法从其产生伊始就与知识产权法的各部门法联系密切。将制止不正当竞争纳入知识产权法的范畴，是国际公约与一些大陆法系国家的共同做法。早在 1883 年的《保护工业产权巴黎公约》（以下简称《巴黎公约》）第 10 条之 2 第 1 款便规定："本联盟成员国必须对各该国国民保证予以取缔不正当竞争的有效保护。"1967 年的《成立世界知识产权组织公约》直接将"制止不正当竞争的权利"作为知识产权的一项内容，与其他知识产权并列。但是，不正当竞争包括所有违反诚实商业习惯的竞争行为，其中大量的行为（如虚假广告、低价倾销等）与知识产权毫无联系，笼统地说"反不正当竞争法属于知识产权法"，与事实不符。在《反不正当竞争法》列举的 11 种不正当竞争行为中，与知识产权有关的不正当竞争行为有 4 种类型，即假冒行为、引入误解的虚假宣传行为、商业诋毁行为以及侵犯商业秘密行为。

反不正当竞争法是知识产权制度的重要补充。它可为知识产权制度提供兜底性的保护和救济。反知识产权专项立法不能保护或者无力保护的，均可由反不正当竞争法来调整。就保护知识产权的具体立法而言，反不正当竞争法的重要性在于保护成果，对无法受到现有特定知识产权立法的保护，以及制止超出现有专项立法保护范围的不正当竞争行为，以维护市场秩序。如果某些不正当竞争行为在其他知识产权法中已作出规定，即形成交叉或重叠保护时，则适用具体的知识产权法调整。例如，专利法保护不到的商业秘密，商标法保护不到的未注册商标，版权法保护不到的作品名称，均可以由反不正当竞争法去保护。

竞争法和知识产权的法律目标不同，保护的方法和优先次序也不同。知识产权法决定了有关人员行使权利的方式，在法定期限内保护权利人的知识产权不受侵犯；不正当竞争法通过确认竞争的公平性和合法性及其对市场组织的影响来防止不正当竞争，以保护经营者和消费者的利益，并确保公平竞争。

三、知识产权法与反垄断法

反垄断法的主要焦点是垄断行为，而不是竞争对手是否处于垄断地位。如果竞争对手通过市场竞争成为特定市场的垄断者，则不受垄断法的制裁，但将突出垄断法的作用，通过维持竞争机制使竞争对手做大做强。

知识产权的专有性也称为垄断或排他性，知识产权由权利人垄断。从本质上讲，知识产权是为了防止竞争对手销售其产品或商品而垄断客户的权利。"从这个意义上讲，知识产权是一种合法的垄断。

（一）知识产权与垄断的关系

知识产权是一种与一般产权相适应的私法。虽然它具有垄断和排他性，但它的权利本身不会在卡特尔法中引起任何问题，两者之间没有不可避免的内在冲突。然而，利用市场力量对许可协议施加不适当的条件和征收不适当的许可费可能违反垄断法。例如，拒绝许可、搭售、价格歧视、强制回授等。

如果知识产权的行使限制了相关的市场竞争，则应适用垄断法，无论是否滥用；相反，即使存在知识产权滥用，但对相关市场竞争没有负面影响，也不适用垄断法，反垄断法只有在竞争对手实施《反垄断法》明确规定的垄断行为时，才禁止和惩罚竞争对手。

对影响知识产权的反竞争行为的非法性的判定只能根据反垄断法的原则和标准进行审查。知识产权的滥用是否限制了相关市场的竞争，只能根据垄断法的原则来判断，而不能根据与知识产权有关的其他法律法规对知识产权的限制来判断。

（二）标准、知识产权与反垄断

标准是为某一产品或者流程提供或旨在提供一个共同构思的技术规范。标准的表现形式各种各样，有些标准极其复杂，技术性极强。例如，界定微软视窗操作系统兼容性的应用编程界面就是一个行业标准。了解并恰当地应用该标准，其产品将能够跟微软操作系统交互运行。但是标准并不一定都这样复杂。例如，许多国家的电源插座和插头都是根据特定的电压、电阻和插头形状等标准生产的，以方便日常使用。

虽然标准化在许多市场上具有巨大的经济价值，但是，标准的制定本身也为竞争带来了潜在的威胁。通常情况下，消费者在多家公司为提供不同种类的产品而相互竞争时获益最大。然而，某一产品的标准化则多少缩小了消费者的选择范围。在一个竞争充分的市场中，不必要的标准会通过竞争被排挤出市场。但标准制定者可能会阻止这种竞争，从而起到了排除某些产品的卡特尔效果。此外，由于标准制定者可能具有市场支配地位，如果滥用这种地位就会违反反垄断法的禁止性规定。因此，必须在标准制定所具有的促进竞争、易于合谋的优点和滥用市场支配地位的风险之间进行权衡。

第二章

知识产权行政保护绩效理论

第一节 关于绩效的一般理论

一、绩效概述

（一）绩效

我国对绩效的研究始于 20 世纪 80 年代。近年来，随着理论的完善与实践的丰富，绩效管理已经广泛地应用于社会管理的各个方面，包括公共部门、企业管理部门等。各级地方政府和部门已经广泛采用绩效评价模型进行工作考评，例如广西壮族自治区对国有林场进行绩效管理，山东省德州市公安系统运用绩效管理的方式进行工作考核与管理，福建莆田市对辖区政府和市政府各部门进行绩效评估，等等。绩效管理理论涉及政治学、管理学、经济学、系统理论和计算机信息科学等多个学科，不同学科的学者根据本学科自身特质，把绩效管理的基本理论运用于各自的学科，对绩效评价体系进行了深入研究，初步构建了绩效评价的基本体系。在我国理论界，对绩效管理进行全面深入研究的同时，大量的公共部门与企业将绩效管理理论应用于实践，呈现出绩效管理理论与实践都欣欣向荣的局面。

目前，我国从事绩效管理的学者来自不同的学科和部门，这些学者在研究绩效问题时往往从自身的学术背景出发对绩效进行界定，使得绩效这一概念有了不同侧面的含义。例如，从管理的角度来看，绩效是组织为实现其目标而在不同层次上设立的预期结果和有效绩效，包括个人绩效和组织绩效。绩效与薪酬是员工与组织的相互承诺，绩效是员工对组织的承诺，薪酬是组织对员工的承诺。绩效是指社会每个成员按照社会分工所规定的角色承担自己的责任，其生存权由他人的绩效来保障，而他人的绩效又保障着他人的生存权。

对于绩效的内涵，学者们主要从以下四个角度定义：

1. 以结果为导向的绩效定义

在特定的时间内，由特定的工作职能、活动或行为产生的产出记录。此类定义强调行为的产出和结果，强调行为的意义在于最终的成果。该种类型的定义主要见于实践性比较强的部门的分析，因为实践性强的部门更强调绩效评价指标的客观性、可评价性，并将该评价标准施行于社会实践。经济合作与发展组织（OECD）在 1997 年有关结果导向的绩效管理实践的报告中，根据多国的实践将绩效所体现的结果层面的意义界定为几种不同的表达方式，认为英文 results 所代表的结果可以包含产出结果、服务质量、顾客满意度，美国《政府绩效与结果法案》(Government Performance and Results Act，GPRA）也直接将绩效所体现的结果归结为产出与结果两个层面。此种定义法带有明显的效率至上的功利主义色彩，但单纯强调结果所带来的极端功利化，有可能损害整个行为的效果。

2. 以行为过程为导向的绩效定义

随着研究的进一步发展，学者们逐步认识到了以结果为导向对绩效进行定义的弊端。进而有管理学学者从管理是为了实现组织目标而进行的一系列运作和活动的过程，而不仅仅是该活动的结果的角度出发，认为管理绩效不仅是指管理行为的结果，同时也是对管理行为本身的考察。由此可知，过程论更多的是基于对结果论的反思与借鉴，是对绩效理论的进一步完善。坎贝尔等人的绩效理论认为，绩效不是活动的结果，而是活动本身，是人们实际做的、与组织目标有关的，并且可以观察到的行动或行为，而且这些行为完全能由个体自身控制。Borman 和 Motowidlo 也认同这种观点，认为绩效是具有可评价要素的行为，是人们工作时的所作所为，这些行为对个人或组织效率具有积极或者消极作用。

3. 以列举绩效评价指标的方式对绩效进行定义

这就意味着，绩效不再是抽象意义的概念的存在，绩效更是一些具体的、可控的、可观察的一系列指标的集合。该定义方式一改以往的抽象概括方式，将绩效定义具体化、多维化，诸如效率、投入—产出、客户满意度、财政指标稳定性等。该定义方法的优点是直观简洁，但是它不能穷尽不同行业特点的不同需求，无法对绩效指标体系进行总体上的构建，应用范围有限。

4. 从过程和结果辩证的角度对管理绩效进行定义

这种定义方法是过程定义的性能和结果定义的性能之间的折衷。定义方法指出，性能评估不仅应该评估行为的结果，还应该关注行为的过程，如效率、公平、质量等。因为如果结果至上，则行为的过程则有失范的危险，而当今市场环境中，产品并非仅仅表现为最终的结果，提供产品的过程也是必须考虑的因素。但仅强调过程则会使得对结果的重视程度不够，最终使得组织在市场或非市场的环境中被淘汰。

绩效定义的争论反映出人们对于绩效的认识不是一蹴而就的，而是经历了一个漫长的发展过程。虽然不同学科的科学家对绩效有不同的定义，但这并不意味着很难就绩效的定义达成一致。基于上述四个定义，我们可以得出结论，绩效反映了组织中的行动计划，制定了目标，并对具体目标的实现程度产生了影响。这是一个多维结构，其结果将因不同的测量因素而不同。因此，简而言之，绩效可以看作是执行者的行为所带来的价值与效益。影响绩效的因素是多种多样的，同样的行为在不同的时间和空间范围内所达到的成效是不同的，诸如人员素质等客观条件对绩效具有决定性的影响。在为某行为设定具体的绩效指标时，一定要找到影响该行为绩效的关键性指标，并在事后的运行过程中，着重注意该指标的运行。

（二）绩效管理

1.绩效管理的历史发展

具体而言，从传统的绩效评估到当代的绩效管理大体上经历了如下的发展与转变：首先，对绩效的评估由原来一维的财务指标考察发展到财务指标与非财务指标相结合；其次，由注重绩效评估转变为侧重全面的绩效管理，管理者认识到仅仅依赖绩效评估是难以改变某一组织的工作绩效的，评估只是提供了反映过去公司经营组织状况的可能，但是难以对该组织将来的经营情况予以指导；最后，人们对绩效的考察由原来的注重对企业内部的考察发展到对内外各种影响公司绩效的因素的综合考察，这突出的表现在由仅仅关注组织的财务指标、投入—产出状况到关注该组织服务对象或者各利益相关者的利益。

2.绩效管理过程

绩效管理的存在具有重大的意义，其首先使得对评价对象客观的评价成为现实，以便构建良好的管理体系和治理结构，规范评价对象的行为。人莫不趋利避害，因此大至国家管理层面，小至公司运营方面都需要对管理的过程有明确而具体的认知以达到自身的需求。它可以对事物进行具体而细微的评价，使得管理从上而下、从宏观到微观都成为可以客观认知的对象，对组织的存在发展都不可或缺。因此绩效管理便有了存在的必要。其次，绩效管理是一种激励机制和引导机制。绩效管理使得无论是组织整体还是评价客体都有了可以观察的外在评价，因此在利益刺激、制度约束等方面的规范之下，激励机制与引导机制的作用便发挥了出来。最后，绩效管理是主体有效控制组织的工具，并且使得管理主体进行自我评价和管理成为可能。

绩效管理的过程是自成体系的自我满足的评价框架，而且该过程并非单向的，而是一个循环过程。绩效管理的过程通常可以分为五个步骤：绩效计划、绩效辅导、绩效评价、绩效反馈和结果应用。

绩效计划是绩效评估的起点，是绩效管理的基础。绩效计划的制订需要开发商和执行人之间的充分论证，对绩效计划可行性的全面评估，以及开发商和执行方之间关于做什么、如何做、达到什么程度、时限等的全面讨论和协议。绩效计划的制订实行是一个循序渐进的过程，制定者与执行者需要在执行过程中不断地就绩效计划的可行性以及施行效果进行沟通，以便持续不断地改进绩效计划。绩效计划的制订更多是执行者对自己工作的认知，包括工作所预期达到的效果以及员工在工作过程中所期望表现出来的行为和技能。由此，可以知道绩效计划是制订者与执行者双方共同制订的，该计划首先反映了制定者的主观意愿，其次，该计划是结合执行者自身的情况制定的，该绩效计划的制订需要该组织整体、各部门以及员工充分结合自身，做到能够使三个层次执行的并行不悖。

绩效辅导是一个双向的交流过程，是绩效制定者在绩效计划的执行过程中，对执行者执行绩效计划的过程、效果进行客观的认知，并对执行者进行绩效改进教育和启发，使得绩效计划的执行更为有效。因此，绩效建议的主要任务有以下两个方面：一是有效的绩效沟通；二是对员工实施情况的评估。绩效辅导使绩效计划员能够清楚地了解创造者的主观意愿，并能够在工作过程中实施实现这一目标所需的行为。协助经理开发和执行执行人，以实现信息资源的转移和交换。绩效辅导阶段完成后，绩效计划制订者将收集到的关于员工执行情况的数据和资料结合之前制订的绩效计划，运用各种方法进行评价。

绩效评价是指对某主体的行为按照既定的统一框架，建立特定的指标体系，运用一定的方法，依据特定的程序，对该行为的过程表现和效果表现进行客观、公正和准确的综合评判。由概念可以观察到，绩效评价包括如下步骤：绩效评价框架的建立，绩效评价指标体系的建立，绩效评价指标集、评价模型、评价方法和程序的建立，最终得出评价结果。绩效评价包括两个方面的内容：对工作结果的考核和对工作行为的考核。工作绩效的结果考核是指对员工工作的成果目标实现程度的测量和评价，进而反映各部门以及该组织整体的绩效管理情况；工作过程的考核是指对员工工作过程中所表现出来的技巧、部门在工作中表现的突出方面及消极方面等进行考核。绩效评价的目的在于对员工、部门及组织整体某一期间内完成工作的情况进行客观而且直观的评判，用来指导以后的工作。绩效评价并非在绩效评价工作完成后便告以截止，而是需要进一步地进行绩效的客观评价和反馈，使各个层次的主体了解自己的绩效管理情况，以便改进自身的工作。绩效的评价也不是一元的，是各种要素综合作用的结果，而且由于各主体自身性质的不同，对绩效指标的设定也会因主体而变化。例如，为知识产权司法保护设定绩效指标的效率并不是设定目标的首选，而公正、效率等因素则是需要更多参考的指标；然而，在为企业定义绩效指标时，效率可以描述为绩效指标的数量；绩效评估标准不是静态的，而是动态的。社会发展的不同阶段对绩效指标设定的需要是不同的，在经济后进国家各项指标设定中，国家的首要目的是促进本国经济的发展，因此效率的标准会更为重要。但是随着社会经济的发展，当某国经济发展到一定水平，对公平正义绩效指标的要求会更高一些。

绩效反馈是承上启下的关键环节，对于绩效管理具有重要意义。因为当今的绩效评估不再是以评估主体为主的单一评价模式，绩效评估不仅包括评价主体的评价，被评价者自身也要对自身的工作进行评价，因此评价者与被评价者需要进行及时有效的沟通。绩效反馈就是要在评价者与被评价者之间建立一座有效的沟通桥梁，以便改进绩效评价的体系和员工的工作。绩效反馈在评价员工工作的基础上，使得员工对自身工作的情况进行客观的认知，以便在今后的工作过程中改进，发挥激励员工改善自身工作的作用。

绩效结果的应用是多维度的，对员工的影响也是多样的。每一个管理者都希望自己的员工富有效率的工作，但是由于每个员工的才能和努力程度各有差异，效率也会各不相同，因此引入绩效管理是为了在整体上促进员工的工作。绩效结果可以应用于薪酬的分配和调整、职位的升降和变动、促进公司和部门的人力资源开发等。

绩效管理体系的建立意在促进管理的可量化，清晰管理过程，该体系不仅具有激励机制和控制机制，同时它也是一种监督的手段。绩效管理是对运作过程成效的一种监督机制，是对任务计划、执行情况的一种客观的再现。绩效管理在当今社会中应用广泛，它没有一个固定的程式，因此指标体系的建立都需要依据制定主体自身的特定主体性质进行设计。社会各个主体的指标体系虽说在本质上都是相似的，但是各个指标体系的设计却又千差万别。而现代绩效管理的趋势是：考核工具多元化；考核手段客观化、标准化；重视非财务指标与财务指标结合；引进战略控制技术与绩效改进技术。现代的绩效评价与传统绩效管理系统的突出区别是：现代的绩效评价对人们活动绩效的产出过程进行战略性的诊断分析，获取可行的绩效改进方向，在系统运行中，采取诊断控制系统监控常态绩效，采取预警控制系统监控非常态绩效，并通过剖析组织内外部学习的方式，获取可操作的绩效改进方式。

但是绩效管理不仅包括上述基本过程和效果，还包括绩效管理结束后对行为过程进行调整，当绩效评价各指标已经不符合客观需求时，还需要对绩效指标进行评价并校正。绩效管理只是主体实现目的的手段，并非行为的目的，所以在绩效管理体系的运作过程中应该着重对绩效指标评价体系进行及时的调整。

二、公共部门绩效概述

（一）公共部门绩效产生的背景及意义

20 世纪 70 年代末至 80 年代初，以英国和美国为代表的"新公共行政运动"倡导运用管理哲学和方法管理，私营部门，重组政府，以客户为中心，强调以市场为导向和以成果为导向的政府管理，因此，作为改革和改善公共部门内部管理的一项措施，政府绩效评估得到了高度重视和支持。在政府管理领域，近年来，政府绩效研究趋于成熟并付诸实践。实施产业和法律保护是国家绩效评估的重要组成部分，因此，研究政府绩效评估的现状和方法，对我国知识产权法律保护和行政保护的绩效评估具有典型的借鉴意义。政府绩效评估是根据管理效率、服务质量、公共责任、公众满意度等方面的评判，对政府在公共管理过程中的投入、产出、最终结果所体现出来的绩效进行评价。从框架上看，政府绩效包括经济绩效、社会绩效和政治绩效。

政府绩效评估具有十分重要的意义。首先，国家绩效评估为现代行政管理的实施提供了强有力的技术支持。国家绩效评估可以促进国家市场机制的建立，为政府绩效评估提供技术保障；绩效评估也是分权改革的迫切需要，是分权改革顺利实施的技术保障。绩效评估在公共部门引入竞争机制中的重要性体现在两个主要方面：一方面在公共服务提供者与公众之间的关系中，绩效评估引导公众做出正确的决策，提供若干公共服务提供者的业绩信息，以对公共机构施加压力，迫使它们提高服务质量和效率；另一方面，在公共部门，业绩评价将有助于创造竞争环境，提高服务质量和效率。其次，政府绩效评估有助于推进政府职能转变；提高公共服务供给的质量和效率；计划辅助功能；监控支持功能；报告和评价功能；激励功能；学习和预防功能；资源优化功能等。最后，政府绩效评估在提高政府的政治合法性方面有着重要价值：展示成果能赢得公众的支持；展示绩效状况能推动公众对政府的监督；能帮助树立良好的政府形象。

（二）公共部门绩效的含义

如上所述，对于绩效的概念，学界尚未统一，因此以绩效概念为基础的公共部门绩效也尚未形成一个明确的概念。政府绩效，国外又称"公共生产力""国家生产力""公共组织绩效""政府业绩""政府作为"等。国外专家普遍认为，政府绩效是指政府在社会管理中的绩效、影响、效益、管理效率和效果。

结合国外政府绩效研究的经验，政府绩效是评估政府和其运营效率的重要依据，国家绩效是指扣除政府成本后的盈余。政府绩效不仅是一个政治层面的概念，还包括政府成本、政府效率、政治稳定以及社会进步与发展期望整体作用的重要性。颜如春将政府绩效定义为：政府在社会管理活动中的结果、效益及管理工作的效率、效能，是政府在行使其功能、实现其意志过程中体现出的管理能力；是政府在履行职能和执行意志过程中体现的管理能力；是政府在一定时期内执行任务和执行意志过程中体现的行政能力；是宏观规划的效果和效益，为国家经济和社会问题提供咨询和管理，特别是在行政、经济发展、社会稳定、教育、科技、生活质量和生态环境方面。

（三）公共部门绩效评估的含义

中国政府绩效评估报告认为，政府绩效评估是一个复杂的系统，可以从行政理念、系统模型和管理工具等方面来理解和界定。它强调结果导向、公民导向和绩效导向，要求政府提高服务意识，强化责任机制，提高行政效率。它要求建立以绩效为导向的公共评价体系、公共预算体系和公共管理体系，要求在行政体制和机制上进行一系列创新和变革。它为提高公共行政效率提供了多种技术手段和管理方法，从而有效地评价公共行政的经济性、效率和效益。

政府绩效评估以绩效为本，以服务质量和社会公众需求的满足为第一标准，蕴含了公共责任和顾客至上的管理理念，是一种非常重要的管理工具。中国行政管理学会联合课题组将政府绩效评估定义为：运用科学的方法、标准和程序，对政府机关的业绩、成就和实际工作作出尽可能准确的评价，在此基础上对政府绩效进行改善和提高。

（四）公共部门绩效评估与企业绩效评估的区别

1. 公共部门的管理目标复杂

对于公共行政部门来说，有时社会目标、无形目标和长期目标更为根本，往往涉及调查过程中的公平、责任、质量等问题。简单的定量分析是很困难的，企业绩效评价的重点是经济目标、利润率、市场份额和单位成本，企业目标易于定量确定，因此很容易进行绩效评价。净资产收益率、总资产收益率、资产负债率、销售增长率、资本积累率等基本指标能够反映企业的经营业绩。

2. 公共部门的产品形态特殊

公共部门提供的产品主要是服务，其中大部分是无形的，单个部门提供的产品往往只是整个公共服务过程中的中间状态，很难直接反映绩效。公司生产的产品具有形态的可见性和终结性，为公司绩效评价和比较平台提供了直接直观的依据。

3. 公共部门的产品标准多维

公共部门产品不仅仅是一个技术问题，它涉及更多的政治、文化和社会因素，不同的产品有不同的标准，甚至是同一产品，因为不同的评价主体、不同的评价视角，特定的主观感受等原因，会形成不同的标准，企业生产的产品一般采用单维技术标准，客观技术标准很容易形成共识。

4. 公共部门的价格机制缺乏

公共部门所需服务的成本是以税收的形式从公司预先强制扣除的，但对于许多公共部门服务产品，即使是付费服务，也没有准确估计成本，没有价格显示机制。一般来说，没有公共服务的市场交易机制，没有公共产品的价格控制机制，没有公共部门提供的产品数量和质量，没有消费者对公用事业的偏好和评价信息反馈机制的时候，企业可以参考市场价格调整生产结构，根据市场价格反映的供求关系，提高劳动生产率，增加利润。

5.公共部门的生产要素独特

公共部门的生产需要物的要素，这自然不用说。但在公共部门中起核心作用的生产要素是经过公务员考试的公职人员。他们虽具有相近的素质水平，但对人的评估显然要比对物的评估困难的多，人的主观性、动态性不太容易标准化。

三、公共部门绩效评价常见方法

关于绩效评价方法的研究，国外比较成熟，国内的研究却刚刚处于起步阶段，大部分都是介绍性研究。杨洋在《服务型政府转型路径》一书中对绩效评估作了详细的介绍，并把绩效研究应用到了对服务型政府的评价当中。郝晓玲、孙强等著的《信息化绩效评价》一书主要将绩效评估应用到信息化产业，试图通过在该领域引入绩效评估来推动信息化产业的快速发展。

结合我国公共部门绩效评价的具体实践，公共部门绩效评价的方法主要有以下几种。

（一）KPI 方法

KPI（Key Performance Indicators）就是指对关键绩效指标进行评价，是目前最为常用的绩效评价方法。所谓关键绩效指标，就是通过对组织内部流程的输入端、输出端的关键参数进行设置、取样、计算、分析，衡量流程绩效的一种目标式量化管理指标，是把组织的战略目标分解为可操作的工作目标的有效工具。KPI 是通过建立一种考核机制，将公司所预设的目标落实到具体的行动和过程中去，从而提升整个组织的运作效率。KPI 评价体系的优势就是既有若干级的量化指标又有一定的权重体系，它首先对底层的指标进行量化评分，然应用权重将最初的数据汇总并进行总体评价。

（二）平衡计分卡

平衡计分卡（Balance Scored Card，BSC）是由哈佛商学院的成本会计学教授罗伯特·卡普兰和复兴全球战略集团总裁戴维·诺顿在开展"未来组织绩效衡量方法"研究过程中发明的一种绩效评价工具。该评价打破了传统的单一使用财务指标衡量业绩的方法，在财务指标的基础上加入了未来驱动因素（即客户因素）、内部业务流程因素和学习与成长因素。对具有明确战略目标的组织而言，要考核其战略目标实现能力，应该综合从财务、客户、学习与成长、内部业务流程四个维度进行衡量。其工作原理概括而言可分为以下几个步骤：首先，确定组织的战略目标或使命；其次，将组织的战略目标分解为财务、客户、学习与成长、内部业务流程四个维度，绘制战略地图，综合全面地考量战略目标实现的能力；再次，根据战略地图将每个维度拆分为若干考核指标项；最后，通过对这些指标项定性或定量的考核，即可客观地判断该组织实现其战略目标的能力，并可分析出该组织在实现其战略目标过程中的优势及不足，查缺补漏，达到现平衡管理、均衡发展的目的。在平衡计分卡绩效评价系统中，四个维度的因素相互关联，相互影响，财务指标完成情况基于客户指标的满足状况，客户指标的满足状况来自持续不断提高的服务能力，而服务能力能否持续提高受制于内部业务流程是否畅通，同时财务状况又将对内部业务流程产生影响。这四个维度之间的逻辑关联足以充分评估出一个组织的业绩现状以及未来实现其战略目标的潜能。

（三）数据包络分析方法

数据包络分析（Data Envelopment Analysis，DEA）方法是以相对效率的概念为基础，来研究具有相同类型多投入项目、多产出项目的决策单元是否技术有效和规模有效。技术有效是指生产处于最佳的状态，现有的输入量还可以获得最大的输出量。规模有效是指生产处于规模效益不变的阶段，如果输入量扩大了一定的程度，输出量也扩大一定的程度。该评估方法有两大特点：一是侧重于数字，数字目的管理在该评估方法中占有很重要的比重；二是侧重于与其他组织进行横向比较或者与自己的前身进行纵向比较。

（四）目标管理法

目标管理法（Management by Objective，MBO）是由美国管理专家德鲁克丁 1954 年在《管理实践》中提出的一种以建立目标体系为基础的管理制度。凭借这种制度可以使组织的成员亲自参加工作目标的制定，实现自我控制，并努力完成工作目标。这种管理制度通过将明确的目标设置为考核标准，从而实现对被考核者的评价。这种考核管理模式对工作完成过程的监督功能不强，但控制目标实现的能力却很强，因而特别适用于对主管人员的管理，所以被称为"管理中的管理"。目标管理法在不同的行业领域的实施步骤可能不一样，但概括而言，目标管理的基本实施过程至少包括：建立一套完整的目标体系、制定明确目标、组织实施以及检查和评价四个步骤。目标管理法要求作为评价指标的各个目标要清楚、明确、可测评、具有一定的挑战性；目标之间要有相容性，且有一定的优先秩序。在绩效管理功能实现方面，目标管理法的优点体现为：能够最大限度地保障目标的实现；较为公平客观；管理成本费用不高。而目标管理法在绩效管理方面的局限性表现为：目标难以确定，目标的可实现性（短期）与灵活性（长期）不能兼顾。

（五）通用评价框架

通用评价框架（Common Assessment Framework，CAF）是由欧洲质量管理基金会发起，在"卓越绩效模式"的基础上完成的，并于 2000 年发布，主要运用于欧洲公共部门绩效管理和评估的工具。这套工具的目的在于通过组织的自我评价和诊断，不断提高公共部门自身的管理水平和管理质量。通用评估框架分为两大类要素，即能动因素和结果因素。能动因素共有 5 个标准：领导力、人、战略与规划、伙伴关系与资源和过程与变革管理。结果因素有 4 个标准：人的结果、顾客或公民导向的结果、社会结果和关键绩效结果。上述 9 个要素构成了公共部门绩效评估的一级指标，这些一级指标又分别包括 2～6 个次级指标，9 个标准共包括 28 个次级指。这些指标指出了组织评估时所必须考虑的主要问题。通用评价框架主要运用在内部视角的自我评估中，而且没有直接设置第三级指标，第三级指标是在绩效评估的具体实施过程中由评估对象自行完成的。

第二节　我国知识产权行政保护绩效评价体系

我国的知识产权行政保护是根据现实国情设计的具有中国特色的保护制度，在我国知识产权保护中起到了积极作用，但在实施过程中也产生了诸多问题。

知识产权行政保护，主要表现为肯定和否定两方面。前者主要表现为行政机关对知识产权权利的授予（当然著作权系自动产生），使权利人在积极意义上因其于社会有益的智力活动而获得相应的权利。后者主要表现为行政机关对违法行为的行政处罚，使当事人在消极意义上因其比较严重违反知识产权法律的行为而受到相应的制裁。对知识产权的行政保护，是中国知识产权保护具有特色的"双轨制"的体现。有观点认为，任何制度的存在都有其客观合理性即存在的现实基础，知识产权的行政保护制度也不例外。虽然这一制度有其自身缺陷及不合理之处，且从理论角度上讲，知识产权行政保护应当作为司法保护的补充。但是就现阶段的实践来看，知识产权的行政保护在打击侵权造假、规范市场秩序和保障知识产权权利人的利益等方面发挥着司法保护无法替代的作用。

何为知识产权的行政保护，学界存在不同的看法。人们普遍认为，知识产权的行政保护是指国家主管行政机构处理各种知识产权纠纷的一种保护方法，能够维护知识产权秩序，提高社会保护知识产权意识。知识产权行政保护至少包括以下内容：知识产权授权、行政权力确认、行政处理（包括行政调解、行政法学、行政复议、行政仲裁等）、行政查处（包括行政处罚、行政强制等）、行政解除、行政处罚、行政法律监督、行政服务等。

一、我国知识产权行政保护绩效评价

（一）知识产权保护绩效评估的特性

1.以结果为本的控制机制

知识产权保护的绩效评价就是改变以过程为导向的控制机制，谋求以结果为导向的控制机制。这种结果要体现经济发展效果和社会发展效果。

2.注重服务质量和社会需求满足的机制

绩效评估在知识产权保护中的应用，就是绩效管理以科学的标准、方法和程序，对知识产权保护的社会绩效进行评定和划分等级。知识产权保护的绩效评估突显了知识产权保护注重服务质量和社会需求满足的理念，能够很好的体现知识产权保护的效果。知识产权保护的绩效评估以绩效为本，以服务质量和社会需求的满足为第一评价标准，最终目的是促进社会和经济的健康发展。

知识产权行政和司法保护绩效指标评价体系是一个很新的研究领域，目前国内外一般公认的框架标准有：COBIT 框架、基于联邦全面架构的绩效参考模型、基于电子治理评估框架的评价体系，我国 TTGov 三位一体评估模型等。

在这里，对于我国知识产权行政保护所发挥的作用以及取得的成绩我们不予赘述，我们所注重的是其中所表现出来的一些问题，因为只有在认识到不足并采取相应解决措施下才会有不断的进步。

（二）我国知识产权行政保护绩效的现状

1.立法上的滞后和空白现象

我国的知识产权法律法规虽然比较完备，但由于知识产权保护的特点，现行的行政法规仍不完善。知识产权涉及面广，具体情况复杂，数量众多，在一些具体或复杂的实际情况下，往往缺乏相应的法律法规，需要在实践中加以规范和调整，如对于高新技术带来的日益增多的一些知识产权纠纷，没有与之相适应的法律规范作为依据，再加之我国各地法官法律素养参差不齐，使得实践中类似问题的解决不尽如人意。所以，立法的原则性与灵活性以及法律的稳定性和变动性仍需进一步协调统一。

2. 知识产权行政保护主体的不明确

我国现行法律对知识产权管理机构的法律地位和权限规定，主要是抽象的原则性规定。在具体的知识产权行政保护中，由于依法享有知识产权行政保护权的行政主体太多、太细，一些执法问题的权限范围不明确或相互矛盾，有的行政机关弄虚作假、不履行职责、权责不明、以权谋私，有的行政机关被动受理案件、消极行政。这些都是由于制度的不完善导致主体的权责不明而造成的结果。在这种情况下，对于权利人而言，不仅增加了知识产权的维权成本，而且面临行政保护落空的风险。

此外，知识产权管理机构的法律地位不明确也是一个现实问题，例如，中国原有的专利法及其实施细则可能使专利管理部门发生专利纠纷（包括专利侵权、专利诉讼等）。从实际情况来看，专利纠纷调解中管理专利工作的部门的法律保护一直是专利实践中争议较大的问题，管理知识产权工作的部门的行政执法地位不明确，无疑是制约知识产权发展的一个障碍。

3. 知识产权行政保护措施力度不够

尽管中国的知识产权法律体系庞大，知识产权行政管理机构众多，但复杂的法律规定和行政机构的设立，导致知识产权管理措施效率低下。中国有许多地方立法，以及知识产权和国家管理局的立法，这进一步补充了知识产权及其实施规则的地方性。但是，这些不同的法律规定从不同的具体方面和角度规定了知识产权的行政保护，缺乏全面的分类和标准化，在处理具体知识产权案件时容易出现遗漏或冲突，导致保护效率低下。

除上述问题外，还有行政执法效率低下、行政资源浪费等问题。由于分头执法、缺乏协调统一，各执法部门信息沟通不及时，资源共享不充分，加之某些新型知识产权的特殊性，往往需要各有关部门的同时保护，但在各自为政的局面下，权利人的维权成本不仅会增加，还会因行政执法效率的低下而使权利无法得到及时充分的救济。另外，基于分散化的执法权配置模式，各执法部门在人力、物力、财力等方面的投入难免会重复和多余，而这最终则表现为行政资源的浪费。

二、我国知识产权行政保护改革建议

（一）转变观念，变管理为服务

在国家提出服务性政府的大前提下，作为政府日常管理工作一部分的知识产权行政保护，当然也要改变以前的以权力为主的行政管理理念，从而转向以职责为主的行政服务理念。正如有的学者所指出的，这不是理想主义的执法，而是现代政府的要求，执法者必须消除陈旧的"管理就是许可、执法就是收费、处罚就是罚款"的执法观念，要转变执法观念，创新执法理念，学习先进的管理经验，变管理为服务，在执法中服务，在服务中执法。只有先从理念上予以改变，其他相应的改变才会变得更加可能，更加持久。

（二）建立统一的知识产权行政保护执法体系

由于知识产权行政保护涉及面广、数量多、因素多，行政主管部门的法律标准不完善，一些执法部门的参考条件不明确或相互矛盾，许多立法部门存在权力竞争、责任推卸，以及地方立法质量差等问题，导致执法协调的任务异常艰巨，在操作中极易产生因执法依据不明、执法主体重复而相互扯皮打架等现象，从而不仅浪费了社会资源，增加了社会成本，从长远看来还会降低行政执法的公信力。

因此，只有各方配合协调好，才能加大知识产权行政保护的力度，并最终提升知识产权行政保护的绩效。建议设立单一的知识产权执法机构，如国家知识产权局，可以对知识产权保护进行全面统一的管理，改革和整合知识产权管理机构内部的制度结构，改变知识产权保护最初分散、片面的局面，引入高层次、相关的协调机制，以确保行政系统内的相关执法权责能够得到及时解决，从而保护当事人的合法权益，促进依法行政，提高行政效率，并解决与系统相关外部要素（如法律保护）的协调问题。这些做法不仅节约行政资源、提高了效率，而且符合知识产权的性质和发展规律，有利于保护各种新兴知识产权。

第三章

知识产权行政管理的实践与探索

第一节　中国现行知识产权行政管理体系

改革开放以来，我国逐步建立了一套知识产权行政管理体系。该体系主要表现为条块管理模式，不同的知识产权事务交由不同的部门机关管理。而且，在这个体系内，专利授权、商标注册、版权登记、植物新品种注册、集成电路布图设计登记由中央一级的行政机关负责，地方各级行政机关仅负责各自行政区域内的知识产权管理工作。

一、国家知识产权行政管理机构与职能

（一）国家知识产权局与专利、集成电路布图设计管理

1. 管理职能

国家知识产权局（副部级）为国务院直属机构，其主要职责为：

（1）负责组织协调全国保护知识产权工作，推动知识产权保护工作体系建设。会同有关部门建立知识产权执法协作机制，开展相关的行政执法工作，开展知识产权保护的宣传工作，会同有关部门组织实施国家知识产权战略纲要；

（2）承担规范专利管理基本秩序的责任。拟订专利知识产权法律法规草案，拟定和实施专利管理工作的政策和制度，拟定规范专利技术交易的政策措施，指导地方处理、调解侵犯专利的纠纷案件以及开展打击假冒他人专利行为和冒充专利行为，会同有关部门指导和规范知识产权无形资产评估工作；

（3）拟定知识产权涉外工作的政策。研究国外知识产权发展动态，统筹协调涉外知识产权事宜，按分工开展对外知识产权谈判。开展专利工作的国际联络、合作与交流活动；

（4）拟定全国专利工作发展规划。制订专利工作计划，审批专项工作规划，负责全国专利信息公共服务体系的建设，会同有关部门推动专利信息的传播利用，承担专利统计工作；

（5）制定专利和集成电路布图设计专有权确权判断标准，指定管理确权的机构。制定专利和集成电路布图设计专有权侵权判断标准。制定专利代理中介服务体系发展与监管的政策措施；

（6）组织开展专利的法律法规、政策的宣传普及工作，按规定组织制定有关知识产权的教育与培训工作规划；

（7）承办国务院交办的其他事项。

2. 机构设置

办公室负责文电、会务、机要、档案等机关日常运转工作；承担信息、安全、保密和信访工作；承担政策研究、政务公开以及局机关财务、行政事务等管理工作；组织开展知识产权宣传工作。

3. 主要工作

（1）负责拟订和组织实施国家知识产权战略。拟订加强知识产权强国建设的重大方针政策和发展规划。拟订和实施强化知识产权创造、保护和运用的管理政策和制度。

（2）负责保护知识产权。拟订严格保护商标、专利、原产地地理标志、集成电路布图设计等知识产权制度并组织实施。组织起草相关法律法规草案，拟订部门规章，并监督实施。研究鼓励新领域、新业态、新模式创新的知识产权保护、管理和服务政策。研究提出知识产权保护体系建设方案并组织实施，推动建设知识产权保护体系。负责指导商标、专利执法工作，指导地方知识产权争议处理、维权援助和纠纷调处。

（3）负责促进知识产权运用。拟订知识产权运用和规范交易的政策，促进知识产权转移转化。规范知识产权无形资产评估工作。负责专利强制许可相关工作。制定知识产权中介服务发展与监管的政策措施。

（4）负责知识产权的审查注册登记和行政裁决。实施商标注册、专利审查、集成电路布图设计登记。负责商标、专利、集成电路布图设计复审和无效等行政裁决。拟订原产地地理标志统一认定制度并组织实施。

（5）负责建立知识产权公共服务体系。建设便企利民、互联互通的全国知识产权信息公共服务平台，推动商标、专利等知识产权信息的传播利用。

（6）负责统筹协调涉外知识产权事宜。拟订知识产权涉外工作的政策，按分工开展对外知识产权谈判。开展知识产权工作的国际联络、合作与交流活动。

（7）完成党中央、国务院交办的其他任务。

（8）职能转变。进一步整合资源、优化流程，有效利用信息化手段，缩短知识产权注册登记时间，提升服务便利化水平，提高审查质量和效率。进一步放宽知识产权服务业准入，扩大专利代理领域开放，放宽对专利代理机构股东或合伙人的条件限制。加快建设知识产权信息公共服务平台，汇集全球知识产权信息，按产业领域加强专利导航，为创业创新提供便捷查询咨询等服务，实现信息免费或低成本开放，提高全社会知识产权保护和风险防范意识。加强对商标抢注、非正常专利申请等行为的信用监管，规范商标注册和专利申请行为，维护权利人合法权益。

（9）有关职责分工。与国家市场监督管理总局的职责分工。国家知识产权局负责对商标专利执法工作的业务指导，制定并指导实施商标权、专利权确权和侵权判断标准，制定商标专利执法的检验、鉴定和其他相关标准，建立机制，做好政策标准衔接和信息通报等工作。国家市场监督管理总局负责组织指导商标专利执法工作。与商务部的职责分工。国家知识产权局负责统筹协调涉外知识产权事宜。商务部负责与经贸相关的多双边知识产权对外谈判、双边知识产权合作磋商机制及国内立场的协调等工作。与国家版权局的职责分工。有关著作权管理工作，按照党中央、国务院关于版权管理职能的规定分工执行。

（二）国家工商行政管理总局与商标管理

1. 机构设置

国家工商行政管理总局下设商标局，负责全国商标注册和管理工作；同时设立商标评审委员会，负责处理商标争议事宜。商标管理实行中央统一注册、地方分级管理的原则，从中央到省、市（地）、县级的工商局，都设有商标管理机构。

商标局内设综合处、申请受理处、审查一处、审查二处、审查三处、审查四处、审查五处、审查六处、审查七处、审查八处、地理标志审查处、国际注册处、异议裁定一处、异议裁定二处、异议裁定三处、商标信息档案管理处、变更续展处、法律事务处、商标监督管理处、商标审查质量管理处、计算机系统管理处。

2. 管理职能

负责商标注册和管理工作，依法保护商标专用权和查处商标侵权行为，处理商标争议事宜，加强驰名商标的认定和保护工作；负责特殊标识、官方标识的登记、备案和保护；研究分析并依法发布商标注册信息，为政府决策和社会公众提供信息服务。实施商标战略。

3. 主要工作

（1）推动商标注册便利化水平不断提升。商标注册申请量继续保持快速增长态势，中国商标申请连续 17 年位居世界第一。

（2）推动商标法治化水平不断提高。新修订的商标法及其实施条例同步施行。全国各级工商行政管理和市场监管部门按照国家工商行政管理总局统一部署，切实做好商标法治宣传培训工作，推进新商标法顺利实施。

（3）推动商标专用权保护不断强化。全国各级工商行政管理和市场监管部门按照工商行政管理总局统一部署，着力加强商标行政执法，深入开展打击侵权假冒工作，持续保持打击侵权、假冒等违法行为的高压态势。

（4）推动商标公共服务水平不断提高。国家工商行政管理总局通过加强软硬件建设，严明工作纪律，规范工作流程，不断优化商标注册大厅、商标局办事处窗口服务，提升商标对外咨询服务水平。

（三）国家新闻出版广电总局与著作权管理

1. 机构设置

国家新闻出版广电总局下设版权管理司，主管全国的著作权管理工作，各省（自治区、直辖市）和较大的市也建立了版权局，主管本行政区域的著作权管理工作。

2. 管理职能

（1）拟定国家版权战略纲要和著作权保护管理使用的政策措施并组织实施，承担国家享有著作权作品的管理和使用工作，对作品的著作权登记和法定许可使用进行管理；

（2）承担著作权涉外条约有关事宜，处理涉外及港澳台的著作权关系；

（3）组织查处著作权领域重大及涉外违法违规行为；

（4）组织推进软件正版化工作。

3. 主要工作

（1）完善制度建设。加强新媒体的开发与利用，出台《音像制品进口管理办法》，制定《网络出版服务管理规定》《出版物市场管理规定》等部门规章和规范性文件。

（2）积极回应社会关切。通过召开新闻发布会、"剑网行动"案件通气会等，主动向社会公开新闻出版（版权）等重点工作开展情况。举办"版权热点问题媒体研修班"，邀请媒体实地考察版权示范建设工作。

（3）积极回应公众关切，及时公开受理群众举报的查办情况。

（4）开展专项行动。开展"剑网""净网"等专项行动，加大对规范网络转载的监管力度。

（四）国家质量监督检验检疫总局与地理标志产品保护

1. 机构设置

国家质量监督检验检疫总局是国务院主管全国质量、计量、出入境商品检验、出入境卫生检疫、出入境动植物检疫、进出口食品安全和认证认可、标准化等工作，并行使行政执法职能的正部级国务院直属机构。科技司是国家质量监督检验检疫总局内设的 19 个司（厅、局）级机构之一，具体落实国家质检总局承担的地理标志管理工作。

2. 管理职能

国家质量监督检验检疫总局在地理标志产品保护管理工作中的主要职责是：

（1）配合立法部门，开展地理标志保护法律法规的调研、起草；

（2）制定、发布地理标志产品保护规章、制度，制定地理标志发展规划、计划并组织实施；

（3）组织协调和指导地理标志保护的行政执法活动；

（4）负责地理标志产品保护申请的形式审查，办理地理标志产品保护申请的受理事项，发布受理公告；

（5）组织对地理标志产品保护申请的异议协调，组织和管理专家技术队伍开展技术审查；

（6）办理、发布地理标志产品保护的批准公告，核准地理标志保护产品专用标志的使用申请；

（7）组织开展地理标志产品保护的宣传和培训；

（8）组织开展和参加地理标志保护国际合作与交流活动，代表国家参加世界贸易组织地理标志谈判，办理国外地理标志保护注册申请，组织开展互认合作。

3. 主要工作

（1）完善地理标志保护专门制度。开展立法调研，推进地理标志保护专门立法进程。积极推行专用标志使用管理改革，进一步便利企业的标志使用。推进涉外地理标志产品保护规定的发布。

（2）加强地理标志产品获保后监管。推动地理标志保护示范区建设，对获批的示范区加强指导和监管，发挥示范引领作用。组织地理标志产品保护监管能力调研，部署保护监管检查专项行动，开展符合性监督抽查，探索地理标志约谈与退出机制。

（3）推进地理标志国际化运用。出台《中国 - 欧盟"10+10"地理标志互认试点产品国际化运用实施意见》，推进获保中国地理标志产品在海外使用专用标志，协调推进地理标志产品的出口和国际保护。

（4）推进地理标志国际合作与交流。配合外交外贸，积极参与地理标志业务的国际多、双边磋商，推进国际地理标志保护合作交流。在商务部的牵头下，积极推进中欧协议谈判进程，开展中欧"100+100"欧方产品技术审查。开展中欧地理标志交流活动。

（5）加强地理标志宣传推广。建设"中国地理标志产品保护网"，打造国家级专业网络宣传平台。开展地理标志品牌评价活动。支持地方开展地理标志产品宣传培训。

（五）海关总署与知识产权边境管理

1. 机构设置

海关总署是国务院下属正部级直属机构。海关总署内设政策法规司，政策法规司内设知识产权保护处。直属海关法规处（或法规室）是本关区负责知识产权海关保护工作的专门机构。知识产权海关保护，指海关依法禁止侵犯知识产权的货物进出口的措施。

2. 管理职能

海关总署是国家进出境监督管理机关，承担知识产权海关保护职责。我国海关保护的知识产权应当是与进出口货物有关，并受中华人民共和国法律法规保护的知识产权，包括：商标专用权、著作权和与著作权有关的权利、专利权、奥林匹克标志专有权、世界博览会标志专有权。

海关总署政策法规司知识产权保护处是知识产权海关保护工作专门机构，主要职责包括：（1）受理知识产权海关保护备案申请；（2）组织实施《知识产权海关保护条例》。

3. 主要工作

海关总署根据《知识产权海关保护条例》的规定，积极开展知识产权海关保护工作，主要是对即将进出口的，涉嫌侵犯受中华人民共和国法律、行政法规保护的知识产权的货物依法采取扣留、调查认定、处置和对货物收发货人进行处罚的措施。具体工作举措包括：

（1）确定监管重点，加大执法力度。海关总署根据进出口环节侵权违法活动的特点，积极主动地开展执法活动。目前电子商务发展迅猛，一些不法分子采取互联网下单，通过邮递、快件渠道跨境运输侵权商品，针对这种情况，各地海关都有加大了对邮递环节出口侵权货物的查缉力度。海运环节，口岸海关加大了对输非、输美和输欧航线的重点监控，发挥了打击侵权主力军的作用。

（2）运用风险分析手段，提高执法效能。通过整合案件信息、侵权商品参数信息、权利人举报信息、国内其他执法机关通报信息及境外海关反馈的查获侵权信息，加大风险分析和布控，完善侵权企业黑名单制度，提高了查缉侵权的针对性和有效性。

（3）组织专项行动，集中打击假冒侵权。海关总署按照国务院的统一部署，组织开展了保护知识产权专项执法行动。

（4）推进案件信息公开，提高执法透明度。制定公布了《海关依法公开进出口侵犯知识产权货物行政处罚案件信息的实施办法（试行）》，各地海关进行部署和落实，在门户网站设立案件信息公开专栏。

（5）运用科技手段，提升服务和执法水平。自 2015 年 3 月 1 日起，海关总署启用海关知识产权备案系统。社会公众可通过该系统在线办理知识产权海关保护备案的全部手续，进一步降低了权利人维权成本。

（6）推动区域执法协作，形成打击侵权合力。海关总署在加强全国海关执法统一性建设的同时，大力推进各区域内海关之间知识产权保护执法协作。

（7）推动"两法衔接"，深化与公安机关的协作。海关总署根据《公安部、海关总署关于加强知识产权执法协作的暂行规定》，继续推动海关行政执法与刑事司法的衔接，加大对各关区向公安机关移送涉嫌犯罪案件的督办力度。

（8）开展与权利人的合作，扩展执法信息来源。海关总署采取多种方式加强与知识产权权利人的合作，争取海关执法资源的最大化。主要体现在：鼓励企业主动收集侵权货物进出口信息并积极向海关举报；邀请知识产权权利人为海关关员举办鉴别侵权商品培训。

（9）保护自主品牌，支持企业"走出去"。加大查缉侵犯国内自主知识产权进出口货物的力度；建立自主知识产权企业对口联系和帮扶机制，各地海关针对国内企业普遍缺少知识产权保护法律知识的情况，将本关区知名品牌生产和出口产品行业龙头企业确定为重点对口联系对象，主动上门服务，帮助企业提高维权意识和能力；加强与企业及行业协会的合作。海关在加强执法的同时，还注重会同侵权高发产品的行业组织开展对侵权行为的源头治理，引导和规范行业内企业健康发展。

（10）深化跨境合作，维护国际贸易安全。中国海关开展了与其他国家或者地区海关在知识产权执法方面的合作并不断扩大合作的领域。

（11）积极开展社会宣传，增强公众法律意识。海关总署和各地海关利用"4·26"知识产权宣传周和"8·8"法制宣传日，集中开展了多种形式的知识产权海关保护宣传。

二、国家知识产权协调管理机构及职能

（一）国务院知识产权战略实施工作部际联席会议

为贯彻落实《国家知识产权战略纲要》，加强组织领导和统筹协调，大力推进国家知

识产权战略实施工作，经国务院同意，建立国务院知识产权战略实施工作部际联席会议制度。

该联席会议主要职责为：在国务院领导下，统筹协调国家知识产权战略实施和知识产权强国建设工作；加强对国家知识产权战略实施和知识产权强国建设工作的宏观指导；研究深入实施国家知识产权战略；加强知识产权强国建设的重大方针政策；制定国家知识产权战略实施计划；指导、督促、检查有关政策措施的落实；协调解决国家知识产权战略实施和知识产权强国建设中的重大问题；完成国务院交办的其他事项。

联席会议由国家知识产权局、中央宣传部、最高人民法院、最高人民检察院、外交部、国家发展和改革委员会、教育部、科技部、工业和信息化部、公安部、司法部、财政部、人力资源和社会保障部、环境保护部、农业部、商务部、文化部、国家卫生和计划生育委员会、中国人民银行、国务院国有资产监督管理委员会、海关总署、国家工商行政管理总局、国家质量监督检验检疫总局、国家新闻出版广电总局、国家统计局、国家林业局、国务院法制办公室、中国科学院、国家国防科技工业局、中央军事委员会装备发展部、中国国际贸易促进委员会等31个部门和单位组成，国家知识产权局为牵头单位。

国务院分管知识产权工作的领导同志担任联席会议召集人，协助分管知识产权工作的国务院副秘书长和知识产权局主要负责同志担任副召集人，各成员单位有关负责同志为联席会议成员。联席会议办公室设在国家知识产权局，承担联席会议的日常工作。知识产权局主要负责同志兼任办公室主任，分管负责同志兼任办公室副主任。联席会议设联络员，由各成员单位有关司局负责同志担任。

联席会议根据工作需要定期或不定期召开会议，由召集人或召集人委托的副召集人主持。成员单位根据工作需要可以提出召开会议的建议。在联席会议召开之前，由联席会议办公室主任或其委托的办公室副主任主持召开联络员会议，研究讨论联席会议议题和需提交联席会议议定的事项及其他有关事项。

（二）全国打击侵权假冒工作领导小组

全国打击侵权假冒工作领导小组由国务院副总理担任组长，由商务部部长、国务院副秘书长、国家知识产权局局长担任副组长，领导小组办公室设在商务部，承担领导小组日常工作，办公室主任由商务部副部长兼任。

各省（自治区、直辖市）都成立了相应的打击侵犯知识产权和制售假冒伪劣商品工作领导小组，由政府分管领导任组长，相关部门为成员单位。领导小组办公室多数设在商务部门，湖南省、广东省、重庆市的领导小组办公室设在知识产权部门。

成员单位有中央宣传部、中央社会治安综合治理委员会、国家发展和改革委员会、工业和信息化部、公安部、司法部、财政部、环境保护部、农业部、商业部、文化部、国家卫生和计划生育委员会、中国人民银行、国务院国有资产监督管理委员会、海关总署、国家税务总局、国家工商行政管理总局、国家质量监督检验检疫总局、国家新闻出版广电总局、国家食品药品监督管理总局、国家林业局、国家知识产权局、国务院机关事务管理局、国务院法制办公室、国务院新闻办公室、国家互联网信息办公室、国家邮政局、最高人民法院、最高人民检察院、中国国际贸易促进委员会。

主要工作是统一组织领导全国打击侵犯知识产权和制售假冒伪劣商品工作，研究拟定有关政策措施；督促检查各地区、各有关部门工作落实情况；督办侵犯知识产权和制售假冒伪劣商品重大案件；承办国务院交办的其他事项。

（三）推进使用正版软件工作部际联席会议

2012 年，国务院批复同意建立推进使用正版软件工作部际联席会议制度。这个部际联席会议制度是在推进企业使用正版软件工作部际联席会议制度的基础上调整建立的，把国家机关使用软件正版化工作也整合进来。

联席会议成员单位由国家新闻出版广电总局、工业和信息化部、财政部、商务部、审计署、国务院国有资产监督管理委员会、国家工商行政管理总局、国家知识产权局、国务院机关事务管理局、国务院法制办公室、中国银行业监督管理委员会、中国证券监督管理委员会、中国保险监督管理委员会、中共中央直属机关事务管理局、中华全国工商业联合会组成。联席会议下设办公室，日常工作由国家新闻出版广电总局承担。

联席会议的主要职责是，在国务院领导下，负责协调推进政府机关和企业使用正版软件工作，研究拟定有关政策措施；督促检查各地区、各部门、各单位工作落实情况；组织相关宣传、培训、表彰；承办国务院交办的其他事项。联席会议要求成员单位要根据各自的分工，明确各自的责任，积极稳妥地发挥各自的作用，并按照层级负责的原则，指导各地、各部门要做到机构到位、责任到位、制度方案到位、经费到位、督察到位，使政府机关和企业的软件正版化工作齐头并进。

三、地方知识产权行政管理体系

（一）专利行政管理部门

我国各省（自治区、直辖市）人民政府是地方专利管理工作的责任主体。各省（自治区、直辖市）人民政府以及专利管理工作量大又有实际处理能力的设区的市人民政府设立管理专利工作的部门，机构名称一般为知识产权局。

省（自治区、直辖市）人民政府管理专利工作的部门负责本行政区域内的专利管理工作。主要包括：一是组织协调地方保护知识产权工作，推动知识产权保护工作体系建设；会同有关部门建立知识产权执法协作机制，开展有关的行政执法工作；开展知识产权保护的宣传工作。二是贯彻落实国家关于专利工作方面的法律、法规、规章和政策；起草地方性法规草案、政府规章草案，拟定专利工作的政策措施、发展规划和工作计划，并组织实施；会同有关部门拟定并组织实施地方知识产权战略和规划。三是规范地方专利管理基本秩序。依法处理、调解专利纠纷，处罚假冒专利行为；依法监督管理专利代理机构，推进专利中介服务体系建设。四是会同有关部门推动本地区知识产权转化运用，促进产业发展；指导和规范专利技术市场，管理专利权转让合同、专利实施许可合同和专利申请权转让合同备案工作；会同有关部门指导和规范知识产权无形资产评估；推动专利权质押工作。五是负责地方专利信息公共服务体系的建设，会同有关部门推动专利信息的传播利用；负责组织建立知识产权预警应急机制；承担专利统计工作。六是统筹协调地方涉外知识产权事宜，开展专利工作的国际联络、合作与交流活动。七是组织开展专利方面法律法规、政策的宣传普及工作；组织制定地方有关知识产权的教育与培训工作规划，并组织实施等。专利管理工作量大又有实际处理能力的设区的市人民政府设立的管理专利工作的部门依法开展专利行政执法工作。

地方知识产权局主要开展的工作：一是开展地方性知识产权法规草案、政府规章草案等拟定及修订。根据各地方发展特点和需求，深化顶层设计，出台相应的知识产权政策措施，形成具有地方特色的知识产权政策体系，为知识产权促进经济发展提供政策支撑。二是推动机制体制创新。探索知识产权工作联席会议和知识产权行政管理、执法新模式，加强知识产权行政协作，提升知识产权行政管理与执法效能。深化知识产权战略实施，推动地方各级政府将知识产权指标纳入工作考核体系和重要工作日程，推进重大经济活动知识产权评议等专项工作。三是加强创新主体知识产权工作。开展地方企事业单位知识产权试点示范和国家知识产权示范企业、优势企业培育工作，推进《企业知识产权管理规范》施行工作；开展专利导航试点工作、推进产业知识产权联盟建设，支持知识产权密集型产业发展；探索推动专利运营工作和知识产权金融工作。四是发展知识产权服务业。研究出台地方支持知识产权服务业发展的政策措施，推动地方知识产权公共信息平台建设，加快知识产权服务业聚集区建设，培育地方优秀专利代理机构、知识产权服务机构和国家知识产权服务品牌机构。五是加大知识产权保护力度。探索跨地方行政区划知识产权行政执法联动合作机制，协同各地方知识产权行政部门开展打击侵犯假冒专项行动，推进展会等专题知识产权行政执法，面向知识产权侵权易发、多发领域制定知识产权保护指导性规范。探索知识产权纠纷调解工作。六是培育知识产权专业人才。完善知识产权人才培养政策，营造良好人才发展成长环境，培育知识产权领军人才、高层次人才、骨干人才和专业人才，为知识产权强国建设提供强有力的人才基础和支撑。

（二）商标行政管理部门

地方工商行政管理机构下设商标管理部门，负责地方商标监督和管理工作。其管理职能有：拟定地方商标监督管理的规章制度草案及具体措施、办法；负责对商标印制单位的监督管理；负责商标代理组织的核转管理工作；负责对企业使用商标行为的指导和监督管理；负责驰名商标的核转和著名商标的认定及保护工作；组织、指导查处商标侵权及假冒案件，保护商标专用权；组织查处侵害特殊标志的案件；研究分析并依法发布商标注册信息，为政府决策和社会公众提供信息服务。

地方商标行政管理部门主要工作是开展保护知识产权、打击假冒伪劣专项整治行动；加大商标专用权保护力度和商标案件查处力度；审核和认定一批著名商标；摸底调查驰名商标、著名商标、地理标志和中华老字号等商标注册和发展情况。

（三）版权行政管理部门

地方著作权行政管理部门（一般为地方新闻出版广电局）负责地方著作权管理和公共服务。其管理职能包括负责起草著作权管理工作方面的地方性法规草案、政府规章草案，制定相关的政策措施、地方标准并组织实施和监督管理；负责著作权管理领域对外及对港澳台的交流与合作；负责地方著作权管理和公共服务，调解著作权侵权纠纷，协同查处重大著作权侵权案件。主要开展工作有以下几个方面。

1. 加强版权保护宣传教育

抓住"4·26"宣传活动契机，组织版权保护"进校园、进社区、进园区、进企业"活动，通过广播电视、报刊、网络、移动等多种形式宣传普及著作权法知识，逐步建立起政府主导新闻媒体支持、社会公众广泛参与的版权宣传普及教育常态机制，提高公众版权保护意识。

2. 推进软件正版化工作

巩固政府机关和国有企业软件正版化工作成果，不断完善正版示范体系建设。依托地方正版软件采购平台，积极推进企业软件正版化。

3. 提高版权执法监管效能

完成"剑网"行动等专项行动中重大案件的监测取证和协调服务工作，为严厉打击网络侵权盗版专项行动提供有力支持，努力规范版权市场秩序。充分发挥行政调解的作用，通过非诉方式及时化解矛盾，保护权利人和使用者的合法权益，营造良好的市场环境。

4. 健全版权社会

健全版权社会化服务体系，加强作品登记工作。提升现有版权交易平台的功能，为版权贸易提供更加便利、有效的公共服务平台。整合版权资源，畅通版权交易渠道，引导版权产业健康快速发展。

第二节　中国知识产权行政管理经验与特色

一、中国知识产权行政管理经验

（一）发展遵循规律，主动融入大局

我国知识产权行政管理体系自 20 世纪 80 年代初建立以来，经历筹备初建、完善发展、调整强化和战略实施四个阶段，形成了现行分工协作式的知识产权行政管理体制。知识产权行政管理工作遵循我国经济和社会发展不同阶段的客观规律，适时调整，主动融入国家发展大局，对我国经济社会稳步发展起到了重要推动作用。

在知识产权行政管理体系建设初期，为适应我国对外开放发展需要，参与国际竞争，我国开始建立知识产权制度，设立了国家专利局、国家商标局，制定了《专利法》《商标法》和《著作权法》等多部知识产权法，初步形成了与国情相适应的知识产权法律体系。

随着我国加入世界贸易组织，签署了 TRIPS 之后，我国不断加大知识产权保护力度，开展了一系列知识产权保护专项工作，中国知识产权行政管理工作初步形成了多部门管理协同机制，知识产权在我国经济发展中的作用更加凸显。国务院发布实施《国家知识产权战略纲要》，确定了"激励创造、有效运用、依法保护、科学管理"的方针。知识产权行政管理的工作重心由注重知识产权制度的构建与推行转为知识产权战略的实施，由单纯的加强保护转为创造、运用、保护和管理协同推进。知识产权的影响也从经济发展扩展到更为广阔的社会领域。

（二）把握基本定位，强化制度支撑

改革开放以来，我国知识产权事业从无到有，逐步建立了既符合中国国情，又适应国际规则的知识产权制度，知识产权法律体系和知识产权行政执法体系不断完善。随着我国知识产权制度环境的不断完善，知识产权制度激励创新的基本保障作用日益凸显。知识产权作为国际贸易的基础性制度支撑，对内激励创新，对外促进开放。

加强知识产权事业发展顶层设计。组织起草并颁布了《国务院关于新形势下加快知识

产权强国建设的若干意见》，这是继《国家知识产权战略纲要》之后又一专门指导知识产权工作的纲领性文件。

构建严格的知识产权立法和执法体系。建立健全地方专利立法协调机制，27 个省出台相应的地方专利法规。与地方政府共建专利审查协作中心，形成多层次专利审查格局。跨区域知识产权执法协作深入推进，上海、福建等自由贸易试验区试点知识产权综合行政执法。

（三）找准有效路径，突破关键环节

全面实施国家知识产权战略，围绕知识产权创造、运用、保护、管理四个关键环节，深入研究知识产权制度的作用机制，找准制约知识产权事业发展的作用因素，以政策引导、专项推动、市场运行等多种方式，促进、带动政府、企业等各利益相关方形成合力，突破知识产权工作瓶颈与关键环节。

在微观层面，针对企业、高等学校、科研院所等创新主体，着力夯实知识产权基础，提高知识产权质量与管理水平。出台《企业知识产权管理规范》，研究出台高等学校、科研院所知识产权管理规范。确立知识产权管理通行标准，为培育具备知识产权战略管理理念，知识产权创造、运用、保护、管理能力全面发展，知识产权综合竞争优势突出，具有行业影响力和标杆性的知识产权示范企业筑牢根基。

在产业层面，针对行业协会与产业组织，着力强化知识产权效益，加强知识产权保护与运用。实施专利导航试点工程，将知识产权战略有效嵌入产业规划、产业布局、产业发展全过程之中，形成产业自主、可控的产业创新驱动发展新模式。倡导企业等创新主体构建以知识产权共同利益为牵引的产业知识产权联盟，加强产学研用合作与知识产权共享。搭建国家专利运营公共平台，完善知识产权信用机制，构建知识产权交易市场。发展知识产权服务业，促进"互联网＋知识产权"健康发展。

在区域层面，针对高新区和地方行政区划，着力推进知识产权战略，提升知识产权整体实力。开展知识产权试点示范园区、试点示范城市培育，提高自主创新能力和知识产权综合竞争力。实施知识产权强县工程，推动知识产权与县域经济社会发展深度融合。深化知识产权领域改革，提升区域创新驱动发展能力和知识产权对经济社会发展的贡献度，打造知识产权强省，有力支撑知识产权强国建设。

（四）增强内在动力，提高治理能力

以《专利法》等各知识产权法律、法规为依据，大力推进依法行政，完善知识产权制度政策，大力培育知识产权专业人才，提升知识产权行政管理人才综合素质，提高知识产权治理能力。充分发挥市场的决定性作用，激发创新主体内生动力，加快创新驱动发展模式转变。

紧跟我国经济社会发展进程与需求，适时开展《专利法》等知识产权法律、法规修订工作，大力推动专利执法专项工作，加大知识产权保护力度；完善职务发明制度，促进职务发明创造活动中发明人与权利人权益的协调统一，促使人才智力资源竞相迸发，一切创造社会财富的源泉充分涌流。

加强行政管理、执法及专利审查等行政管理人才培养，形成以知识产权领军人才等为代表的能力素质过硬、工作业绩突出、示范效应显著的高端人才队伍，提升知识产权公共事务行政治理能力，为知识产权强国和创新型国家建设提供重要人才支撑。

二、中国知识产权行政管理特色

自 20 世纪 80 年代建立知识产权制度以来，我国的知识产权事业从无到有，从小到大，不断发展，走过了 40 多年的光辉历程。我国的知识产权行政管理与知识产权制度共生共长，相伴而行。随着知识产权制度的建立与深化发展，我国的知识产权行政管理也经历了从筹备创建到完善提高、再从调整强化到战略实施的不同历史阶段，有效发挥了知识产权在创新驱动发展战略实施、产业转型升级和转变经济发展方式中的超前引领、核心支撑和重要保障作用，取得了显著的实质性成效，积累了丰富的实践经验，形成了具有中国鲜明特色的知识产权行政管理体系和运行模式，在知识产权战略演进与历史变革的进程中，矗立起一个又一个令人瞩目的里程碑。总体来说，我国的知识产权行政管理主要体现为以下六大特色。

（一）具体国情下的创新推动

改革开放以来，我国进入了以经济建设为中心的新的发展时期，开始建立具有中国特色的社会主义市场经济体制。随后我国逐步建立起与此相适应的知识产权制度和保障其有序运行的工作体系，其中包括知识产权行政管理体系。知识产权制度的建立和实行，使我国有序地融入全球经济发展体系之中，打开了我国经济更好、更快发展和加快走向世界的大门。

在建立和推行知识产权制度的过程中，我国的知识产权行政管理体系在先有知识产权规则，后有知识产权创造、保护、运用等行为的这样一个有别于其他国家的特定情况下，充分发挥无以替代的强力推动作用。

从我国科技、经济发展的实际出发，结合具体国情和现实需求，不断创新知识产权行政管理机制与模式，通过制定政策、搭建平台、营造环境等方式，丰富知识产权行政管理内容，强化管理措施，创出了一条适合我国国情的行政执法与司法保护相互衔接、相互补充、相互协调的知识产权特色保护之路；运用行政手段促进知识产权制度与战略运用融入创新和经济发展全过程的协同发展之路；以加强宣传普及、提升整体意识、营造发展环境为演进路径的全社会知识产权文化建设之路。形成了其他国家未曾有过的将国际通则与本国国情相结合的具有中国特色的知识产权行政管理工作格局，使得知识产权运行体系构建、基础资源配置、整体意识提升、战略制定与实施等不同发展时期的重点工作主要依靠行政力量进行推动，将知识产权国际通行做法与我国相应时期的科技、经济、贸易、文化以及知识产权方面的具体实践紧密结合起来，创新和塑造出与国外知识产权制度运行明显不同的强力推动、主动推动、全程推动、多维推动的鲜明特色，走出了不同于任何国家的知识产权行政管理创新之路，使我国的知识产权制度得以有效运行，知识产权与产业升级和经济发展更加紧密融合。

（二）顶层规制下的全面推动

我国知识产权行政管理体系随着知识产权制度的建立而形成。我国《专利法》第 3 条规定，国务院专利行政部门负责管理全国的专利工作，统一受理和审查专利申请，依法授予专利权；省（自治区、直辖市）人民政府管理专利工作的部门负责本行政区域内的专利管理工作。我国《商标法》第 2 条也规定，国务院工商行政管理部门商标局主管全国商标注册和管理的工作。由此可见，我国《专利法》《商标法》《著作权法》等知识产权法律中，均明确规定了知识产权行政管理机构的职能定位和工作内容，从顶层设计的国家法律层面确立了其法律地位，赋予了其行政管理职责，使得知识产权行政管理具有明确的法律依据；同时，也使得知识产权行政管理机构在法律授权下，根据法定职能、权限和规制，依法行使管理职权，实现规范管理、有序管理、科学管理和高效管理，最大限度地提升了知识产权行政管理效能，实现了知识产权权利人和社会公共利益最大化的目标。

因此，我国知识产权行政管理与科技、产业、贸易等行政管理的最大区别是顶层法律规制下的应然管理，有法必依的规范化管理，不使行政管理职责缺失的整体而全面推动的管理。在较其他部门行政职能相对偏弱的情况下，知识产权更多是以智慧服务的方式加以推动，是自上而下式的从法律规制到具体实践的过程。

知识产权行政管理的过程又是在法律规约下的依职权全面管理和整体推动的过程，充分体现出事前、事中、事后管理的知识产权风险预警与管控、权利布局与资源管理、资产运营与价值实现的平衡推进。知识产权行政管理使知识产权与经济社会发展各个领域、各个环节、各个层面的融合力进一步加强；创造、运用、保护、管理、战略运用等得以并行推进；创新主体和市场竞争主体的知识产权综合能力普遍增强；知识产权政策体系不断完善、环境治理成效显著、投资运营环境更加优化，国际竞争力得以与日俱增；知识产权制度在激励创新中的基本保障作用发挥的更加充分，在产业转型升级和转变经济发展方式中的战略价值度越加显现。顶层规制下的全面推动是我国知识产权行政管理的主要特色之一。

（三）法律框架下的两手推动

众所周知，知识产权制度是依据《专利法》《商标法》《著作权法》等相应的知识产权法对人们的智力劳动成果加以保护，以此促进创新和社会经济发展的法律制度，其根本宗旨是鼓励和保护创新。保护功能和公开功能是知识产权制度的两大基本功能。有了强有力的知识产权保护，就可以有效地保障创新者的权益不受侵犯，就能够更好地激发全社会的创新活力，创出更多的智力成果，从而促进经济发展和社会进步。

知识产权制度公开功能的充分发挥，可以让智力成果得以最大限度和最快速度地传播，加快知识产权智力成果的产业化、产品化、市场化进程，而且知识产权权属清晰、权利稳定的智力成果在其后续的转化运用中会更加安全、顺畅，更加有利于向现实生产力的转化，进而促进产业提质增效升级和社会经济发展。

与此相对应，我国的知识产权行政管理从运行之初，就基本确定了在法律框架下依法推动实现知识产权制度两大基本功能的主要工作目标，坚持鼓励引导与约束惩戒相结合的工作原则，形成了"一手抓知识产权执法监管，一手抓知识产权促进创新与产业发展"的基本定位和工作格局。

一方面，知识产权行政管理部门依法开展以各类专利纠纷处理、假冒专利查处、打击制售假冒伪劣商品、打击盗版侵权等遏制知识产权侵权违法行为为核心内容的市场监管工作，维护正常有序的市场竞争秩序，优化创新创业与投资发展环境，使创新者、投资者的智力和资本投入得到应有的回报，从而有效地保护创新、保护资产、保护市场、保护投资，充分体现了知识产权对创新和经济发展的基本保障作用。

另一方面，知识产权行政管理部门在法律框架下，着力加强正向引导和政策激励，鼓励和促进创新主体提升知识产权创造、管理、保护、运用以及风险防控能力，通过对专利导航产业发展、专利风险预警、专利组合成型、全球战略布局、产业知识产权联盟深化发展、知识产权资产运营体系的构建与市场运转等重点专项进行实施与引导，将知识产权规则和全球竞争战略运用贯穿于产业及企业创新驱动与国际市场运营的全过程，为在全球视野下推动创新创业和产业转型升级提供了重要的方向和路径指引，注入了新实力，充分展现出知识产权在创新创业、产业升级发展以及市场主体"走出去"参与国际竞争中的超前引领和核心支撑作用。这就决定了我国的知识产权行政管理的突出特色是在法律框架下的"一手抓市场监管，一手抓促进发展"的两手推动。

（四）内联外延下的协同推动

在我国知识产权行政管理体系建制中，我们不难发现，在行政管理体系内的横向上，建立有国家层面的知识产权战略实施工作部际联席会议制度。在联席会议的统一推动下，形成了国务院所属各部委之间横向联合、协同联动的全国知识产权行政管理工作体制。此外，在特定发展时期，为了进一步加大知识产权保护力度，集中推动知识产权执法，国务院专门成立全国打击侵犯知识产权和制售假冒伪劣商品工作领导小组及办公室，联系各相应部委和最高人民法院、最高人民检察院等 27 个相关职能部门，各成员单位在领导小组统一协调下开展"双打"专项整治工作，并进行信息通报。在行政管理体系内的纵向上，我国依法设立了国家级、省级、地市级、区县级的知识产权行政管理部门，形成了上下相互贯通、建制相对完备、工作有效衔接的一体化知识产权行政管理体系，实现了上下联动的知识产权行政管理工作格局。国家各部委之间的横向联合以及国家层面与地方层面的纵向联动，实现了大的行政管理体制内部的联合，即"内联"。

与此同时，知识产权行政管理部门不断整合并利用各种社会资源，如调动相关高等学校、行业协会、社会组织、专业机构、资本市场、专家智库等社会资源，有序引导其介入知识产权行政管理之中，与知识产权行政管理体系相互协同、形成合力，共同推动知识产权制度的有效运行，实现了知识产权行政管理与外围社会智力资源的有序对接、协同联动、管理延伸，即"外延"。"外延"使外围社会资源成为知识产权行政管理的重要智力资源支撑和管理的有益补充与延展，以此体现出知识产权行政管理的"大脑"与"手臂"的延伸，提高了知识产权运行效能。由此可见，我国知识产权行政管理的又一显著特色是内联外延构架下的多方协同推动、合力推动。

（五）市场规律下的科学推动

经济体制改革是全面深化改革的重点，核心问题是处理好政府和市场的关系，使市场在资源配置中起决定性作用和更好发挥政府作用。这就进一步明确了市场与政府的关系。以往调控经济活动有"两只手"之说，即"无形的市场手"和"有形的政府手"。知识产权制度在我国的实行就是靠"有形的政府手"和"无形的市场手"的推动来进行的。"有形的手"与"无形的手"两者共同发挥作用，由此推动了我国知识产权制度的全面、快速、有效运行，并在短期内取得了长足发展。

多年的实践表明，在推动我国知识产权制度运行的过程中，"无形的市场手"与"有形的政府手"均不可缺少。"无形的市场手"离不开"有形的政府手","有形的政府手"更要按照市场运行的客观规律办事,科学化地进行整体的行政管理与专项工作推动。在过去的这些年里,我国的知识产权制度稳步运行,但在制度建立之初的较长一段时间内,全社会的知识产权法律意识仍然淡薄,创新主体、市场竞争主体运用知识产权制度、资源、策略参与国际竞争的战略意识仍然不强,以知识产权进行规制的市场竞争秩序还不十分规范,以知识产权侵权行为为特征的谋取经济利益的违法现象依然存在,这个时候没有"有形的政府手"的调节管控、激励引导和科学化推动显然是不行的。在这种情形下,政府这只有形的手恰恰需要在更大程度上运用行政资源和手段,加强市场监管,鼓励和科学化地推动知识产权与产业发展深度融合,引导市场主体科学化地进行全产业链的知识产权组合布局,科学运用知识产权全球战略主动赢得市场,进而提升我国重点产业的核心竞争力。而在全社会的知识产权意识普遍达到一定高度,更多的创新主体和市场竞争主体的知识产权全球战略运用意识和实战能力提升到较高水准之后,就需要更多地发挥"无形的市场手"的调节作用,达到预期目标。

在我国的知识产权制度运行实践中,知识产权行政管理体系发挥了重要调节和推动作用,政府管理和市场调节始终并存,并将继续并存,只是在不同发展阶段各自发挥作用的空间和程度有所不同。无形的市场手的调节作用发挥必然是基于市场运行规律进行的,而有形的政府手的推动作用发挥,也同样需要遵循市场规律,必然是在遵循市场运行规律、进行调查研究基础上的理性思考、合理判断、科学决策和有针对性推动的科学化行政管理,而绝不是缺乏深入分析的粗浅、感性和盲动行为。遵循市场发展规律、以需求为导向、以解决实际问题为目的的科学化推动,是我国知识产权行政管理的突出特色之一。

当然,在转变政府职能,建设服务型政府的总体形势下,知识产权行政管理更多地体现在以智慧服务方式进行的工作推动,即转变职能下的智慧推动。这样的知识产权行政管理效能的发挥,有效保证了我国知识产权制度的实行和知识产权战略的实施,在不同阶段均取得了显著的标志性成果。

（六）不同阶段下的渐进推动

自建立知识产权制度以来,我国的知识产权事业历经不同的发展阶段,而每一个发展阶段,我国的知识产权行政管理工作的注重主要矛盾与次要矛盾的辩证关系,坚持"运动是绝对的,静止是相对的"基本原理下的动态性调整和渐进式推动的运行路线,始终围绕各个不同发展阶段的主要矛盾（即突出短板）,根据实际需要和国际国内知识产权发展形势的最新变化进行阶段性的动态调整,将知识产权行政管理工作的重心聚焦到阶段性的突出问题上来。

在知识产权制度建立之初,我国知识产权工作的主要任务是组建起能够投入正常运营的知识产权工作体系，包括知识产权管理体系、代理服务体系、确权审查体系、维权保护体系、企事业单位知识产权工作体系以及知识产权制度的贯彻执行等。在这个阶段，知识产权行政管理的工作重心就是各类运行体系的组建、工作规程的完善和知识产权制度的推广普及。在我国进入到加入世界贸易组织多轮谈判的特定阶段，知识产权行政管理的主要任务就集中到结合实际需要和我国国情推动对《专利法》《商标法》《著作权法》等进行适应性修订，为我国如期加入世界贸易组织提供基础条件支撑上来。随着创新主体创新能力的增强和我国经济的快速发展，专利等知识产权数量不足就成为当时的短板，增加专利等知识产权数量，满足经济快速发展对知识产权数量规模的需要，就成为这一阶段的主要矛盾。因此，知识产权行政管理部门通过政策制定与实施等举措，推动知识产权数量加速增长，加快形成知识产权规模优势，增强知识产权对产业发展的支撑力。而在产业结构调整、转变经济发展方式的形势下，经济发展从数量规模向质量效益转变的新导向对知识产权的结构性调整提出了新要求，推动知识产权创造从注重速度、数量向提升质量转变，从规模发展向结构优化转变，将国内外知识产权组合布局和全球竞争战略运用作为市场主体"走出去"参与国际竞争和产业提质增效升级的基础支撑就成为知识产权行政管理的核心任务。最近一个时期，知识产权强国战略的提出和实施，又将使知识产权行政管理部门在更高的站位和更宽的视野思考问题，按照市场运行规律，将知识产权战略运用推向新的高度，更好地发挥知识产权在创新驱动发展战略实施和产业转型升级中的超前引领、核心支撑和重要保障作用。由此可见，我国知识产权行政管理的又一显著特色是围绕不同发展阶段的主要问题进行工作聚焦的，是根据不同发展时期存在的突出短板及特殊要求进行动态性重心调整的渐进式推动，是保持短期发展的相对稳定性与长远发展的动态调整性之间的辩证统一，是一个实事求是、循序渐进、不断发展的过程。

综上所述，具有中国特色的知识产权行政管理是在全球竞争格局下，以国际通行做法与中国具体国情相结合为基本原则，以解决现实和潜在问题为根本导向，以深度融入与高效服务国家创新驱动发展和经济提质增效为战略重心，以思想理念引领和智慧服务为主要方式，以增强国家核心竞争力为工作主线，充分调动和利用一切有效行政资源，按照市场运行的客观规律，坚持市场监管和促进发展两手抓，依法有序地推动知识产权竞争工具在社会经济发展各个领域、各个层面、各个环节和各个时期的全面科学运用，形成"上下联动，横向协同，力量积聚，动态调整"的整体推动格局，切实发挥知识产权在创新驱动、产业变革、经济转型、国际竞争全过程中的超前引领、核心支撑和可靠保障作用，着力将知识产权的内在战略价值最大限度地转化为外在经济收益的主动作为。

简而言之，中国知识产权行政管理是全球知识产权竞争工具科学运用的行政总动员、总协调、总实践和总指导。

第三节　当前中国知识产权行政管理存在的问题与影响

一、中国知识产权行政管理存在的问题

我国知识产权发展状况与发达国家存在差距的一个重要的原因是，我国知识产权的行政管理还存在一些需要不断完善的地方。

与一般所称的"文化管理""教育管理""治安管理"等行政管理不同，我国知识产权管理目前没有一个独立的行政组织统一管理，而是按照知识产权的类型，把知识产权管理职能分布在相互并列平行的行政组织之中进行管理，即通常所说的"条块分割式管理"。这种管理模式有其自身的经济、历史、社会、政治等变迁路径和存在价值，对于促进我国知识产权制度的发展、奠定知识产权战略资源地位、形成知识产权核心竞争优势起到了重要的推动作用。但是，遵循辩证唯物主义的基本规律，我国知识产权行政管理在自身发展运动中也存在着一些与现实不适应问题，这些问题是知识产权行政管理体系多年来自身发展矛盾的体现，矛盾的累积必定推动管理体系的变革，或者称之为质的飞跃。特别是当今世情、国情变化的影响，使我国知识产权行政管理体系的变革面临着临界点。认真分析我国知识产权行政管理的问题与原因，可以为我国知识产权行政管理的革新提供现实依据。

目前，我国知识产权行政管理最主要的问题在于我国当前知识产权工作体系尚未完善，"条块分割式管理"表明我国知识产权工作尚未形成一个完整的体系，知识产权管理各个主体之间缺乏有机的联系，体制障碍造成了整个知识产权工作运转不畅，效率低下，难以整合资源，形成合力。这种情况严重影响了整个社会对知识产权的创造、运用和保护，影响了知识产权服务于经济发展方式转变、服务于国家经济社会发展的大局。

（一）知识产权政策法规体系不够完善

制定知识产权政策法规，使市场和社会主体有章可循，是知识产权行政管理的重要职能。知识产权政策法规体系是知识产权制度建设的重要组成部分，该体系应该是"金字塔形"的立体结构，是以《国家知识产权战略纲要》为引领，以具有中国特色的统一知识产权法典（含各种层次的知识产权法律，尤其是《专利法》《商标法》《著作权法》以及其他知识产权种类法）、知识产权法规、部门规章和其他知识产权规范文件为稳定性核心，以知识产权配套政策为灵活性的基础，相互衔接、相互配合、相互支撑的制度体系。

然而，尽管经过多年的精心筹划，我国的知识产权政策法规日渐形成体系，但由于体制原因使得各个部门在制定政策法规时协调不够，造成目前我国的知识产权法规体制仍

然难以满足实际的需要。产生知识产权行政管理中政策法规的问题一是源于政策法规制定主体的多元化，二是源于政策法规制定规则的模糊化。具体表现在：

1. 知识产权创造和运用的政策法规体系不完善

主要是对于职务性知识产权、个人和中小企业知识产权关注不够，而职务性知识产权则是知识产权生产力发挥作用的关键，中小企业知识产权工作则牵涉到点多面广的市场群体。同时，知识产权激励措施，尤其是专利资助政策的薄弱制约了知识产权创新驱动力的发挥。

2. 知识产权保护政策法规的不完善

第三次修改后的《专利法》及《专利法实施细则》对于专利保护有了进一步的加强，但对于解决专利权人反映的举证难、周期长、成本高、赔偿低、效果差等问题还需要认真研究，进一步修改完善。相对于国内知识产权保护来说，国内企业海外维权更加艰难，普遍存在着规则不熟悉、组织不健全、维权成本高的问题，我国知识产权行政管理回应企业海外维权需求的及时性与系统性还亟待加强。在知识产权纠纷与维权呈现多元化、高成本的情势下，知识产权管理部门应该研究制定重大经济活动的知识产权纠纷维权服务工作机制，营造知识产权保护的良好环境氛围。

3. 知识产权利益平衡制度的不完善

第三次修改后的《专利法》对于各主体之间的利益平衡问题提出了新要求，知识产权行政管理部门应该注意专利权的滥用规制、遗传资源利用的规制、社会公共利益与专利权人的利益平衡等问题。

4. 地方性知识产权政策法规体系的不完善

地方性知识产权政策法规是知识产权政策法规体系的落脚点，现有调查表明，根据国家有关规定，切合地方实际、具有可操作性的地方知识产权政策还没有形成体系化。

（二）知识产权行政管理体系建设相对滞后

行政管理机构是知识产权行政管理的组织保障，是知识产权行政管理的重要组成部分。知识产权行政管理机构建设包括组织系统、制度系统、队伍系统。知识产权行政管理的组织系统包括法定的管理机构与协调机构，制度系统包括内部管理制度与外部协调机制，队伍系统包括知识产权确权、运用与维权的综合性和专业性相结合的管理队伍。

知识产权行政管理机构的应然状态是上下协调有序、部门联动有力、机制运行高效；知识产权工作体系以企业为主体、以运用为重点、以服务为手段；知识产权管理网络是官民结合、广泛参与，国内国际统筹，区域、产业、行业和不同种类知识产权协调发展。国家知识产权体系建立健全，包括知识产权管理体系、知识产权决策咨询体系、知识产权执法体系、知识产权服务体系、知识产权制度（政策法律）体系、知识产权人才体系等。

前已述及，我国知识产权管理体制是 20 世纪七八十年代在对外开放的格局中渐次建立的，在改革开放和经济社会发展中发挥了重要作用。但是，在已经加入世界贸易组织、融入世界经济、知识产权战略地位逐渐确立的情况下，我国知识产权行政管理机构显示了自身的不适应性，主要表现在以下几个方面。

1. 知识产权行政管理没有设立确定性和统一性的行政管理机构

我国目前设立的知识产权行政管理机构，如国务院知识产权战略实施工作部际联席会议等，是"会议式"管理体制，不是法律上正式的确定性管理机构，仅仅是协调机构，而国家知识产权局因之行政规格低而协调能力不足。这种会议式的管理模式使我国知识产权行政管理缺乏统一有权威的协调机制，政策协调机制、行动协调机制、管理协调机制、对外协调机制等出现诸多盲点，协调成本大大增加。

2. 知识产权行政管理分散并列、独立并行，效率低下，成本增加

根据国际经验，大部分国家都是按照工业产权分类，实行专利和商标统一管理。在实际中，专利与品牌和商标纠纷也常常联在一起，需要联合执法。特别是目前各地专利和商标执法队伍的人力和物力都相对不足，工业产权分开管理，分散了人力、物力。这不利于协同推进知识产权战略，不利于与国际惯例的接轨，其直接后果是管理效率低下、资源分散、人员增多、管理工作不协调。同时，我们还应该注意到知识产权管理部门与经济主管部门联系不够紧密，不利于知识产权工作与经济工作的紧密结合，无法有效发挥知识产权的作用。

3. 地方知识产权管理部门的设置缺乏统一标准

各地方知识产权管理部门的级别、性质、隶属关系等不统一的问题比较突出，受重视程度和发挥的作用也大不相同。仅省（自治区、直辖市）一级的知识产权局就至少有 9 种类型，政府行政系列、政府所属事业单位、正厅级知识产权局、副厅知识产权局、处级知识产权局、独立机构和地方科技厅（局）内设机构等。

地方知识产权局系统的机构设置往往不是靠实际需要，而是靠领导重视的程度。在领导重视的地区，知识产权部门的地位就高一些，反之亦然。我国法律赋予知识产权局专利执法职能，这些职能一般由具有行政职能的单位才能从事和开展，而这与我国一些省份知识产权局事业单位的性质不符，使其在开展综合协调工作时执法力度大打折扣。

4. 专利行政管理工作体系较为薄弱

随着专利事业的发展和行政执法工作量的增加，我国的各级知识产权局现有的结构设置和编制数量已经远不能适应形势的需要，严重制约了各项工作的正常开展。根据目前

掌握的情况，经过全国范围内的机构改革，虽然有些省份的专利管理机构都得到了加强，人员编制得到了增加，为专利工作的顺利开展打下了坚实的基础。但从整体层面来看，我国专利行政管理工作还存在着诸多的问题，现有机构现状和人员编制远不能满足正常工作的需要。当然，我们也应该看到，随着科技发展、知识产权意识的提高，专利审查事务快速增加，建立地方专利审查协作机制显得格外重要。

5. 地方知识产权行政机关的地位和权能缺乏适当的立法规定

我国现行《专利法》规定了国务院专利行政部门负责管理全国的专利工作，而地方政府则是"管理专利工作的部门"，而不是"专利管理部门"。于是，有些省份的地方政府设立管理专利的机构五花八门，有的地方是政府独立机构，有的则是科学技术局的二级机构，有的地方是行政机关，有的则是事业单位。《专利法实施细则》规定了省级和设区的市政府管理专利工作的部门具有行政执法权，但没有设区的市、县政府管理专利的部门就没有这些权能，目前许多市、县因实际需要设立的独立知识产权局，其执法缺少法律授权。

6. 知识产权行政管理队伍建设需要加强

目前我国知识产权行政管理的协调能力、执行能力、专业技能尚需进一步提升，知识产权行政管理培训需要途径创新与方式创新，特别是知识产权行政管理干部的交流与培养。知识产权管理是技术含量较高的专业，对管理人员的素质要求比较高，但是，我国的知识产权行政管理制度中相关的人员考核和培训制度不够健全，导致了行政队伍尚不完全具备既懂得专业知识，又熟悉国家法律规范、熟悉办案程序的高素质人才，同时，我国也缺少完备的监督责任制度，致使一些行政执法者人治观念强烈、法治观念虚无，权利观念浓厚、法律观念淡薄，缺少合作意识，而在市场经济趋利性的诱惑下，常常会利用行政权力牟取私利、损害社会公共利益及权利人的合法权益。

（三）知识产权行政执法能力相对薄弱

我国对知识产权实行行政保护与司法保护并行的保护模式。知识产权行政保护是知识产权行政管理的重要内容。知识产权行政保护从根本上说要均衡知识产权内部权利，从效果上说要便捷高效，从体系上说要坚强有力，从协调上说要相互支撑。目的在于建立上下联动、左右衔接、官民协作的知识产权保护体系，打造具有中国特色的政府执法、企业维权、行业自律、中介服务、社会监督的多元一体知识产权保护模式；加强各个主体之间的结合，实现知识产权保护的合力，提高知识产权保护的效率。

目前，我国知识产权行政保护采取行政与执法协调一致的做法，构建了知识产权行政执法组织体系、执法法律法规体系以及执法评价体系等，但知识产权行政执法保护依然相对薄弱，完善性与有效性仍需加强，其主要问题在于以下几个方面。

1. 知识产权内部各种权利之间时有冲突

所谓知识产权内部冲突，是指同一知识产权保护对象的法律所产生的两项或两项以上权利并存的冲突现象。也就是说，在一定条件下，不同类型的知识产权同时属于同一保护对象的两种或两种以上的法律形式。这些冲突大多是由于不同的知识产权行政部门根据不同的制度功能标准行使管理权，为同一目的授权或识别不同类型的知识产权。

知识产权既然是一种民事权利，那么由它产生的利益便成为权利人追逐的对象，一旦同一客体上产生的多种权利分属于不同的权利主体，势必会引起权利归属和利用上的纠纷。

在我国，知识产权权利冲突最常见的表现就是美术作品的著作权、工业品外观设计的专利权和标识的商标权之间引发的纠纷，另外原产地名称、商号、商标和域名之间的权利冲突也时有发生。而在这些知识产权权利冲突中，很多是由于我国知识产权行政管理机构不统一而造成的。而知识产权权利冲突有时会导致知识产权行政管理机构执法时的被动，导致行政执法难以迅速、有效地处理问题。

2. 知识产权行政保护尚未形成高效快捷的执法优势

由于我国现行的知识产权保护制度是一个零散的管理体制，没有统一的知识产权执法机构，多元化、多层次的知识产权行政保护体系严重影响了职能机构之间的交叉、竞争和横向重叠。这往往导致有利的冲突和无利可图的拖延，导致行政执法因执法基础上的矛盾和冲突而无法顺利进行。在行政相对人方面，需要借助多个行政部门来解决知识产权问题。在处理专利侵权纠纷时，如果地方专利局发现也存在侵犯商标权或盗版行为，只能处理专利侵权纠纷；商标、著作权侵权纠纷只能由工商行政管理部门或者著作权行政管理部门处理。这导致地方知识产权侵权管理效率低下，权利人保护知识产权的成本较高。

3. 知识产权行政执法体系制度薄弱

由于力量分散于各部门，造成一些省、市的专利行政执法体系或者是有其名无其实，或者干脆没有。省级与市（地）级政府普遍没有建立知识产权行政执法机构，没有明确界定各级知识产权执法队伍的职权，还有待修改完善专利行政执法办法，需要研究制定专利确权、侵权判定咨询意见的制度。知识产权仲裁制度还没有发挥作用。

4. 知识产权行政执法统筹协调机制还需要进一步完善

知识产权保护协调机制包括政府知识产权保护部门之间的合作机制、政府知识产权保护部门与司法机关之间的合作机制。知识产权保护司法机关之间的合作机制和知识产权保护跨区域合作机制，具体内容包括知识产权信息交流、执法合作、应急联络、座谈会、沟通、对话、新闻发布、受理和立案、调查取证、案件移交和处理决定、知识产权保护部门协作、重大案件会商通报、联合办案、知识产权刑事案件移送、司法机关知识产权刑事案件受理等。

虽然我国已经在知识产权保护的行政部门之间、行政与司法机关之间、跨区域之间建立了若干知识产权保护统筹协调机制，并力图形成体系化，但是，目前在知识产权保护工作中的统筹协调机制还限于局部的省市和县区，有必要扩大此机制，以优化和整合知识产权保护资源、提高衔接的效率。

（四）知识产权公共服务能力相对不足

提供公共服务是政府部门的基本职责，这在知识产权行政管理中表现得尤为突出。一个良好的知识产权公共服务体系应该是一国的知识产权行政管理机关根据国家知识产权发展的目标、方向等根本性问题建立起来的，以促进经济增长和增强国家竞争力为目标，其构建具有全局性、长期性和稳定性的特点，在一国的知识产权管理工作中居于非常重要的地位，在推动着社会公众对知识产权利用的同时，也促进了技术在全社会的扩散。

我国逐渐加大知识产权公共服务供给力度，为知识产权的创造、运用、保护与管理提供了有效的基础服务。由于我国市场主体知识产权意识相对薄弱、自身知识产权能力不足，因此对知识产权公共服务提出了更高的要求。提供知识产权公共服务主要是建立知识产权激励平台、知识产权信息服务平台、投融资平台、交易平台、国际贸易保护平台、产业园区服务平台、区域经济发展平台等。

但是，我国现阶段知识产权公共服务体系还非常薄弱，难以满足知识产权战略的要求，难以满足市场主体知识产权创造、运用、保护、管理的需求，主要问题有以下几个方面。

1. 重大经济活动的知识产权审议与预警没有有效开展

国家重大专项与企业重大经济活动需要知识产权的先行审议与风险评估，但现在无论是国家层面还是省、市、区层面都没有建立起有效的国家投资的重大专项、重点发展产业、重点企业、重大经济活动的知识产权审议机制，使产业、行业、企业的研发基点，侵权预警和维权路径没有一个合适的机制。

2. 知识产权公共基础服务平台建设薄弱

由于各部门各办各的，力量分散，造成谁的服务平台也没有建设好。如专利方面的专利代办处、知识产权维权援助中心、巡回专利审查站、专利复审委巡回审理庭、专利技术展示交易中心、企业专利工作交流站、地方专利信息服务中心等平台都需要全面梳理和渐进性的优化调整。专利技术展示交易中心、知识产权维权援助中心等知识产权公共服务平台虽然已经逐步建立，但布局设点与职能界定仍需廓清，特别是知识产权的数据库建设与服务，以及公共服务工作体系与人才培养还不能满足经济发展和社会公众的需求。

3.促进知识产权运用的公共服务不足

我国还没有形成完善的知识产权价值评估制度，知识产权资产评估人才还比较匮乏。知识产权投融资体系远没有形成，有限的探索还没有上升到政策法规层面。知识产权展示交易中心工作体制和运行模式远没有形成，知识产权转化为生产力的途径还很不畅通。知识产权的商业化、市场化、产业化还要假以时日。围绕知识产权成熟的产学研合作机制还没有形成。

（五）知识产权文化建设水平亟待提高

知识产权文化是知识产权制度的核心和灵魂，知识产权文化的基本理念是"尊重知识，促进创新，诚信守法"，在建设创新型国家的今天，知识产权制度的核心是知识产权制度。特别是在知识产权已成为当前和潜在的知识经济国家的战略资源和核心竞争力的新形势下，加强知识产权文化建设，不仅有助于弘扬改革创新精神，树立创新理念，还有助于激发创造力，激发创新热情。知识产权文化建设包含了硬件建设与软件建设两个方面，软件建设的内容包括广泛宣传，普及知识产权文化理念，加强知识产权教育培训工作，形成多渠道的知识产权教育培训体系。我国引进与建立知识产权制度的时间较短，知识产权意识还比较薄弱，知识产权文化基本还停留在探讨层次。

由于各部门对知识产权文化的认识和要求不统一，对其研究不够，工作力度不足，因而作为管理手段与方法，知识产权行政管理在文化建设方面还存在以下不足：

1.知识产权宣传形式和方法需要创新

当前，我国主要是采取在重大节日和场合设置展台，选派人员现场讲解，或者利用展会进行宣传。这种方式效果有限，需要我们拓宽宣传渠道、加大宣传深度、增强宣传针对性和实效性，通过以案说法，跟踪和研讨典型案件，以灵活多样的形式向全社会全面、客观地反映全国知识产权系统管理工作。同时，国家层面与地方的交流还不十分顺畅，对外宣称报道并不重视，这影响了信息对称性与国际形象。

2.知识产权普及教育还没有形成体系

顺应社会与时代的需要，我国某些高等学校已经开展了知识产权的高等教育，培养了一批知识产权专业（方向）本科、硕士乃至博士生。但是面向公众的多层次的知识产权普及教育体系远没有形成。特别是学校（各个层次，尤其是中小学生）、企业（员工，尤其是雇主）、政府（公务员，尤其是领导干部）、社区（居民）和农村（农民）五个区域，对这五个主体的知识产权普及教育体系还没有提到议事日程。

（六）知识产权高素质人才相对缺乏

知识产权人才是知识产权创造、应用、保护和管理的关键，知识产权人才包括人才数量、人才素质和人才结构。知识产权人才的数量包括绝对数和相对数，我国相对数量较少。知识产权人才质量包括专业性、复合性与国际性三个方面，我国在这三个方面均不尽如人意；知识产权人才结构的微观层次包括年龄结构、知识结构、学历结构、专业结构等，宏观结构包括区域结构、部门结构、产业结构、行业结构等，我国人才结构的合理性有待优化。

目前，需要建立一个集培训与引进、国内外统筹、应急人才与长期人才、研究人才与应用人才、高端人才和通用人才、法律人才和经营人才、管理人才和服务人才相结合的高素质知识产权人才体系。形成服务于知识产权各个领域的良好国家权力格局。

改革开放40多年来，我国知识产权制度从无到有，逐步健全，对知识产权各方面人才的需求也逐渐攀升，尤其在加入世界贸易组织后，国内国外知识产权行政管理事务急剧增多，但是知识产权人才却并没有同步增加。同时，从人才结构上看，也不尽合理，懂科技、懂经济、懂法律、懂管理、懂外语、懂网络的复合型知识产权行政管理人才相对缺乏。就知识产权管理人才来讲，其来源主要在于教育培训，但由于部门分散管理，不仅造成日常培训难以进行，而且学校培养也难以形成专业规模，一些高等学校一直计划设置知识产权管理人才专业，但由于知识产权"条块分割式管理"体制的原因，使得人才需求分散零碎，造成高等学校的专业设置和批准设立困难。

二、中国知识产权行政管理问题产生的原因

上述知识产权行政管理问题之所以存在，大体上有以下六个主要原因。

（一）知识产权行政管理发展的阶段性

知识产权行政管理具有阶段性。我国知识产权制度正式建立于20世纪80年代中期，到现在不过三十多年的历史，与西方发达国家相比，我国的知识产权行政管理制度还处于初级阶段。同时，由于我国公民对知识是公共产品的意识根深蒂固，相关立法还不尽完善，尤其是在知识产权行政执法方面表现出的力度不强，使我国公民在知识产权保护方面的意识普遍都很薄弱。可以说，知识产权行政管理的关键在于知识产权行政机关的执法和提供公共服务的能力。因此，行政机构的设置是否合理就直接关系到我国知识产权行政执法效率的高低和知识产权立法目标的实现。目前，我国的行政体制改革正在有序进行，我国的知识产权行政执法体制也在进一步的转型和完善过程中。但是我国的知识产权行政管

理制度起步较晚，行政管理的经验不足，导致了我国在知识产权行政管理过程中诸多问题的存在。

（二）知识产权管理工作投入的有限性

知识产权行政管理投入从广义上是指各种资源的集合，包括制度资源、机构资源、人才资源、资金资源以及其他物质资源。我国已经确立知识产权的战略地位，有必要对知识产权行政管理予以各种资源上的支持，这是保障知识产权行政管理有效开展的基础。而当前知识产权行政管理投入明显不足，机构缺位、人员缺编、资金不足在各地都不同程度地存在，这在知识产权行政执法方面表现尤为突出，执法经费不足，缺乏必要的手段。

（三）知识产权行政管理信息的封闭性

在发达国家，各国政府为了迅速将知识产权转化为生产力，也为了避免创造者重复创造，都建立了畅通的信息公开渠道和信息沟通体制。而在我国"条块分割式管理"体制下，因缺少有效的沟通渠道和协调机制，知识产权行政管理出现了一些盲区，政府信息管理体制不健全，信息不畅造成知识产权行政管理部门不能及时参与有关案件的协调和咨询，基层机构和企业也得不到应有的援助和指导。不同机构之间的共享信息困难，就容易在确权与登记、管理和执法中造成相互冲突、标准不一等不良后果。

（四）知识产权内涵外延的模糊性

知识产权行政管理问题产生的首要原因在于知识产权本身的特性。到目前为止，关于何为知识产权，其内涵外延到底界限何在，存在较大的认识差距。知识产权有智力创造成果、商业性标记等划分，也有《巴黎公约》、TRIPS 等国际公约的列举，统一性的概念还没有形成。

从概念界定上看，智力创造成果与商业性标记差别很大。各个国际公约也只是规定各个国家要保护，但对于如何保护，各个国家并不一样。对知识产权界定与保护方式的不同，直接导致行政管理模式的不同。由此，我国在特定历史条件下形成条块分割的知识产权行政管理模式应在常理之中。虽然知识产权种类多，但各类权利之间存在同质性，尤其是赋权性知识产权在行政管理上存在许多共同点。为此，许多国家将赋权性权利的行政管理归到同一个行政机关的名下。

在我国，无论在中央还是在地方，知识产权行政管理机关之多，几乎让人目不暇接。这种分散配置不仅导致行政成本高、效率低，而且造成行政执法力度不均，加剧了知识产权内部权利的冲突，不利于我国开展对外交流。

（五）知识产权战略意识的薄弱性

一方面，知识产权制度是在我国改革开放之初从西方国家引入的，而在当代则是我国改革开放、融入世界经济、参与国际市场竞争的自我需要。从某种意义上说，知识产权制度对于我国是一种舶来品，对于何为知识产权、为什么要保护知识产权、如何保护知识产权，我们采取了边学边用、洋为中用的扬弃态度。囿于历史文化的差异，我国知识产权意识还比较薄弱。将知识产权上升到国家战略层面，将之视为国家战略资源和国际核心竞争力的优势资源，是近年来的事情。所以将知识产权贯穿到政府行政管理的各个层次层面仍然处于初级阶段，知识产权政策法规问题、知识产权协调机制问题、知识产权管理队伍问题、知识产权协助保护问题等都与此相关。另一方面，在初级阶段，不可避免的是知识产权行政管理机构各自为政，且工作多是围绕知识产权管理自身发展来开展，还缺乏战略高度的认识，缺乏服务国家战略和经济社会发展需要、服务经济发展方式转变的观念和举措，这使得我们的一些工作重点与现实需求出现偏差，工作质量有待进一步提高。

（六）知识产权行政管理部门的经济性

经济性是指知识产权行政管理部门的利益追求，即部门利益化。一方面，各个知识产权行政管理机构往往会设法不断地扩张自己的权利范围，造成对某些方面的重复管理，甚至导致知识产权行政管理机构之间的工作交叉；另一方面，它们又尽量缩小自己的责任区间，造成工作衔接弱化。由于我国的知识产权行政管理机构划分过细，职能单一而分散，造成了知识产权行政管理机构的管理效率较低。在我国有的地方为了弥补这种职能分散带来的低效率而成立了地方知识产权联合执法机构，但联合执法机构本身又是一个需要协调的部门。

作为具有中国特色的知识产权行政管理体制，国内外还很少有人对其进行系统的研究，但其在构建我国完善的知识产权制度中所起的作用却是不容忽视的。这一制度的研究，对于国家知识产权战略的顺利实施不是可有可无的，对其问题与原因的深层次探析也是非常必要的。在对我国知识产权行政管理的问题与原因进行系统梳理后，我们相信，只要牢牢把握正确的发展方向，正确处理知识产权行政管理中的多重问题和矛盾，知识产权就能切实有效地推动我国实现经济、科技、文化、社会、人与自然的协调和可持续发展，最终实现创新型国家和全面建设小康社会的总体目标。

三、中国知识产权行政管理问题带来的影响

上述知识产权行政管理六个方面的不足，是基于我国知识产权行政管理这个模块而

进行的分析，如果我们把这些不足放到国家科技、经济、社会、文化发展的整体框架之中进行透视，就会发现我国知识产权行政管理问题带来的各种影响。

（一）影响知识产权制度效益的发挥

知识产权制度效益的发挥得益于有效的知识产权行政管理，然而我国知识产权行政管理的不足使知识产权行政管理成本攀升、效能与效率降低，知识产权环境不能及时优化，市场主体知识产权各环节负担增加，知识产权资源优化配置受到阻遏，知识产权制度优势未能完全发挥。尤其是过于分散的行政管理机构的设置，数量过多，没有统一的领导机构，使得知识产权行政管理的各部门之间条块分离、各自为政，严重影响了政府对知识产权制度效益综合调整职能的发挥，使得各部门之间的工作难以协调，问题的出现在所难免，其结果是知识产权行政权力被分割，部门工作条块化现象愈加凸显，政府工作部门间的联系会被阻隔，整体效能大大降低，知识产权行政管理的作用被大大削弱了，影响我国服务型政府形象的构建。

（二）影响知识产权战略的深化实施

《国家知识产权战略纲要》是我国政府审时度势对于知识产权事项制定的长期性、全局性、纲领性的规划，是国家通过加快建设和不断提高知识产权创造、运用、保护和管理能力，不断完善我国现有的知识产权制度，壮大我国的知识产权人才队伍，促进我国整体发展目标的总体谋划。

知识产权战略的持续有效推动依赖于国家知识产权行政管理效能的发挥，而且知识产权行政管理本身就是国家知识产权战略的重要组成部分。但是，目前我国知识产权行政管理力度的不足，势必导致国家知识产权战略的落实受阻，国家知识产权战略任务与措施不能如期完成，预期战略目标的实现度存在不确定性。

（三）影响经济发展方式的根本转变

发展知识经济有三个前提，即技术创新、产业结构转型和资本积累。中国必须实现经济增长方式的转变，所谓经济增长方式是指能够促进我国经济增长的生产要素及其组合，是当代国家最重要的战略资源之一。只有认真实施和管理知识产权，才能充分实现知识产权的价值，发挥知识产权在国民经济发展中的作用。

而在我国现行的知识产权行政管理实践中，知识产权的产、学、研彼此脱节，很多部门仅仅重视知识产权的经济价值的实现，而忽视其流通市场的不健全以及法律环境的不完善，政府公共服务力量较弱，尤其缺乏权威和实用的知识产权信息检索和分析、技术贸易和科技成果转化、无形资产评估等知识产权公共信息服务平台以及网络的构建，导致了我国知识产权创造人才的创新积极性不强且流失严重、科技成果评价体系错位，从而阻碍了我国经济的发展与顺利转型。

（四）影响国际核心竞争力的加快形成

随着知识产权制度的国际化和现代化的到来，无论各国是否愿意都会被卷入知识产权竞争的浪潮之中。作为国家核心竞争力的知识产权，为各国抢占竞争制高点、促进科技进步以及推动经济的快速发展提供了有力的保障。知识发展的动力来源于创新，而知识产权制度特别是知识产权行政管理制度为其提供了可靠的制度保障。但是，在我国由于人们的知识产权意识相对较弱，对知识产权行政管理制度建设的重视不足，导致了人们忽视这一重要制度带来的竞争动力，影响了国际核心竞争力的形成。

第四章

知识产权行政管理创新的具体路径

根据中共中央、国务院《关于深化体制机制改革加快实施创新驱动发展战略的若干意见》和国务院《关于新形势下加快知识产权强国建设的若干意见》的要求，未来的我国知识产权行政管理创新发展，要按照创新驱动发展战略总体要求，围绕知识产权强国建设，大力实施国家知识产权战略，加强知识产权运用和保护，健全技术创新激励机制，以创造良好发展环境、提供优质公共服务和维护社会公平正义为宗旨，突出改进宏观管理、加强市场监管、健全管理制度、创新服务方式，全面提高知识产权科学管理水平，为市场主体创新发展提供强有力支撑。

第一节　建立现代知识产权治理体系

一、构建协调统一的知识产权行政管理体系

（一）推进知识产权管理体制改革

针对专利、商标、版权等知识产权行政管理分散管理的现状，按照《国务院机构改革和职能转变方案》的原则要求，最大限度地推动知识产权行政管理职责、管理体制、运行机制、管理能力协调统一。按照原则上由一个行政机构承担相同或者相近的管理职责的要求，整合专利、商标、版权等知识产权行政管理职责。按照减少微观事务管理的要求，建立规范的行政审批制度。按照把更多的精力放到宏观管理上来的要求，加强知识产权管理部门的战略、规划、政策、标准等制定实施能力，统筹协调涉外知识产权事宜。按照实施严格的知识产权保护的要求，推进知识产权综合行政执法。按照加强地方政府公共服务要求，强化知识产权公共服务职责。强化知识产权管理部门决策能力，消除部门间职能重叠、交叉问题，将跨部门协调转变为内部部门协调，划清各部门职责，使得部门间职责、

利益清晰，形成合力，从而提高协调效率，减少协调成本。

（二）健全国家层面的知识产权协调机构

由于知识产权行政管理工作具有很强的渗透性，即使组建了统一综合管理的国家知识产权机构，也不能包揽所有知识产权行政管理事务，还需要经济、科技、贸易、文化、司法、海关等部门的支持配合，所以有必要健全国家知识产权统筹协调管理机制。建立具有权威性的协调机构，建立多主体、多层次、跨部门、跨领域的协调机制和具有法律效力的协调制度，最终实现部门间权责一致、分工合理、决策科学、执行顺畅和监督有力。

（三）完善地方知识产权行政管理构架

加强国家知识产权局对地方知识产权行政管理工作的指导与支持，凝聚上下管理合力，逐步形成统一管理、结构合理、协调有序、联动发展的知识产权行政管理新格局。一是授权地方开展知识产权改革试验。在总结上海浦东新区建立统一的知识产权行政管理体制经验的基础上，鼓励、指导其他有条件的地方开展知识产权综合管理改革试点。二是从立法层次明确地方知识产权行政管理机构的行政性质，加强地方知识产权行政管理机构职能。三是完善国家、省、市、县知识产权行政管理体系，形成各部门密切配合、中央和地方紧密互动、政府和企业紧密联系的知识产权管理格局。

二、加快知识产权行政管理职能转变

国务院发布的《国务院机构改革和职能转变方案》，强调政府职能转变是深化行政体制改革的核心。转变职能，必须处理好政府与市场、政府与社会、中央与地方的关系，深化行政审批制度改革，减少微观事务管理，该取消的取消、该下放的下放、该整合的整合，以充分发挥市场在资源配置中的决定性作用、更好发挥社会力量在管理社会事务中的作用、充分发挥中央和地方两个积极性，改善和加强宏观管理，注重完善制度机制，加快形成权界清晰、分工合理、权责一致、运转高效、法治保障的政府职能体系，真正做到该管的管住管好，不该管的不管，切实提高政府管理科学化水平。

（一）下放地方可以承担的职能

一是对已有的涉及下放的审批项目，按照《国务院机构改革和职能转变方案》原则，主动下放。二是加强各地专利代办处职能，探索试点将专利许可备案、专利证书副本制作、专利质押登记等下放至专利代办处。三是对新增涉及资质认定的项目，涉及需要对企业事业单位和个人进行知识产权水平评价的，依法制定职业标准或评价规范，由有关社会组织具体认定。

（二）增加应该增加的职能

一是加强知识产权外交职能，积极参与国际知识产权规则制定，争取更多国际话语权。充分利用多边、双边和区域合作平台，在知识产权国际规则制定谈判中主动作为，推动知识产权国际规则体现更多的中国元素、中国智慧，推动知识产权国际规则朝着"普惠包容、平衡有效"的方向发展。二是增加知识产权服务经济发展方式转变的职能，加强宏观管理，注重统筹规划和顶层设计，推动制定影响大局、融入经济、切实可行的知识产权公共政策。三是增加防止知识产权制度异化，制止知识产权滥用，保护社会公共权益的职能。

（三）强化知识产权管理核心职能

知识产权行政管理职能很多，但核心职能必须突出强化，从国家层面，主要应该围绕知识产权的确权、维权与用权三个核心职能展开。一要强化知识产权确权管理，确权管理是知识产权行政管理的基础。要以社会需求为导向，以服务国家经济建设为前提，不断完善专利审查标准和审查管理政策，建立更为高效、科学的审查业务运行管理体系，不断提高审查效率和审查质量。二要强化知识产权维权职能。维权管理是知识产权行政管理的核心。知识产权维权管理主要体现在对外维护国家的整体利益，助推企业"走出去"；对内维护权利人的合法权益，为"大众创业、万众创新"营造良好的法治环境。三要强化知识产权用权职能。用权管理是知识产权行政管理的根本。知识产权用权管理是一项系统工程，要从传播利用、支撑科技、服务产业、融入经济等方面全面加强。

（四）发展知识产权社会管理组织

改变政府行政管理一元主体的局面，使社会、公众成为知识产权公共管理的主体，积极发挥其协调沟通作用，实现知识产权行政管理与社会管理的有机结合和有效协调。鼓励协会、商会等社会组织建立知识产权管理部门，支持社会组织依法开展知识产权鉴定、咨询、培训、维权、调解等活动。鼓励发展知识产权联盟等新兴知识产权组织，集中管理行业知识产权资源，探索集约化运用和保护机制。引导社会组织健全行业知识产权自律规范，发挥自我约束、共同维权作用。建立专门机制，畅通社会组织与政府间的常态化、便捷化沟通渠道。强化各类行业协会、商会等的知识产权协调和服务能力，实现二者的相互补充。加大对著作权集体管理组织的监管和扶持力度。完善著作权集体管理机构收益分配制度，规范著作权集体管理机构收费标准，完善收益分配制度，让著作权人获得更多许可收益。加强自身组织建设、队伍建设、制度建设、管理建设，依法开展著作权集体管理活动。

三、深化知识产权制度运行机制改革

（一）深化知识产权权益分配改革

深化知识产权权益分配改革，解决好知识产权的所有权、处置权、收益权"三权问题"。推动制定职务发明条例，构建更加科学合理的知识产权权益分配机制，从根本上调动创新主体实施成果转化的积极性和主动性。完善奖励报酬制度，推动修订《专利法》《公司法》等相关内容，完善科技成果、知识产权归属和利益分享机制，提高骨干团队、主要发明人收益比例。鼓励各类企业通过股权、期权、分红等激励方式，调动科研人员创新积极性。对高校和科研院所等事业单位和以科技成果作价入股的企业，放宽股权奖励、股权出售对企业设立年限和盈利水平的限制。建立促进国有企业创新激励制度，对在创新中作出重要贡献的技术人员实施股权和分红等激励方式。

（二）建立国有事业单位专利法定许可制度

建立国有事业单位专利法定许可制度。国有事业单位专利自授权后3年内未实施、许可或转让的，专利发明人可无偿或低价获得实施许可；授权后5年内未实施、许可或转让的，可以根据公众请求免费或低价许可他人实施。鼓励国有事业单位通过无偿或低价许可专利的方式，支持单位职工或大学生创新创业。支持职务发明人受让单位拟放弃的知识产权。国家设立的高等学校、科研院所拟放弃其享有的专利权或者其他相关知识产权的，应当在放弃前1个月内通知职务发明人。职务发明人愿意受让的，可以通过与单位协商，有偿或者无偿获得该专利权或者相关知识产权。单位应当积极协助办理权利转让手续。

（三）建立重大经济活动知识产权评议制度

研究制定知识产权评议政策。完善《知识产权分析评工作指南》，规范评议范围和程序。建立国家科技计划知识产权目标评估制度，积极探索重大科技活动知识产权评议试点，建立重点领域知识产权评议报告发布制度，提高创新效率，降低产业发展风险。知识产权管理部门要加强与当地经济科技管理部门的沟通协作，制定完善知识产权评议制度规范，建立完善跨部门知识产权评议工作机制。针对当地支柱产业和发展重点，结合实际需求和资源条件，选取具有一定影响力的重大经济科技项目开展知识产权评议。充分利用评议成果，积极推送相关成果，切实为产业规划、项目决策和政策制定等提供支撑和指引。

第二节　加强知识产权宏观战略管理

一、以知识产权强国建设为契机加强顶层设计

国务院办公厅发布的《深入实施国家知识产权战略行动计划》中明确提出了"建设知识产权强国"的知识产权事业发展新目标。是我国知识产权事业未来发展，特别是知识产权强国建设的重要遵循和行动指南。我们要在国家层面推动完善中国特色的知识产权制度，做好改革发展的顶层设计。要坚持创新发展，高度重视对新形势、新情况、新问题的持续深入系统研究，不断推进知识产权行政管理的理论创新、实践创新和制度创新。

（一）制定《知识产权强国战略》，推进知识产权强国建设

1. 积极开展知识产权强国建设的重大问题的研究

建设知识产权强国首先应当明确知识产权强国的基本定位，界定知识产权强国的基本内涵、主要表征，分析知识产权强国建设面临的国内外知识产权发展的新形势，明确建设知识产权强国的重要意义，甄别知识产权强国战略与国家知识产权战略纲要、创新驱动发展战略以及其他强国战略的关系。在此基础上，认真谋划知识产权强国的路径，围绕知识产权强国的本质内涵，着眼世界发展的大势，立足我国知识产权事业发展的阶段性特征和长远发展目标，坚持走有中国特色的知识产权强国之路，全面提升知识产权事业发展水平和综合实力，有力地支撑经济发展新常态。在此基础上，制定《知识产权强国战略》。

2. 厘清知识产权强国战略与现行国家知识产权战略纲要的关系

知识产权强国战略和《国家知识产权战略纲要》都属于国家发展战略，具有一脉相承性。知识产权强国战略是对国家知识产权战略在新形势下的进一步发展和完善。二者只是在战略内涵、战略目标、战略内容、组织实施方式和制定基础上存在区别。

3. 加快制定知识产权强国战略

知识产权强国战略涉及国民经济各行各业，知识产权强国战略的分析水平、强国导向、对未来知识产权形势的预判、对知识产权政策法制的调整等内容会深入影响到我国知

识产权事业的发展。因此，知识产权强国战略制定工作的开展，需要在统一部署下，充分发挥国家相关部委、科研院所、企业、中介机构、行业协会的力量，在国务院知识产权战略实施工作部际联席会议办公室的牵头下，在战略制定的过程中，需要征求多方面的意见，了解我国知识产权现状存在的问题，站在多个角度和立场，系统思考知识产权发展的矛盾，统一协调战略制定过程中出现的决策问题。

（二）制定《知识产权基本法》，推进知识产权制度本土化

1. 制定《知识产权基本法》

强化知识产权制度顶层设计，统筹协调知识产权相关法律法规，通过法律形式将知识产权从部门主管事务上升到国家性事务高度，为知识产权强国战略的推行及相关措施的实施提供有力的制度保障。在即将开展的民法典编纂活动中，应考虑将知识产权制度中的私权性规范作为"一般规定"写进未来民法典。同时，从知识产权政策法治化目标出发，将国家的战略构想、政策立场等规范化，即制定中国的《知识产权基本法》，以解决我国各知识产权专门法不协调、有冲突的状况。探索《知识产权促进法》立法，以法律的形式将国家知识产权战略实施、知识产权协调机制、知识产权财政投入等重大问题固定下来。

2. 加快进行知识产权主要法律修订工作

知识产权法律体系已经从立法时代进入了释法时代和适法时代，法律的增补与修改尤为重要，知识产权法律体系的保护对象相比于其他法律体系具有更显著的时代感，随着时代的发展与进步，保护对象范围可能会发生颠覆性的变化。虽然《著作权法》《专利法》《商标法》分别进行了三次修改，但是仍然存在着很多尚待知识产权法律解决的问题。要推动以上三部法律及配套法规修订工作。研究修订《反垄断法》《反不正当竞争法》《知识产权海关保护条例》《植物新品种保护条例》等法律法规。

3. 填补知识产权法律空缺

加紧制定急需的知识产权专门法规。加强地理标志专门保护立法，按照便利申请、统一对外、加强保护的原则，优化地理标志顶层设计。完善植物新品种、生物遗传资源及其相关传统知识、数据库保护和国防知识产权等相关法律制度。研究制定商业秘密保护法律制度，明确商业秘密和侵权行为界定，配套相应保护措施。研究制定防止知识产权滥用的规范性文件。建立进口贸易知识产权边境保护制度。研究完善商业模式知识产权保护制度和实用艺术品外观设计专利保护制度。加强互联网、电子商务、大数据等领域的知识产权保护规则研究，推动完善相关法律法规。

（三）积极谋划知识产权重大项目、重大政策、重大工程

当前我国正处于由知识产权大国向知识产权强国转变、"十二五"向"十三五"迈进的重要时空交接点上，应抓住机遇，创新思路，围绕宏观管理，谋划和实施若干重大项目、重大政策、重大工程，打造若干重要平台。紧密结合经济社会发展的需求，从国家现有或地方已成功开展的管理工作专项中，筛选出具有推广意义的专项作为全国管理工作重点专项，协调相关部门申报立项，并在全国进行推广部署。建立和完善知识产权分级、分层、分类的工作体系，推进项目化管理，优化管理工作流程，健全项目管理制度，建立一套行之有效的符合知识产权发展的项目管理机制。指导各地投入配套资源，确保全国重点专项有效实施，逐步形成以重点专项的有效实施带动管理工作科学推进的良好局面。

二、以知识产权战略实施为统领加强横向协调

要充分发挥好国务院知识产权战略实施工作部际联席会议机制的作用，加强部际间的沟通、协调与合作，提升知识产权宏观管理效能，推进知识产权战略行动计划更好地实施。积极谋划工作机制和抓手，健全相关配套政策和制度，逐步形成"高层重视、集中管理、统筹协调、上下联动"的知识产权战略实施工作机制，把战略实施工作制度化、规范化和常态化，从宏观调控和微观运行上全面提升我国知识产权战略实施工作效能。

（一）完善工作机制，明确成员单位职责

根据每年实施知识产权战略的需要，制定年度部门工作重点和任务分工，推动协调机制规范化、常态化运行。制定工作制度，依据知识产权战略实施工作推进计划，细化目标任务分解，磋商制定相关部门任务分工和工作重点，下发各成员单位遵照执行，各责任部门制订年度推进计划，推动知识产权工作融入相关部门的工作计划、政策措施和工作环节。

（二）加强部际协调平台建设，完善信息沟通机制

在部际联席会议指导下，强化国家知识产权局的组织协调职能，完善部际协调平台建设，加快构建跨部门的知识产权信息化平台，实现部门间的网络互联、数据共通、信息共享，推动国家知识产权战略顺利实施。畅通信息和实时沟通渠道，建立成员单位信息上报通报机制，譬如采取定期或不定期编发专报和简报形式，将开展知识产权工作中的新情况、新问题及时向主管部门领导汇报，并抄送各成员单位周知，以引起主管领导和成员单位的重视。定期组织召开会议，总结布置工作，沟通情况，分析问题，研究对策。成员单

位领导参加的会议至少每年召开一至两次，联络员参加的会议每季度召开一次。遇到问题，可召开专题会议讨论。通过会议制度，加强合作、破解难题、形成合力。

（三）构建科学合理的知识产权战略实施评价指标体系

由部际联席会议牵头，以国家知识产权局为主，联合成员单位，充分利用高等学校智力资源，针对知识产权相关单位和各级地方政府，分别制定科学合理的知识产权战略实施评价指标体系。推动将知识产权战略实施评价指标纳入科学发展考核评价体系，纳入各级党委政府和党政领导干部的绩效考核体系并增大权重，将知识产权战略推进纳入各级政府对有关成员单位的绩效目标考核体系。

（四）加强知识产权管理部门与其他部门的分工合作

加强知识产权管理部门与产业、科技、贸易和标准化等部门的协调配合，积极开展部门间多种层次的合作共建，创新合作模式，拓展合作深度。与国家财税管理部门沟通协调，争取更多的项目资金支撑工作专项；争取更多的税收政策，鼓励市场主体知识产权创造和运用。与国家发展和改革委员会、科学技术部、工业和信息化部等部门沟通协调，将知识产权政策与经济、科技、贸易政策相结合，推动企业知识产权能力建设。与教育、文化、组织、宣传、编制管理部门沟通协调，共同推动知识产权义化和人才队伍建设。与商标、版权、植物新品种、标准等管理部门沟通协调，共同推动知识产权试点示范工作和行政执法工作。

三、以知识产权强省、强市建设为抓手加强纵向联动

要加强国家知识产权局与地方知识产权局的互动，构建从国家局到省、到市、到企业的知识产权宏观管理工作体系，提升全系统的宏观管理能力水平。

（一）完善知识产权省部合作会商机制

成立知识产权合作会商工作领导机构，明确组成部门及工作职责。定期总结合作会商工作开展情况。将国家知识产权局主动加入科技部与各省区域的合作共建中来，共同促进区域自主创新和知识产权发展，推动科技成果转化和技术转移，加快战略性新兴产业培育和发展，充分利用知识产权制度对于激励科技创新、保护创新成果、支撑产业发展的作用，实现科技和知识产权互利共赢。

（二）开展知识产权强省建设

按照"试点探索、分类推进、分步实施、动态调整、整体升级"的工作方针，科学规划并推进形成知识产权强省建设的总体布局，有力支撑知识产权强国建设。鼓励有条件的省份先行推进知识产权强省建设，大胆探索实践知识产权强省建设路径和举措。结合各省发展实际，推动若干省份建设引领型知识产权强省，全面提升知识产权综合实力，率先达到国际一流水平；推动部分省份建设支撑型知识产权强省，推进知识产权重点环节突破发展，带动知识产权综合实力显著增强；推动一批省份建设特色型知识产权强省，聚焦区域特色领域，培育形成知识产权新优势。结合知识产权强国建设进度安排，分以下三个阶段推进知识产权强省建设。分批布局知识产权强省建设试点省，着力探索路径、总结经验；对试点省进行考核评价，确定一批知识产权强省建设示范省，着力推广经验、深化发展；确定一批知识产权强省，着力引领带动、全面推进。

（三）加强区域知识产权合作机制

结合西部开发、东北振兴、中部崛起和东部率先等区域发展重点，围绕"一带一路"、京津冀协同发展、长江经济带等战略实施，发挥引领型、支撑型和特色型知识产权强省示范带动作用，引导周边省份探索实践适合自身发展特点的知识产权强省建设路径模式，逐步构建形成以知识产权强省为主要支撑，以知识产权强市为发展极，以知识产权强企为重要支点的环渤海、长三角、珠三角和丝绸之路四大知识产权发展隆起带，推动各省知识产权综合实力升级，有力支撑知识产权强国建设。一是建立专门的区域知识产权协调机构。该机构负责制定区域知识产权发展战略，协调区域内知识产权合作项目，协助筹备知识产权合作相关会议等工作。二是完善区域合作协调内容，加强区域合作深度。在区域联合执法机制基础上，增加合作内容，可以每年或每两年由成员单位轮流牵头举办知识产权合作论坛，建立区域知识产权信息共享平台，建立区域内知识产权专家库。扩大区域合作参与者的范围，不仅有区域知识产权局行政人员和知识产权专家参与，还可以邀请国家知识产权局、区域内与知识产权密切相关的部门、区域内知识产权协会、区域内自主创新能力较强的企业代表、专利中介机构负责人以及一直关注知识产权发展的社会人士参与其中，实现区域合作参与者多元化。三是制定区域合作协调制度。该制度要明确区域合作宗旨、合作内容、合作要求、合作形式以及合作最终达到的目的，并由区域内知识产权局局长签署并带头执行。

（四）构建先进地区与落后区域的知识产权帮扶机制

我国知识产权区域分布很不均衡，区域差异非常明显，呈现由东部地区向中西部地区递减的阶梯状分布特征。可以考虑由过去的强强合作，逐步向强弱合作，以强带弱的模式发展。通过建立东部地区和中西部地区知识产权合作，实现知识产权发展均衡，进一步促进中西部地区经济发展。加强对知识产权工作比较落后省份的指导和扶持，给予资金支持，加大人员流动，培养知识产权人才或者鼓励知识产权发展较快的省份与知识产权发展落后的省份结对，加强知识产权合作。

四、以中国特色大国外交为大局加强共赢统筹

为了应对国际经济政治格局变革，营造我国和平发展的良好外部环境，党的十八大以后，提出了"中国特色大国外交"理念，核心内容是中国要在国际上更好地发挥大国作用，并体现中国特色。中国特色大国外交主张合作共赢的新理念，以合作共赢为核心构建新型国际关系，通过广泛开展经贸技术互利合作，形成深度交融的互利合作网络。中国以"一带一路"建设为纽带，以互联互通为抓手，将自身发展战略与区域合作对接，将"中国梦"与"亚洲梦"、"欧洲梦"连通，打造合作共赢大格局。同时，中国在努力推进务实合作，亚洲基础设施投资银行开始起步，丝路基金已经设立，为"一带一路"建设提供了有力支撑。党的十九大进一步明确，中国特色大国外交要推动构建新型国际关系，推动构建人类命运共同体。知识产权国际合作在目前新的"中国特色大国外交"战略下，主要面临的任务包含四个维度：一是如何最大限度地在维护国家利益的前提下融入现有知识产权保护的国际规范；二是如何将现有知识产权保护国际规则向有利于我国的方向进行改革；三是如何利用以上两个维度树立中国在知识产权保护领域的国际形象，争取国际社会大多数国家的支持，为我国的和平发展创造有利的国际环境；四是如何更好地维护企业海外知识产权利益。

（一）维护国际知识产权领域国家利益

积极参与国际规则制定，强化我国的利益。要科学判断和准确把握我国知识产权发展态势和面临的挑战，用全面的、联系的、发展的观点来分析和认识知识产权国际形势的新情况、新问题、新挑战，切实提高对重大事件和动向的预见性，积极参与和推动国际知识产权规则平衡发展。进一步解放思想，调整工作思路，创新工作方式，积极反映我国知识产权诉求和利益，积极参与国际知识产权规则制定，逐步增强对前沿性知识产权事务发展的影响，推动国际知识产权规则朝着更加公平、合理、平衡同时又能够有效施行的方向发展。要善于利用规则，在规则允许的前提下争取为我国商品出口创造更有利的内部和外部环境。积极参与联合国框架下的发展议程，推动《TRIPS 与公共健康多哈宣言》落实和《视听表演北京条约》生效，参与《专利合作条约》《保护广播组织条约》《生物多样性公约》

等规则修订的国际谈判，加快进入《海牙协定》和《马拉喀什条约》进程，推动知识产权国际规则向普惠包容、平衡有效的方向发展。

（二）制定不同层次的国际知识产权外交政策

在后 TRIPS 时代的大背景下，未来我国应分层次，与不同的地区、国家、国家集团施行不同的区际、国际知识产权外交政策。总体原则包括：全面提升与全球知识产权大国的合作水平，创新合作模式；拓展与新兴市场国家的战略合作伙伴关系；加强向发展中国家提供技术援助。充分利用金砖国家合作框架，加强对全球性知识产权议题的引导。拓宽知识产权公共外交渠道。拓宽企业参与国际和区域性知识产权规则制订、修订途径。推动国内服务机构、产业联盟等加强与国外相关组织的合作交流。建立具有国际水平的知识产权智库，建立博鳌亚洲论坛知识产权研讨交流机制，积极开展具有国际影响力的知识产权研讨交流活动。

（三）积极维护企业知识产权的海外利益

1. 完善海外知识产权风险预警体系

建立和完善标准化的知识产权管理和服务体系，协助行业协会和行业组织跟踪和发布关键行业的知识产权信息和竞争趋势，制定和完善标准化的知识产权管理和服务体系。根据《关于应对贸易调查和知识产权风险防控的国家指导意见》，完善海外知识产权信息服务平台，传播知识产权制度环境信息。建立健全境外知识产权问题和案例信息报送机制，加强对重大知识产权案件的跟踪研究，及时发布风险提示。

2. 提升海外知识产权风险防控能力

研究完善技术进出口管理相关制度，优化简化技术进出口许可手续，完善对外转让管理制度和知识产权专用许可制度，制定和实施知识产权标准。支持法律服务，为公司提供全面、优质的知识产权法律服务。探索通过公证保护知识产权。鼓励公司建立知识产权分析和评估机制，注重人才引进、国际展览、产品和技术进出口中的知识产权评估，提高企业应对国际知识产权纠纷的能力。

3. 加强海外知识产权维权援助

制定和实施解决海外地区重大知识产权纠纷的措施。对中国驻国际组织外交机构人员进行调查，公布海外和外国知识产权保护机构名单，推动创建海外知识产权保护网络。

第三节　建立提升创造水平的行政引导机制

建立起质量发展规划科学、质量激励政策健全、质量考核评价合理、质量监督管理有力、质量服务体系完善、质量文化氛围浓郁的知识产权宏观质量管理体系（见图4-1），为建设创新型国家提供强力支撑。

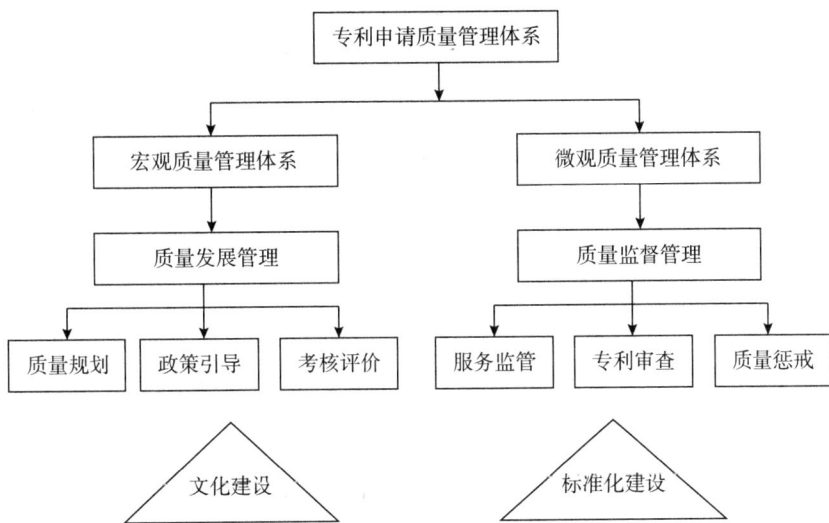

图 4-1　专利申请质量宏观管理体系

一、建立专利申请质量宏观管理体系

（一）编制科学的专利申请质量发展规划

专利申请质量发展规划是专利申请质量工作的行动纲领，是专利申请质量、专利质量发展的宏观蓝图。只有统筹区域经济、社会、文化等事业发展的要求和人民群众的需求，统一思想，明确行动方向，突出重点，分工负责，充分发挥区域优势，充分调动各方面的资源，才能推动专利申请质量整体水平的不断提升和发展。否则，专利申请质量提升活动因无法准确把握各地的专利申请质量水平和管理水平，而无法采取有针对性的措施集合各方力量，进而陷入困境。专利申请质量发展规划必须建立在对专利申请质量和专利申请质量管理水平的深入调查的基础上，全面分析评估我国专利申请质量水平，识别自身质量优势，寻找与主要竞争对手的差距，确立专利申请质量提升的目标，并根据我国的实际情况，制定专利申请质量发展的政策、策略和实施方案。

专利申请质量发展规划包含专利申请质量发展的基础与环境，专利申请质量发展规划的指导思想、工作方针和发展目标，专利申请质量发展的任务措施与组织领导三个部分。

（二）完善专利申请质量发展引导政策

专利申请质量宏观管理，有赖于公共政策的运用。主要是通过制定实施专利申请资助、奖励政策和与专利申请有关的科技、产业、企业、人才等政策，引导市场主体提高专利申请的积极性，开展专利申请布局，提升专利申请质量。

一是调整专利申请资助政策。当前，专利资助已经成为知识产权管理部门的基本政策，形成了范围广、受众多、影响深的资助格局。为了提高专利资助金的利用效率，进一步促进专利申请量增长与专利质量提高的协调发展，需要对专利资助政策进行调整。第一，要按照"授权在先、部分资助"的要求，不断调整和完善资助政策，加强对授权专利的资助，以及对授权后维持、申诉、维权等后续程序的资助。第二，将当前普惠制模式调整为择优和扶小制模式。资助政策以中小微企业、事业单位、科研机构及非职务发明申请人为主要资助对象。第三，加大对外专利申请的资助力度，尤其应支持重大科技攻关项目进行对外专利申请。第四，完善资助程序，杜绝仅凭受理通知书领取资助。建立资助评审和考察机制，保证资助经费得到有效利用。各级专利管理部门应根据地方财力状况、自建机构或与第三方评估机构合作逐步建立资助专利的质量评估机制，专利质量作为资助的核心标准。

二是改进专利收费减缓政策。第一，适当降低专利费用的减免额度，增大专利申请人实际负担的比例。第二，逐步建立费用缓交机制，避免费用减免政策的滥用，增加部分申请人提交大量低水平专利申请的成本。第三，优化减免对象，加强对减免对象资格的审查，仅对中小企业和个人减免专利费用。第四，采用不同梯度的费减比例，对无费视撤、非正常专利申请情况严重的申请人降低费减比例，甚至不予费减。

三是建立专利资助信用管理制度。应通过信息化手段，建立有效衔接、统一的专利资助信用数据库，对专利申请情况、授权情况、受资助情况甚至实施应用情况进行跟踪监测。专利资助申请、审核均通过电子平台实现，资助管理部门可依据专利申请人的信用记录情况，决定是否给予资助以及资助的额度和方式。对于存在交易信用不诚信、违规申请资助、非正常申请资助等行为的企业给予重点监测，严重的记入黑名单，不再给予资助。

（三）健全专利申请质量的评价体系

专利申请质量评价体系按评价对象分为微观专利申请质量评价和宏观专利申请质量

评价。微观专利申请质量评价包括单个专利申请质量评价和企事业单位专利申请质量评价。宏观专利申请质量评价主要是对区域和行业的专利申请质量的评价。构建宏观专利评价考核体系，不能仅仅追求专利产出数量，同时要注重专利质量指标、专利产出的技术、市场及应用价值等方面的总体水平。改进现行区域专利申请质量评价体系，进一步突出区域专利评价工作的专利申请质量导向。在充分发挥"每万人口发明专利拥有量"指标引领作用的基础上，结合不同区域发展水平分类确定评价指标，将发明专利申请量占比、发明专利授权率、PCT 专利申请量、专利维持率、未缴纳申请费视撤率、视为放弃取得专利权率、专利实施率等指标纳入区域专利工作评价指标体系，合理设定增长率评价指标。

（四）加强专利申请质量的惩戒管理

专利申请质量惩戒管理对提升专利申请质量有着重要的作用。对非正常专利申请惩处，将会有效打击和预防非正常专利申请行为。一是强化对非正常专利申请的查处。加强专利审查过程中对非正常专利申请等不规范行为查处的及时性、准确性和全面性。各地发现疑似非正常专利申请等不规范行为的线索应及时上报。对于被确认存在非正常专利申请行为的专利申请人、专利代理机构和代理人，按照相关规定严肃处理。建立申请主体信用档案管理制度，推动将专利申请信用情况纳入知识产权保护社会信用体系。二是严肃处理套取专利资助和奖励资金行为。对于弄虚作假套取专利资助和奖励资金的申请人，限期收回已拨付的资助和奖励资金，情节严重的，依法追究法律责任。对于弄虚作假获得专利费用减缓的专利申请人或专利权人，要求在指定期限内补缴全部已经减缓缴纳的费用。三是进一步规范专利代理行为。积极协调有关部门，共同加强对非法从事专利代理业务的组织和个人的查处，制止低价恶性竞争和虚假宣传，不断规范专利代理服务市场秩序。进一步加强对专利代理机构分支机构的监督管理，规范分支机构的经营行为和业务活动。完善"中华全国专利代理诚信信息平台"，加强对违规行为的曝光。四是探索建立专利申请质量监测和反馈机制。探索建立面向区域、产业和各类主体的专利申请质量信息监测体系，开展专利申请质量监测试点工作。完善专利申请质量信息反馈机制，定期将监测信息向有关部门、地方政府和行业协会进行反馈，为其决策提供支撑。

二、完善知识产权审查管理体系

（一）提升专利审查质量效率

按照"客观、公正、准确、及时"的要求，完善专利审查业务指导体系和审查质量保障体系，制定审查质量保障手册，形成响应更快、联动更畅、成效更实的外部质量反馈机制。进一步提高专利审查水平，确保授权专利保护范围清晰、适当专利申请驳回客观、公正，专利审查周期科学、合理。严格全流程审查周期分段目标管理，确保审查周期合理。合理扩大专利确权程序依职权审查范围，完善授权后专利文件修改制度。拓展"专利审查高速路"国际合作网络，加快建设世界一流专利审查机构。

（二）发挥专利审查对经济社会发展的支撑作用

加快完善专利审查，优化专利审查方式，持续推进专利审查合作中心建设，提高专利审查能力，优化专利审查流程，实施知识产权在线注册、电子注册和无纸化测试许可，完善知识产权测试合作机制，建立主要优势产业专利申请集中审查制度，建立健全有产业安全保障的专利审查机制。

（三）建设素质高、能力强的审查队伍

加强专利审查员队伍建设。专利审查员要做到以下四点要求：一是要站位全局，了解知识产权事业发展面临的形势任务，熟悉专利工作的整体思路，使审查工作目标更明确，定位更清晰。二是要立足审查，不断提升专利审查能力，做到干一行、爱一行、钻一行、精一行，使授权的每一件专利都经得起时间和市场的检验。三是要全面发展，积极拓展和发挥自身在技术、外语、法律等方面的综合能力，做一个审查能力强、综合素质高的审查员，努力为社会作出更大贡献。四是要立足长远，积极投身知识产权强国建设的光辉事业，在推动实现知识产权强国梦的伟大实践中，实现自己的人生价值。

三、开展知识产权布局，培育知识产权密集型产业

（一）开展全球范围内的知识产权布局

一是通过科学统筹规划，优化专利、商标、版权等知识产权拥有量、结构和布局，实现专利、商标、权等的知识产权数量、结构和布局全球领先，使我国发明专利拥有量、PCT申请量大幅增长，商标拥有量和马德里国际商标注册量持续增长，计算机软件版权登记数量、科技论文数量稳步提升。二是建立专利导航产业发展的运行机制，在战略性新兴产业等关键领域建立高效运行和有力支持。实施专利布局，在关键技术上形成一系列专利组合，建立专利储备，支持产业发展，提高企业竞争力，绘制相关国家和地区的专利导航图的产业发展。三是鼓励中国产业深入融入全球产业链、增值链和创新链。科研院所与高校联合实施海外专利授予。设立专利收集和储存基金。加强企业知识产权设计指南，研究

在工业园区和重点企业设立知识产权设计中心。制定专利跨境许可和转让指南、按类别分列的知识产权以及知识产权许可示范合同的编制和出版。

（二）培育知识产权密集型产业

制定知识产权密集型产业目录和发展规划，加快出台知识产权密集型产业认定标准，加强知识产权密集型产业统计工作。运用股权投资基金等市场化方式，引导社会资金投入知识产权密集型产业。加大政府采购对知识产权密集型产品的支持力度。各地要积极探索知识产权密集型产业发展的有效路径，鼓励有条件的地区发展区域特色知识产权密集型产业，构建优势互补的产业协调发展格局。建设一批知识产权密集型产业集聚区，在产业集聚区推行知识产权集群管理，构筑产业竞争优势。

四、发挥知识产权在科技创新中的导向作用

（一）建立重大科技项目知识产权评议机制

对政府投资或支持的重大科技项目，进行专利风险评价，对涉及国家利益并具有重要自主知识产权的企业并购、技术出口等活动进行监督或调查。明确审议目标和责任主体，规范审议流程和内容，强化科技层面的知识产权布局，最大限度地降低知识产权创造风险，提高知识产权创造的针对性和有效性。对于国家财政投入较大的科技重大专项，在立项初期要提供第三方的知识产权检索报告，项目承担方制定知识产权创造战略。科技部和国家知识产权局应合作开发国家科技重大专项和科技计划成果专用数据库，为重大项目知识产权审议、项目知识产权成果的评估提供支持。

（二）推行科技项目知识产权全过程管理

知识产权管理全面纳入重大科技项目和国家科技计划的全过程管理，每个项目必须制定知识产权领域的项目目标，并将其纳入项目管理。国家重大科技项目和其他项目将审查设立知识产权代表，加强科研项目立项、实施、验收、评估、绩效转化和运营中的知识产权管理。

（三）改革科技项目知识产权管理方式

一是将知识产权成果商业化应用情况作为国家财政科技经费绩效评价的重要指标，明确各级科技计划支持专利产业化的比例，支持产业化企业创造的专利技术。二是在国家

科技重大专项和科技计划中，允许项目组列支知识产权费用，降低项目承担单位的知识产权申请、维持成本，针对优先发展科技领域的专利申请、维持设立特殊的扶持资助政策，通过有效的政策措施体现国家优先发展的意志。三是在项目进程中，定期对知识产权布局情况进行专门和全面评估，在国家工程中心、国家工程实验室的认定和评价中，设置发明专利相关评价指标并赋予其较高权重，激励科技活动主体创造知识产权。四是鼓励有条件的高等学校和科研院所设立集知识产权管理、转化运用为一体的机构，统筹知识产权管理工作。

第四节　健全知识产权运用市场规则体系

要着力推动知识产权运用从单一效益向综合效益转变。发挥知识产权推动供给侧结构性改革的作用，推动知识产权市场价值充分显现。

一、运用知识产权促进产业转型升级

（一）支撑高新技术产业发展

为进一步凸显知识产权水平提升对高新技术产业塑造可持续发展竞争力的重要性，应在产业规模、技术创新能力、产业组织、布局、政策环境等目标的设定上均考虑知识产权战略的有关部署。提高高新技术产业知识产权创造的数量和质量，尤其突出重点领域、发达地区知识产权数量布局的提升和质量的提高；明确提出高新技术产业知识产权成果产业化的效率目标，确保知识产权成果的商业价值得到体现；要以创造更完善健全、与国际知识产权制度对接的高新技术产业知识产权政策坏境为目标，进一步提升高新技术产业知识产权的管理和服务水平。

（二）扶持小微企业创新发展

引导各类知识产权服务机构为小微企业提供质优价惠的专业服务，采取"创新服务券"等政府购买服务方式满足小微企业服务需求。一是加强专利信息利用。在小微企业集聚区开展专利导航公共服务平台建设，深入开展专利信息利用帮扶工作，开展专利信息助推小微企业创新发展试点。依托各类服务平台向小微企业免费或低成本提供专利查新检索服务，广泛开展知识产权信息订制推送服务。二是提升知识产权实务技能。将小微企业的业务骨干培养纳入年度全国知识产权人才培训计划。加强国家中小微企业知识产权培训基地建设，建立小微企业管理团队知识产权业务技能培养机制。三是建立小微企业维权援助工作机制。鼓励各维权援助中心在小微企业聚集区设立分中心、工作站等，帮助被侵权小微企业制定完善的维权方案，提高确权效率，降低维权成本。

二、激活知识产权运营市场

（一）搭建知识产权运营公共服务平台

在坚持市场化运作的前提下，充分运用社区网络、大数据、云计算，发挥中央财政资金引导作用，通过集成政策、整合资源、创新机制，加快推进全国知识产权运营公共服务平台建设，建立起覆盖重点区域、重点产业，定位清晰、领域齐全、能力突出、竞争有序的知识产权运营体系。培育知识产权领域的若干机构，促进建立知识产权贸易的统一国家市场。通过将公共繁荣与市场整合相结合，积极发展一个有效的知识产权体系，并为创新发明人和企业家提供高质量和专业的知识产权服务。提供创新券，支持初创企业向知识产权机构购买专利运营服务，培育和发展一批本地高端知识产权公司，使其成为知识产权领域具有强大国际行动能力的机构。

（二）完善知识产权估值体系

1.建立健全知识产权资产价值评估体系

建立第三方评估知识产权的组织，设计和改进知识产权定价机制，改进知识产权评估的标准和评估方法。促进专利分析指标体系的应用，结合评估知识产权资产的方法，对专利项目进行科学和适当的评估，并支持专利投资和资金的有效发展。

2.推进开展专利应用效果检测及评价服务

信托公司创建专利申请识别和分析平台，对支持投资、资助、转让和许可的项目进行识别和分析，帮助公司科学合理地共享信息。在知识产权开发过程中，应按照企业会计准则的相关规定进行费用化和资本化，以准确反映知识产权的投入价值。计算购买和投资的知识产权，并在并购、资本流动、外国投资和其他活动中规范知识产权的销售和运营。

（三）培育专利资本市场

通过融资，采用收购、合作、创造等方式寻找优秀发明，优化成增值的专利组合，将其许可或转让给相关企业，提升专利资产流动性，使专利的价值得到实现并盈利。制定上市公司知识产权资产信息发布指南，引导企业及时合理披露知识产权信息。大力推进中小企业板制度创新。扶持发展区域性产权交易市场，拓宽创业风险投资退出渠道。优先支持拥有自主知识产权的企业上市，对拥有自主知识产权的企业到境外上市筹资给予优先支持。支持符合条件的自主创新企业发行公司债券。

（四）促进产业知识产权联盟建设

知识产权联盟是一个以知识产权为纽带、以专利协调应用为基础的产业发展联盟。它是一个由两个或两个以上的市场参与者组成的财团，他们在行业中有着密切的相互关联的利益，并自愿结成联盟，以保护行业的总体利益，并为行业创新和创业提供专业的知识产权服务，这是一个基于知识产权整合和战略应用的新型产业合作组织。

1. 坚持市场导向

以企业为主体，充分发挥市场在资源配置中的决定性作用，发挥知识产权制度对产业创新资源的配置力，建立和完善利益分配机制，激励高等学校院所、金融机构、知识产权服务机构、包业群体等开展产业专利协同运用。

2. 制定联盟发展战略规划

产业知识产权联盟应针对产业技术演进特点、全球知识产权布局态势、国际竞争格局以及发展重点等，结合产业知识产权联盟各成员单位所处发展阶段，知识产权数量、质量与布局结构等实际情况制定联盟发展战略规划。规划应明确联盟的发展方向，确定战略目标、发展任务和工作重点，并规划具有前瞻性与可操作性的战略路线图。

3. 加强资源整合

利用联盟，就是整合整个产业链的知识产权，巩固整个产业链的创新能力，解决产业发展中的知识产权问题，降低产业创新成本，提高产业创新效率。以知识产权资源为基础，优化金融、技术、人力和政治资源的配置，专利池中的专利或专利组合出联盟内的交叉许可和共同专利权共同使用，以实现知识产权的共享使用。

4. 建立健全利益分配机制

在专利池运营中，应遵照以专利价值比例分配专利运营收益的原则；在服务知识产权创新创业中，可采取一事一议的方式，实行风险共担、利益共享的市场化利益分配机制。

三、大力发展现代知识产权服务业

（一）制定知识产权服务业发展规划

制定知识产权服务业远景目标，描绘发展蓝图。加强行业发展规划，完善行业标准体系。研究制定专利代理行业发展中长期规划，进一步明确行业发展的方向、目标、主要任务及政策措施。构建以专利代理服务标准、专利代理质量评价指标和专利代理机构管理规范为支撑的行业标准体系。促进资源配置的区域平衡，引导鼓励大中型专利代理机构到专利代理服务需求旺盛地区、专利代理人才紧缺地区开设分支机构。建立知识产权行业的统计调查系统。明确统计范围和目标，制定统计指标，标准化统计内容，统一统计校准，支持高技术服务业统计监测体系的完善。探索和检验可能性和方法，将新兴形式的知识产权纳入国家统计；建立和完善知识产权工业经济发展监测和信息共享机制。

（二）完善知识产权服务业政策

结合科学、技术和经济发展，及时审查和完善知识产权服务领域的法律、法规和支持措施，产业、区域和科技政策之间的联系，贸易和知识产权政策。配合服务业改革的总体设计和试点活动，推动制定财政、金融政策，研究推动知识产权服务机构享受相关税收优惠政策。

建立知识产权公共信息服务平台，拓展知识产权服务模式，发展综合知识产权体系化服务，强化知识产权保护服务，并加强知识产权投融资服务。

吸引优秀人才进入知识产权服务行业，允许具有理工科背景的且在读满一年以上的研究生报名参加全国专利代理人资格考试。做好面向高等学校在校生的专利代理行业宣传工作，组织有针对性的考前培训。探索建立与高等学校联合培养知识产权实务人才的长效机制，引进实务师资，完善课程设置和教学方式，培养国际化、复合型、实用性人才。

营造有利于人才顺畅流动的环境，广泛集聚有资质的优秀人才进入专利代理行业执业发展。对于同时具有专利代理人资格证和法律职业资格证的人员，其律师执业经历视为专利代理执业经历；对于企业、高等学校、科研院所中具有专利代理人资格证的人员，其从事本单位专利申请工作的经历视为专利代理执业经历。

（三）加强知识产权服务监管

加强知识产权服务行业监督管理环境，建立知识产权服务机构客观评价体系。强化从业人员的质量意识，加大对违规违纪机构及其人员的惩戒力度。推动形成规范化、多元化的专利代理服务市场。建立并完善知识产权服务行业协会（联盟），充分发挥行业协会（联盟）在行业自律、标准制定、产品推广、交流合作等方面的作用。建立合理开放的知识产权服务市场准入制度，维护公平竞争的市场秩序。建立知识产权服务标准规范体系，提高服务质量和效率。加强对服务机构和人员的执业监督与管理，引导服务机构建立健全内部管理制度。建立知识产权服务机构分级评价体系，完善行业信用评价、诚信公示和失信惩戒等机制。鼓励服务机构成立区域性服务联盟，实现优势互补、资源共享。加强政府对行业协会的指导、支持与监管。健全专利代理行业退出机制。简化专利代理机构组织形式变更以及注销程序，增强审批流程的可操作性和便利性。

（四）积极引导知识产权服务机构"走出去"

培养一批具有国际水准的中国服务品牌，使我国知识产权服务业加快转型升级步伐，参与国际竞争。认真办理海外并购、海外知识产权保护、海外投资等方面法律事务，依法妥善处理涉及我国企业的贸易摩擦和贸易争端，促进外向型经济稳步发展。培育涉外高端业务律师人才力度，鼓励和支持有条件的律师事务所到境外设立分所。

第五节　加强创新市场知识产权监管

一、完善中国特色的知识产权大保护体系

建立起严格的知识产权大保护格局，推动形成自我约束、行业自律、行政执法、司法保护四个层面的有机衔接、相融互补的综合保护体系，完善覆盖知识产权确权、用权、维权等多个环节的保护链条，重点推动加强注册登记、审查授权、行政执法、司法裁判、仲裁调解等保护手段，充分利用大数据、云计算、互联网等现代技术条件，营造出协调、顺畅、高效的知识产权保护格局。

（一）建立便捷高效的知识产权行政执法体系

建立完善的知识产权综合行政执法体系，明确执法权限，统一执法标准，完善执法程序，完善知识产权执法协作机制，提高执法办案水平与效率。完善知识产权侵权纠纷简易诉讼程序，提高小额诉讼处理效率。推动建立行政执法决定和司法确认制度。探索建立知识产权行政确权执法联合办案工作机制，协同处理知识产权确权纠纷和侵权纠纷。加快

建设一批快速响应、快速确权、快速调处的维权援助中心。建立专业市场、展会知识产权行政执法快速程序。加强执法力量建设，严格行政执法人员资格管理，健全执法目标责任制，落实执法激励措施，完善执法装备条件，规范开展行政执法。

（二）完善知识产权海关保护体系

完善知识产权海关保护立法，支持自贸区海关结合自身实际需要，探索调整和完善海关知识产权保护范围。创新海关知识产权监管机制，针对自贸区海关监管新的模式，将知识产权海关保护工作的链条前推后移，拓展监管时空，提升监管效能。探索在货物生产、加工、转运中加强知识产权监管力度，对过境货物、贴牌加工出口、平行进口、跨境电子商务等过程中的知识产权侵权行为进行监管，创新并适时推广知识产权海关保护模式，完善执法措施。扩充海关知识产权执法队伍，组织开展专题知识产权保护技能培训，提升知识产权保护意识，提高把关能力和执法水平。

（三）推进知识产权多元化纠纷解决机制

综合运用包括诉讼、调解、仲裁、行政调处等多种方式和途径解决知识产权纠纷。完善知识产权举报投诉机制，加强知识产权侵权热线举报投诉平台建设和信息共享，健全举报投诉电子档案库。加强知识产权维权援助中心建设，规范中心运行，扩大维权志愿者、监督员队伍。针对知识产权保护需求强烈的产业集聚区，探索建立专利快速维权工作机制，为权利人提供快速确权、维权等服务。动员社会资源，包括调动社会公众积极性和参与感、增强企业自身的维权意识和自律行为，最重要的是要加强行业协会和知识产权联盟在知识产权执法中的作用。建立知识产权公益诉讼机制。立法应当赋予国家特设机关（知识产权公益诉讼中心）代表公共利益，可考虑在知识产权局中设置专门的人员或机构，以担负公益维护之职责。必要时可设专门基金予以资助与扶持。

（四）加强社会信用体系建设

完善对不诚实行为的惩罚机制。将侵犯知识产权的信息纳入公司和个人的信用文件中，明确信用信息收集规则，积极促进信用信息的有效利用。充分利用社会信用单一数据库，有效利用国家单一信用信息交流平台，加强知识产权违法失信行为信息的网上披露和交流。加快推进知识产权领域联合惩戒机制建设，充分利用相关监管惩戒手段，加大对不良信用记录较多者实施严格限制和联合惩戒的力度，强化针对侵权假冒的惩戒手段。

二、加大知识产权行政执法力度

对一些搞假冒伪劣、侵犯知识产权等违背市场公平竞争原则的行为，要进行严加监管、严厉惩处。

（一）增强知识产权行政执法手段

为知识产权行政执法部门提供必要的法律依据，增强执法部门在处理知识产权，尤其是处理专利侵权纠纷、查处冒充专利、假冒他人专利行为中的执法手段，赋予执法部门更为有力的行政执法措施，切实打击和遏制知识产权侵权和违法行为。因此，需要加快推进制定和完善专利保护法规，切实解决专利执法手段不强、专利侵权救济措施不力等问题，加强对专利权人的侵权救济力度，加大对侵权假冒行为的打击力度。

（二）推进知识产权行政执法规范化建设

贯彻落实党的十八届四中全会"全面推进依法治国"的精神以及中央"严格规范公正文明执法"的要求，大力推进知识产权行政执法规范化建设，制定和完善《专利行政执法操作指南》《专利侵权判定和假冒专利行为认定指南》《关于公开有关专利行政执法案件信息具体事项的通知》等规范性文件，加强全系统执法工作的规范性，提升全系统执法办案工作水平和质量。

（三）规制知识产权滥用行为

完善规制知识产权滥用行为的法律制度，制定相关反垄断执法指南。完善知识产权反垄断监管机制，依法查处滥用知识产权排除和限制竞争等垄断行为。完善标准，保障专利的公平、合理、无歧视许可政策和停止侵权。

三、建立知识产权保护执法协调机制

（一）推动建立知识产权司法保护与行政执法协调机制

推动建立知识产权司法保护与知识产权行政执法、海关知识产权保护的衔接机制，提高知识产权纠纷解决的质量和效率。建立知识产权执法协作调度中心，强化执法协作机制，提高执法办案协作水平与效率，实现知识产权境内保护与进出口保护的协同。推动建设知识产权行政执法与刑事司法衔接工作信息共享平台，实现执法、司法信息全面共享。

加强信息化、数字化、网络化建设，实现数据共享、线索移送、执法协助、联合办案等功能，进一步提高知识产权保护的效能。

（二）完善区域知识产权行政执法协作机制

可以在区域内建立联席会议制度。比如，根据《泛珠三角区域知识产权合作协议》，泛珠三角区域各方建立联席会议制度。会议成员由协议各方省（区）级、特区知识产权协调机构及相关专利、商标、版权管理部门负责人组成。

（三）加强知识产权保护国际合作

与相关国际组织和海外执法机构开展联合执法活动，促进知识产权领域的对外合作，推动中国成为解决国际知识产权纠纷的重要场所，建设开放创新、更具国际竞争力的环境。完善境外知识产权执法机制，加强执法和涉外知识产权案件调查处理方面的国际合作。加强与相关国际组织和国家在打击该领域犯罪方面的司法协助，加强案例通报和情报信息的交流。

第六节　完善知识产权公共服务体系

以市场需求为导向，以效率为目标，以制度建设为保障，以信息化建设为重点手段，明确政府在知识产权公共服务中的主导地位，创新知识产权公共服务供给机制，提高政府知识产权公共服务监管效率，充分发挥知识产权公共服务对于资源配置的引导作用，实现知识产权公共服务与经济社会发展的有效对接，助力产业发展，助推经济转型升级。

一、发挥政府在知识产权公共服务中的主导地位

（一）明确政府知识产权公共服务的角色定位

加快政府从公共服务主办者向主导者的角色转变，完善政府知识产权公共服务的投入保障机制、管理运行和监督问责机制，制定知识产权公共服务的支持政策，形成保障知识产权公共服务体系有效运行的长效机制。充分发挥市场机制的作用，鼓励、支持和引导社会力量参与知识产权公共服务，拓展知识产权公共服务的发展途径。深化知识产权公共服务各领域的管理体制和运行模式改革。创新政府知识产权公共服务的供给模式，引入竞

争机制，积极采取购买服务等方式，形成多元参与、公平竞争的格局，不断提高知识产权公共服务的质量和效率。

（二）加强政府知识产权公共服务顶层设计

政府发挥制度创新优势，加强制度设计与安排，通过体制机制创新来促进知识产权公共服务有效供给。结合知识产权服务的公益性和经营性程度的差异，按照纯公益性、准公益性和经营性三种类型，调整政府在不同类型知识产权公共服务提供中的相应职能；同时加快推进政事分开、管办分离，探索知识产权公共服务市场化、社会化的供给方式。在纯公益性知识产权公共服务提供中，政府要承担主要承办责任，承办形式可采取财政全额拨款、向不同经营类型的组织和机构购买相关产品或服务等；对于准公益性知识产权公共服务，政府需要通过财政拨款、政府采购、政府项目招标、与其他经营主体合资合作经营、税收优惠等方式提供支持和补偿。针对不同行业、不同项目、不同经营主体特点，要探索引入签约外包、代用券等方式，鼓励社会力量参与知识产权公共服务的提供。

（三）提升知识产权公共服务的供给能力

1. 拓宽知识产权公共服务的供给主体

知识产权公共服务是一个系统工程。一方面，需要大量的人力、物力和财力，通过某个具体的知识产权政府机构来提供纷繁复杂的各类知识产权公共服务不具有现实性；另一方面，现有的行政职权的划分体系在一定程度上制约了知识产权公共服务工作的统一开展。另外，由于市场失灵与政府失灵现象并存，未来知识产权公共服务的发展中供给者格局将发生变化：形式上将逐步依托社会服务机构，从过去政府作为主要的甚至是单一的公共服务供给者，逐步转变为政府、企业、社会的多元化供给者。

2. 调整知识产权公共服务的内容布局

公共服务的内容将从仅涵盖知识产权制度供给、知识产权意识培养的知识产权普及服务拓展到知识产权信息服务和知识产权定向服务。通过延伸公共服务的内容，合理调配社会资源，将公共服务贯穿于知识产权的创造、运用、保护和管理的全过程中。

3. 优化知识产权公共服务的供给流程

政府部门需要从创造、运用、保护、管理几个方面，对公共服务的已有布局和结构进行梳理，对服务供给的效率进行评估，在此基础上删除那些重复的甚至冲突的服务，覆盖那些服务空白地带，在知识产权的运用和保护环节增加服务，包括资金、人才、培训、评估等。对服务供给的流程进行优化，使得公共服务的供给更加顺畅、高效。

（四）构建知识产权公共服务的协同机制

知识产权公共服务体系的正常高效运行，依赖促进协同发展的系统环境。

应该加强政府与企业、社会之间良好的信息互动，构建科学决策机制。由于信息不对称等各种因素的存在，政府的政策供给常常与实际政策需求相脱节，因此必须加强。

构建中央知识产权公共服务与地方知识产权公共服务之间的协同机制。由于差异性与多样性的存在，中央知识产权公共服务不可能覆盖全部的知识产权服务需求，需要地方知识产权公共服务的弥补。

实现知识产权硬件与软件良好配合。硬件建设重点是知识产权公共服务的信息化建设，致力于分析技术咨询、风险预警、法律咨询、管理规划等领域，提供涵盖侵权监控、评价论证、举报投诉及顾问咨询等内容；软件体系包括工作效率、行政观念、人才素质以及制度体系等。完善的硬件体系与优化了的软件体系实现良好配合，可以提供系统化、多元化、层次化的知识产权公共服务。

（五）完善政府知识产权公共服务的投入和保障机制

建立知识产权公共服务财政支出持续稳定增长机制，加快推进财政从一般竞争性生产领域、应用性研究等可以利用社会资金发展的领域和企业亏损补贴等"越位"领域中退出来，加大财政在知识产权公共基础设施、公共服务提供等方面的投入，根据实际工作需要增加入员编制，在重点科研项目和基础建设项目中予以更多资金支持，从组织上保证知识产权公共服务体系建设和运行的顺利实施。

调整优化财政支出结构，实现知识产权公共服务财政支出向重点产业、关键技术倾斜，向中小企业、小微型科技企业倾斜，向高水平的知识产权市场化运用倾斜。建立规范的知识产权公共服务采购制度，改革知识产权公共服务财政补贴的支付，从主要提供给供给方，转向提供给需求方，通过消费者的选择，促进服务机构提高服务质量和服务效率。规范政府公共财政行为，建立以需求为导向、以项目为载体的知识产权公共服务提供方式。适当放宽知识产权公共服务购买对象的范围，研究引导和支持措施，吸引更多的社会组织投入知识产权公共服务的生产，用市场竞争手段实现资源的合理配置。

（六）建立对知识产权公共服务提供者的监督机制

一方面，制定相应的准入门槛，核定提供知识产权公共服务的机构和组织，不管是公立机构，还是非营利机构，准入门槛要一致；另一方面，政府对提供知识产权公共服务的机构和组织定期进行资质检查，敦促知识产权公共服务提供机构不断提高服务质量。

二、加强政府对企业的知识产权公共服务

（一）推动企业建立知识产权激励机制

推动企业建立知识产权激励制度，提高企业研发人员待遇和工作环境，为企业研发人员多提供学习培训机会，重视研发人员个人成长。推动企业对实现技术创新的科研人员进行物质和精神奖励，科技人员进行技术创新获得专利权，新技术转化为商品后，企业可以将所得利润的一定比例奖励给技术创新人员或者将提成奖励折成股权，使员工收益和企业发展紧密相连。同时，推动企业让实现技术转化的科技人员在晋级、技术职务聘任、退休待遇等方面享受优惠，增加研发人员在企业的管理决策权和发言权。推动企业对在技术创新方面有突出贡献的员工给予"技术创新骨干"等称号，增强技术创新人员的荣誉感。

（二）探索政府与产业界的沟通交流机制

定期为知识产权领域的企业家举办研讨会，选择大量具有代表性的典型企业，听取企业知识产权发展状况及其需求，与大型行业协会建立正式有效的沟通渠道，包括组织知识产权交流会议和知识产权交流平台。与行业建立了直接沟通渠道，形成了向上级发布信息、向下级上传信息的机制。创建专门网站和动态出版物，保护知识产权，定期向企业界通报知识产权发展的信息和趋势。同时，建立一条直接的知识产权热线，并建立一个接收企业反馈的渠道。公司可直接向知识产权局或联席会议报告情况。在关键行业协会、关键公司和其他单位设立联络点，定期交流信息，发挥联通桥梁的作用。知识产权局与重点单位建立"联络系统"等国企合作项目，为外贸等主要出口公司建立联系系统。

（三）完善中小企业知识产权服务援助机制

完善知识产权托管机制，建立企业托管信息网络共享平台，配备专职知识产权托管人员，开展知识产权托管培训，在严格保护企业商业秘密的前提下，接受企业委托，代办所有与知识产权相关的业务，包括咨询、申请、维护、维权、经营等，为企业提供专利挖掘经营、专利侵权预警和维权业务。

依托各地知识产权维权援助中心，建立维权援助合作单位库和专家库，建立知识产权管理专家指导委员会，为寻求援助的企业进行诊断并开出处方，对接受专家意见的企业进行跟踪回访。完善海外知识产权纠纷预警应急援助机制。依托相关单位，判断危机重点行业所处的危机状态，对处于警戒状态的行业给予危机警报，设立应急工作小组和危机管理工作小组，当行业或企业处于危机状态时，启动应急机制，确定危机处理方案。建立企

业申诉机制。加强企业与政府部门的沟通，通过设立网上的知识产权贸易申诉平台，开设知识产权直通热线等方式，由各地行业协会或政府基层管理部门统计收集企业在国际化中碰到的各种不公平待遇，并汇总到政府，由政府出面，利用世界贸易组织规则维护企业在国际市场中的利益。

三、完善知识产权信息公共服务体系

（一）推进基础数据信息资源开放共享

做好专利信息利用工作的顶层设计，制定规划，对各层面、各领域、各层级进行谋划部署。围绕国家区域经济发展规划，扎实做好会同有关部委、地方政府和行业协会，依托"大云平移"等新技术，积极建设专利信息公共服务体系，为社会公众提供更加便捷、有效、优质的专利信息服务。

加快建设互联互通的集专利、商标、版权、标准、植物新品种、集成电路布图设计等于一体的新型知识产权公共信息服务平台。加强对专利信息资源的收集整理和相关专利文献的引进，加大对专利基础数据的开放力度，免费向社会提供国内外最新专利基础数据；通过扩大专利信息资源量及其种类、开发功能更齐全的应用工具、增加专利信息传播渠道，促进专利信息服务受众范围扩大。

各级政府应尽快开放非涉密的涉及市场活动、经济发展的基础信息，推动专利信息、科技情报、学术期刊、会议文献、研究报刊、图书等各类信息资源的整合与共享。

（二）鼓励开展知识产权信息增值服务

实现专利信息服务与互联网和大数据的深度结合，既要依托互联网提高专利信息的传播利用效率，也要借助大数据对专利数据信息进行深度整合、加工、挖掘、处理，并实现与经济、贸易等数据的关联分析，使得更有价值的隐性信息浮出水面，并对其加以利用。积极引入云计算、移动互联等新兴技术，创新知识产权信息公共服务模式；吸引社会机构进入专利信息服务域，为其挖掘专利、产业、经济运行大数据提供高附加值的信息服务，推动国内知识产权信息服务机构探索创新服务形态和模式。鼓励各类信息服务机构开展专利信息检索、分析预警和专利导航产业发展等工作，及时发布专利信息分析报告和专利竞争情报，支撑重大经济活动专利评议，为政府、产业和企业提供决策参考。大力推进知识产权信息利用工程重大项目建设，创新知识产权利用服务模式，提高为科技创新提供知识产权专业服务的能力。为企业提供集技术信息检索、法律状态分析、竞争情报、价值评估、专家信息为一体的"一站式"信息服务，针对小微企业开展专利信息推送服务。

四、推行知识产权标准化管理

目前,中国已进入经济发展的新常态,对知识产权的运用和保护提出了更高的要求,无论是从我国经济社会发展的要求,还是从知识产权建设的要求来看,都必须采用规范化的手段,进一步夯实知识产权宏观管理基础,提高不同创新主题的知识产权综合能力,促进知识产权服务业健康发展,更好地支持创新型发展、经济转型和现代化。

(一)充分发挥全国知识管理标准化技术委员会的作用

全国知识管理标准化技术委员会的成立是我国知识管理标准化发展历程中一件具有里程碑意义的大事,是运用标准化手段,加强知识资源战略管理的重大举措,对于实现知识产权战略与标准化战略融合发展,建立健全我国知识产权领域的标准体系,提升知识产权综合能力,推动中国制造向中国创造、中国速度向中国质量、中国产品向中国品牌转变具有重要意义。国家知识产权局要以此为契机,按照国务院常务会议关于标准化改革发展的有关精神,扎实推进知识管理标准化建设,探索建立符合我国经济社会发展需要的知识管理标准化体系,为进一步做好知识管理标准化工作提供有力的抓手。当前,要着力做好顶层设计、突出工作重点、加强自身建设,夯实工作基础,确保全国知识管理标准化技术委员会高效运转,作用有效发挥。

(二)全面推行《企业知识产权管理规范》国家标准

将贯标作为企业知识产权能力建设的基础性工作,加强政策引导,创新服务模式,立足企业需求,培育服务业态,指导企业建立系统、规范的知识产权管理体系,提升企业核心竞争力,为建设创新型国家和全面建设小康社会提供强有力支撑。

1. 加强政府引导

充分发挥政府在战略规划、政策制定、行业管理、公共服务和环境营造方面的作用,有效整合和聚集社会资源,出台激励措施,吸引各类知识产权咨询服务机构参与推行《企业知识产权管理规范》。综合运用财政、税收、金融等政策引导企业完善知识产权管理体系,调动企业实施《企业知识产权管理规范》的积极性。

2. 坚持市场驱动

发挥市场在资源配置中的决定性作用,健全市场导向机制,建立第三方的咨询服务体系和认证体系,培育一批高质量咨询服务机构,发展市场化服务业态,形成竞争有序的服务市场。

3. 注重统筹协调

建立国家和地方各级有关部门共同推行《企业知识产权管理规范》的工作机制，坚持分工负责、统筹推进相结合，形成横向协调、纵向联动的工作局面。

4. 分类指导

基于我国区域经济发展不平衡的实际状况，综合考虑行业特征、企业特点等方面的差异，强化《企业知识产权管理规范》推行工作中的分类指导。

5. 持续改进

持续完善《企业知识产权管理规范》推行体系。科学评测企业实施效果，及时修订相关内容，围绕不同类型企业实施的需求，进一步细化和规范知识产权管理体系。

（三）完善知识产权领域标准化管理体系

围绕知识产权标准化体系建设整体部署，按照"紧贴需求、突出重点、统筹协调"的原则，充分发挥全国知识管理标准化技术委员会的平台作用，推动知识产权领域国家标准的制定、修订工作，逐步完善知识产权领域标准化管理体系。

制定知识产权领域基本通用标准，开展《科研组织知识产权管理规范》和《高等学校知识产权管理规范》编制工作，推动科研组织和高等学校加强知识产权工作。

开展有关专利信息利用、专利分析、知识产权代理、质押融资、专利交易、价值分析、专利许可等知识产权服务业相关标准化编制工作。

制定知识产权的获取、维护、运用、保护等业务的流程标准，以及知识产权文献与信息化的标准等。加大与国际标准化组织、知名机构的合作交流，积极参与制定知识管理国际标准。

第七节　强化知识产权文化管理手段

知识产权文化是中国特色社会主义文化的组成部分，是实施国家知识产权战略、建设创新型国家的重要思想意识保障。要坚持把中国传统优秀文化和各国优秀文明成果相结合，以正确价值观引领知识产权文化建设方向，把弘扬尊重知识、崇尚创新、诚信守法的知识产权文化核心观念和以树立创新为荣、剽窃为耻，以诚实守信为荣、假冒欺骗为耻的荣辱观作为根本任务，大力发展面向中华民族未来发展需要的知识产权文化。

一、坚持知识产权文化建设基本原则

（一）发扬传统、弘扬创新

坚持按照中国特色社会主义文化建设的总体要求，有效运用中外各种优秀文化资源，发扬中国文化中尊重知识的优良传统，以崇尚创新的核心观念引领知识产权文化建设。树立文化自信，促进中国品质知识产权文化的交流传播。开放、吸纳、包容和扬弃是中华文明生生不息、发扬光大的关键。尽管我国传统文化中存在与知识产权文化相悖的价值观，但教育至上、重德精神、辩证思维、和实生物、多元共生等传统文化精髓与知识产权文化的精神实质具有潜在的一致性。我国政府应充分利用国际交流平台，将蕴含中国品质的知识产权文化理念通过有效途径输出，这不仅是对西方中心主义知识产权单极文化的消解，也是弘扬多元和多级知识产权文化的具体实践。

（二）贴近大众、促进发展

坚持把知识产权文化建设与公民维护自身合法权益的现实需要紧密结合起来，不断丰富知识产权文化建设的形式，把社会公众普遍增强的知识产权意识转化为维护知识产权的自觉行为，促进知识产权制度的有效实施和经济社会的创新发展。建立知识产权文化建设的法制环境、政策体系和诚信机制。养成公民自觉尊重和维护知识产权、自觉抵制"山寨"文化的行为习惯，加大对侵权行为的整治和惩处力度，推动建立健全知识产权侵权违法失信惩戒制度，使造假欺诈、见利忘义、损人利己的歪风邪气失去滋生土壤，有效激发全社会的创新热情和创造活力。加强商标权、著作权、专利权等与社会公众利益和观念形成紧密相关的知识产权执法和管理，构建公平竞争、有利于创新发展和品牌化发展的长效机制。推动创建知识产权诚信经营文明单位，鼓励企业和行业组织承诺"真品、正版、正宗"，大力宣传锐意创新和诚信经营的典型企业和人物。

（三）政府推动、社会参与

坚持把政府推动和全社会广泛参与紧密结合起来，建立协同推进的工作机制，调动全社会各方面力量广泛参与，促进知识产权文化建设蓬勃开展。推进跨部门协同建设，实现知识产权文化工作的综合效应。知识产权文化建设工作涉及的部门众多，而这些部门的协作正是知识产权文化建设工作特色的体现和成效的保障。在宣传普及、教育培训、学术研究与文化交流、人力资源开发与利用、公共文化服务体系建设、国际交往与文化传播等方面，不仅涉及各级政府知识产权主管部门和相关部门，亦涉及具体的媒体、学校、科研、公共服务等单位，故跨部门协同建设是必然的工作状态。在工作部署中，应充分发挥和进一步挖掘现行知识产权战略实施部际协调会议的协调作用。不仅要注重各级知识产权主管部门间的纵向沟通和协调，更要加强与相关部门和行业协会的横向联系与交流，围绕知识产权文化建设的目标和任务，明确自身职责、发挥各方职能，相互支持、密切配合，形成"上下联动、多方协同"的共同建设格局。

二、深入普及宣传知识产权文化理念

（一）提高公众知识产权的认知水平

加强相关知识传播，提升公众对专利权、商标权、著作权等知识产权的认知水平，宣传知识产权对国家富强、民族振兴、人民幸福、社会和谐、国家形象提升的重要价值和意义。将知识产权文化建设纳入普法宣传、道德教育、诚信建设、文明创建等全民思想文化宣教活动中，在全社会形成尊重知识、尊重人才、崇尚创新、诚信守法的知识产权文化。继承革故鼎新、推陈出新的传统文化，融入改革创新的时代精神，成为社会新风尚，不断增强全民法律素质、思想道德素质和科学文化素质。支持相关研究机构、社会团体定期开展社会知识产权意识和认知度调查活动，建立科学测评知识产权普及状况的指标体系，完善调查内容，健全调查渠道，及时发布调查结果。

（二）加强知识产权文化舆论宣传

坚持日常宣传与专项宣传相结合、普及宣传与重点宣传相结合，充分利用电视广播、报刊、网络等媒体，多形式、多渠道地广泛开展知识产权的宣传普及活动。鼓励各类媒体开设固定栏目，及时、充分宣传报道知识产权新闻，加强媒体监督，以正确的舆论引导社会。发挥政府、媒体、中介、研究机构的作用，运用微博、微信公共号等移动互联网新媒介，广泛普及知识产权知识。定期召开新闻发布会，发布知识产权状况白皮书和知识产权重大新闻、重大举措。充分运用公益广告作用，宣传知识产权文化核心观念。

（三）打造知识产权文化宣传品牌

精心组织每年一度的"4·26"知识产权宣传周、中国专利周等有影响的品牌化宣传活动。抓住"3·15"消费者权益日、"4·23"国际软件日、"4·26"世界知识产权日、"中国专利周"、"12·4"法制宣传日、"音像市场法制宣传周"等年度集中宣传的有利时机，集中组织开展不同主题、内容丰富、形式多样的大型宣传普及活动，促使知识产权"进机关、进乡村、进社区、进学校、进企业、进军营、进市场",将知识产权文化的宣传推向高潮,形成浓厚的知识产权文化氛围。

三、拓展知识产权文化传播渠道

(一)加强知识产权文化理论研究

鼓励支持教育界、学术界广泛参与,提高知识产权学术和文化建设理论研究水平。建立若干知识产权文化研究传播基地,支持学者深入挖掘中国优秀传统文化,探索知识产权文化建设规律,译介国外知识产权法律和知识,研究知识产权文化建设的新情况和新问题。推出一批优秀知识产权研究成果和普及读物,引领社会广泛参与和探讨知识产权文化建设,扩大知识产权文化的社会影响力,支撑和促进中国特色知识产权文化建设。

(二)支持知识产权题材作品创作

支持创作既有社会效益、又有经济效益的,以知识产权为题材的电影、电视剧等作品。制作适合新兴媒体传播的系列知识产权普及读物,增强知识产权文化传播普及活动的针对性和实效性。把知识产权知识、信息、观念传播纳入国家文化信息资源共享工程建设,弘扬有利于鼓励创新创造和诚信守法的优秀传统文化。

(三)开展知识产权文化国际交流

进一步拓宽对外宣传渠道,加强与有关国际组织、外国有关政府部门、专业机构、民间机构以及媒体的交流与合作,积极借鉴国外知识产权文化普及推广经验,宣传我国全社会知识产权社会认知程度、文化观念、知识产权保护水平的进步,释疑解惑、加深相互理解。探索建设海外中国创新成就展示中心,宣传推介有代表性的中国品牌产品,打造"中国制造"创新形象,营造良好的知识产权国际环境。

四、加强知识产权文化教育培训

(一)将知识产权纳入国民教育体系

鼓励高等学校在本科中开设知识产权选修课程,在理工农医等本科教育中设立知识产权第二学位,培养在校学生创新能力和知识产权意识。支持高等学校开设知识产权专业，协助高等学校开展职业化知识产权人才培养，加强知识产权学科建设，鼓励和支持设立知识产权学院、研究中心，加强知识产权硕士、博士等人才培养，加大知识产权人才培养国际化合作力度。把知识产权文化建设与大学生思想道德建设、校园文化建设紧密结合，开展各类主题教育活动，增强各类学校学生的知识产权意识和创新意识。鼓励高等学校的大学生开展以知识产权为主题的社团、志愿者和社会公益活动。健全人才培养开发机制。

（二）开展形式多样的知识产权培训

完善知识产权在职人员网络化、开放式、自主性继续教育制度，分级分类制定知识产权在职人员培训制度。加强各职能部门协调力度。一是推动将知识产权知识纳入各级党校、行政学院培训和选学内容，增强党政干部、特别是领导干部的知识产权意识。二是鼓励企事业单位、中介服务机构开展各种形式的知识产权知识、业务培训，提高员工尊重、创造和保护知识产权的自觉性。将知识产权培训纳入专业技术人员继续教育内容。三是加强知识产权人才培训基地建设。充分依托高等学校等培训机构的教育资源和人才优势，在全国建立一批培训水平较高、辐射能力较强的国家知识产权培训基地。发挥培训基地知识产权培训的先导作用，创新知识产权培训方式方法，摸索建立特色培训模式，拓展社会服务功能，加强培训基地的信息交流和资源共享，促进教学培训资源的优势互补与合作。加大知识产权师资培养力度，加快培养一支适应本地区知识产权培训需求的高水平师资队伍，建立各级各类知识产权师资库。组织开发和认定一批精品培训教材。四是加快建设知识产权人才教育培训网络平台。积极开展国际学术交流，扩宽对外合作培训渠道，探索利用国外优质资源培养知识产权人才的有效途径。建立健全培训考核评价机制。

（三）推进中小学知识产权素质教育

在全国具备一定条件的中小学中开展知识产权教育试点、示范学校的认定和培育工作。通过开展知识产权教育，落实国家知识产权普及教育计划，整体提升青少年的知识产权意识。通过知识产权实践，学校为学生的发明创造、文艺创作和科学实践提供了平台，提升了学生的社会责任感，创新精神和实践技能。通过培养一批能够促进中小学国家知识产权培训的试点和示范学校，知识产权教育将成为学生素质教育的有机组成部分，并将与教师、学习时间、体验平台和创新激励创造良好氛围，以确保教师和学生的知识产权意识和技能显著提高。让年轻人意识到尊重知识，中小学的教育和知识产权的推动作用、学生的教育、家庭的影响和整个社会的促进，增强全社会的知识产权意识，营造"群策群力、锐意创新"的良好社会氛围。

第八节　合理配置知识产权管理资源

知识产权行政管理资源整合就是运用系统控制、现代管理等科学理论和方法，最优地或合理地调控配置资金、政策、人力等多方面、多层次的知识产权行政管理资源，并使之达到优质、高效、低耗的完美运行状态，从而获得知识产权行政管理整体的最优，保证管理目标的顺利实现。

一、争取更多财政资源投入

（一）进一步加大财政投入

保持必要的财政投入水平和增长对于实现推动知识产权事业发展很有必要。国家在维持现有投入水平的基础上，要针对薄弱环节，着力解决投入上的"短板"问题，加大对专利审查、知识产权公共服务以及知识产权战略规划等方面的投入力度。推动将知识产权投入纳入法定财政投入增长范围，将知识产权投入与研发投入挂钩，设置一定的比例，切实保障知识产权工作机构运转和事业发展。

（二）发挥中央财政和地方财政两个积极性

知识产权财政政策要明确财政政策的层级划分，发挥中央和地方两个积极性。对于知识产权市场能够有效发挥作用的领域，中央和地方财政政策原则上不宜干预，中央财政和地方财政切忌"越俎代庖"。而在知识产权市场因其外部性、信息不对称等问题的存在而不能有效发挥作用的领域，则中央政府和地方政府就应当给予必要的财力支持。落实到知识产权强国战略，其中央财政政策主要职责体现在宏观性和全局性，主要是负责拟定全国知识产权发展规划、知识产权判断标准、出台知识产权的内外政策、实施知识产权政策（宣传和执法等）。中央国家财政还设立能够推动经济发展的重大知识产权计划工程专项，并取得财政部的支持，保证经费投入，可要求地方配套资金。地方也可参照国家知识产权局的重大专项设立本地的工作专项。

（三）优化财政支出结构

在知识产权科技投入结构调整方面，充分发挥公共财政的职能作用，大力增加财政对知识产权研发环节及应用环节的投入。一是科学合理地调整科研、中试和产业化阶段的经费结构及比例关系，逐步加大后两个阶段的投入比重。二是研发经费应主要用于重大项目关键技术的攻关，向关系到国计民生、行业发展和着力提高国际竞争力的攻关项目倾斜。三是在中试经费中，向重大科技成果中试以及行业关键技术和共性技术引进、消化、吸收和推广应用方面倾斜。四是科技成果产业化经费应着重向重大科技成果转化以及交易平台建设方面倾斜。在知识产权市场培育方面，加强专业市场知识产权保护和执法投入力度，提升知识产权社会公共服务水平，培育形成一批引领示范型专业市场。通过政府购买服务等方式，发挥商会、协会参与专业市场知识产权保护的积极性，推动建立专业市场知识产权保护评价体系。

（四）积极争取财政设立专项发展基金

推动设立国家知识产权发展基金，主要用于支持、引导和推动知识产权强国建设，支持具有示范性、导向性的知识产权项目建设，推动知识产权服务创新，促进知识产权转化运用，扶持知识产权队伍和人才培养，促进知识产权领域的较量，支持、引导和推动知识产权战略实施。

二、完善知识产权政策资源

围绕经济发展主战场开展工作，从强调与国际接轨向符合国际惯例并强化中国特色转变，形成以"深化知识产权制度运用，提升创新驱动发展能力"为纲领性政策文件、涵盖全国知识产权战略深入实施所需的财税、金融、科技、贸易等各方面配套政策的框架体系。

（一）完善知识产权税收激励政策

1. 提高普惠性财税政策支持力度

坚持结构性减税方向，逐步将国家对企业技术创新的投入方式转变为以普惠性财税政策为主。

2. 全面实施税收优惠

统筹研究企业所得税加计扣除政策，完善企业研发费用计核方法，调整目录管理方式，扩大研发费用加计扣除优惠政策适用范围。完善高新技术企业认定办法，重点鼓励中小企业加大研发力度。制定知识产权优势产业的增值税优惠政策。提高专利等技术转让免营业税的最低额度，实行累进优惠政策。对个人专利技术转让所得允许减除合理成本，并允许其在专利技术研究开发的整个时间段内按月计算所得额和缴纳个人所得税。调整产品出口退税目录，享受高技术商品出口退税政策的产品要增加具有专利等自主知识产权的规定。对自主知识产权产品出口实行更优惠的出口退税政策。制定财税等相关政策，鼓励企业引进符合国家产业政策的专利技术，并通过消化吸收再创新形成自有专利。

3. 奖酬计入成本

将对发明人的奖酬计入生产成本，促进落实企业对发明人的奖酬政策。高新技术企业和科技型中小企业科研人员通过知识产权转化运用取得股权奖励收入时，可在一定期限内分期缴纳个人所得税。

（二）完善知识产权政府采购政策

一是建立健全符合国际规则的创新产品采购支持政策体系，落实和完善政府采购促进中小企业创新发展的相关措施，加大创新产品采购力度。二是建立识别标准，建立严格的自主创新产品评价体系和认证体系，财政部将认证的自主创新产品列入政府采购目录，并向社会公布。三是加强预算控制，在编制部门年度预算时，要求采购方优先将自主创新产品的采购纳入预算；财政部在预算审批时，优先考虑自主创新产品的采购预算；在财务支出绩效评价中，应将自主创新产品的采购纳入评价范围；同时，财务、审计等部门要对财务预算进行控制，将自主创新产品的采购纳入控制内容。四是对于国家重大建设项目以及其他使用财政性资金采购重大装备和产品的项目，应将承诺采购自主创新产品作为申报立项的条件，并明确采购自主创新产品的具体要求。在国家和地方政府投资的重点工程中，国产设备采购比例一般不得低于总价值的 60%。五是改进政府采购评审方法，在满足采购总需求的条件下，给予自主创新产品优先待遇。对经认定的自主创新技术含量、技术规格和价格难以确定的服务项目采购，可以在报经财政部门同意后，采用竞争性谈判方式，将合同授予具有自主创新能力的企业。

（三）建立创新产品首先采购制度

对于自主创新试验产品和首次投放市场的产品，如果难以形成不被市场广泛接受的生产规模，但符合国民经济发展要求和高新技术发展方向，科技含量高，市场潜力大，仍然需要政府的重点支持，确定政府优先采购产品，促进产品的市场化和产业化，对于需要研发的主要创新产品或技术，政府应通过采购招标的方式进行采购。确定全社会的研发机构，签订政府委托合同，建立相应的成果评价、验收和推广机制。

三、优化知识产权人才资源

（一）建立健全知识产权人才管理体制

1. 建立人才管理领导体制

坚持党管人才原则，发挥国家知识产权局人才工作领导小组的作用，推动人才工作体制机制改革和政策创新，统筹推进各级各类知识产权人才队伍建设。各省级知识产权局要建立知识产权人才工作领导小组，由主要负责同志担任领导，指定专门部门，具体负责知识产权人才工作，建立健全工作目标，及时研究部署人才工作，谋划大局、把握方向、整合力量、解决问题，切实担负起知识产权人才体系建设的领导责任。

2. 健全人才管理运行机制

在全国知识产权系统范围内，建立统分结合、上下联动、协调高效、整体推进的人才体系运行机制。国家知识产权局负责全国知识产权人才体系建设的统筹协调和宏观指导，各省级知识产权局负责本地区知识产权人才体系的建设和实施工作。

3. 制定人才工作规划

切实提高人才工作的前瞻性、科学性和系统性。规划制定过程中，应注重与现行国家人才和知识产权各规划、其他各行业、各领域战略发展规划相衔接，形成互相促进、互为支撑的全国知识产权人才规划体系。

（二）完善知识产权人才管理工作机制

1. 建立人才评价发现机制

完善以岗位职责要求为基础，以品德、能力和业绩为导向的人才评价标准，建立科学的知识产权职业分类体系，制定各类知识产权人才能力素质标准，积极推动建立全国统一的知识产权专业技术职务任职资格评审制度和企事业单位知识产权人才水平评价制度，支持有条件的地区根据本地区的实际情况先行先试。大力应用和改进现代化人才测评方法，根据知识产权人才特点开展多层次、多角度人才评价，形成有利于各类人才脱颖而出、充分展示才能的评价发现机制。

2. 完善人才选拔使用机制

加强人才选拔工作研究，创新各级各类知识产权人才选拔方式，进一步完善知识产权专家、领军人才的分类选拔办法，充分发挥知识产权专家的智囊作用和领军人才的引领作用，增加社会急需紧缺的企业和服务业知识产权人才的选拔力度。

3. 促进人才流动配置机制

探索建立知识产权人才跨地区、跨部门交流机制，特别是国有企业、高等学校和科研机构等组织或部门与知识产权系统间的人才交流机制，继续加大知识产权系统内挂职锻炼力度。

4. 加强人才激励保障机制

综合运用精神激励和物质奖励手段，健全以政府奖励为导向、用人单位和社会力量奖励为主体的人才奖励制度。鼓励用人单位结合实际情况、针对不同类型人才和群体研究制定灵活多样的激励措施，形成一套与工作业绩紧密联系、充分体现人才价值、有利于激发人才活力的激励机制。

（三）推动实施知识产权人才工程

1. 实施知识产权高层次人才工程

实施知识产权高层次人才引领计划，发挥知识产权领军人才的引领辐射和示范带头作用。继续实施"百千万知识产权人才工程"，以百名高层次人才培养人选为重点，开展高层次人才国内外培训工作，做好高层次人才的考核工作，全面推进千名、万名专业人才的培养。完善知识产权人才库建设。

2. 实施知识产权人才信息化工程

着力完善人才信息资源共享机制，整合各方信息资源，构建开放、互动、高效、安全的人才资源公共信息平台和人才公共服务平台。建立和完善本地区人才信息的实时跟踪和预测预警机制，建立知识产权人才资源统计分析制度，制定人才信息采集与共享标准，加强对知识产权专家、领军人才和高层次人才信息资源的管理和使用。

3. 实施知识产权服务人才支撑计划

适应创新创业人才对知识产权服务的需要，以知识产权代理、知识产权资产评估、知识产权质押、知识产权信息、知识产权分析、知识产权交易和经营等知识产权服务人才为重点，加强知识产权服务人才的培育。组织实施知识产权服务业人才培训计划，培养数千名高素质、复合型的知识产权服务业人才，培养数百名精通业务、诚信度高、具有世界水平的高层次知识产权服务人才，加快建设一支职业化、专业化的知识产权服务人才队伍。

第九节　提升知识产权行政管理能力

一、实施知识产权绩效评价

《国务院关于新形势下加快知识产权强国建设的若干意见》提出要建立以知识产权为重要内容的创新驱动发展评价制度。

（一）构建科学合理的知识产权评价指标体系

完善知识产权评价指标体系，将知识产权产品逐步纳入国民经济核算，将知识产权指标纳入国民经济和社会发展规划。一是探索"中国知识产权的经济贡献"调研统计工作，积极、深入和权威性地研究和说明知识产权对经济增长的贡献，推进将知识产权纳入GDP统计范围。二是建立与全国经济发展状况相适应的知识产权综合统计核算指标体系，将知识产权指标纳入经济社会发展情况统计调查范围，定期监测和发布知识产权发展状况。三是针对知识产权相关单位和各级地方政府，分别建立科学合理的知识产权绩效评价指标体系。推动将知识产权评价指标纳入科学发展考核评价体系，纳入各级党委、政府和党政领导干部的绩效考核体系。四是探索建立经营业绩、知识产权和创新并重的国有企业考评模式。引导企事业单位建立以知识产权实绩为核心的考核评价制度，正确引导知识产权创造与运用。

（二）建立知识产权绩效考核机制

由国务院知识产权战略实施工作部际联席会议办公室牵头，建立健全政府、知识产权主管部门、相关成员单位的知识产权工作考核机制，以评价考核为手段，强化责任意识，健全和完善行政问责机制。在对党政领导班子和领导干部进行综合考核评价时，注重鼓励发明创造、保护知识产权、加强转化运用、营造良好环境等方面的情况和成效。要把知识产权绩效纳入科学发展考核评价体系作为评价地区发展水平、衡量发展质量和领导干部工作实绩的重要内容，推动各级党委、政府将知识产权工作作为硬任务纳入重要议事日程，纳入当地总体发展规划和财政预算。加强对相关成员单位知识产权战略实施的考核机制，强化考核监督，定期对《国家知识产权战略纲要》推进计划完成情况、领导批示落实情况以及其他重要工作开展情况进行督察。加大对地方政府知识产权战略实施工作考核力度，对各地方的战略措施落实情况和战略目标完成情况进行综合考评。

（三）建立知识产权战略实施奖惩制度

建议考核结果与干部选拔、任用、奖惩和单位财政拨款等挂钩，发挥绩效考核对于相关机构、部门和个人的激励和约束机制。按照国家有关规定设置知识产权奖励项目，加大各类国家奖励制度的知识产权评价权重。可设立知识产权类政府奖励，建立知识产权国家荣誉制度。对工作成绩突出的知识产权战略实施成员单位及个人予以奖励；对知识产权工作开展不力或对协调机构工作不配合、不支持的单位给予通报批评。

（四）构建宏观专利评价考核体系

改进现行区域专利申请质量评价体系，进一步突出区域专利评价工作的专利申请质量导向。在充分发挥"每万人口发明专利拥有量"指标引领作用的基础上，结合不同区域发展水平，分类确定评价指标，将发明专利申请量占比、发明专利授权率、PCT 专利申请量、专利维持率、未缴纳申请费视撤率、视为放弃取得专利权率、专利实施率等指标纳入区域专利工作评价指标体系，合理设定增长率评价指标。不能仅仅追求专利产出数量，同时要注意专利质量指标、专利产出的技术、市场及应用价值等方面的总体水平。

二、依法行政建设法治政府

（一）大力推行清单制度

各级知识产权行政管理机构要根据国务院和各级政府的安排，在全面梳理、清理调整、审核确认、优化流程的基础上，将知识产权管理职能、法律依据、实施主体、职责权限、管理流程、监督方式等事项以权力清单的形式向社会公开，逐一厘清与行政权力相对应的责任事项、责任主体、责任方式。实行统一的市场准入制度，在制定知识产权负面清单基础上，各类市场主体可依法平等进入清单之外领域。

（二）健全依法决策机制

各级知识产权行政管理部门应当健全重大行政决策程序制度，明确决策主体、事项范围、法定程序和法律责任。规范决策程序，强化法律决策程序的刚性约束。扩大群众参与，对于事关经济社会发展大局和人民切身利益的重大行政决策问题，广泛听取意见，利益相关者充分沟通，重点听取人大代表、政协委员、有关人民团体、基层组织和社会团体的意见。提高专家论证和风险评估质量，加强新型中国特色智库建设，成立知识产权行政决策咨询论证专家组。组织专家或专业组织论证专业技术决策问题，建立重大决策的社会稳定风险评估机制。加强合法性监督。建立知识产权行政机关重大决策的内部合法性审查机制，未经合法性审查或经审查不合法的，不得提交讨论。

（三）坚持公正文明执法

1.完善知识产权行政执法程序

建立健全行政自由裁量基准体系，完善和量化行政自由裁量标准，规范行政自由裁量权的范围、类型和范围，建立全过程的行政自由裁量权登记制度。制定行政执法程序标准，明确具体操作流程，完善调查取证信息系统，完善行政执法机关协调机制，及时解决执法机构之间的权限纠纷，建立远程行政执法支持系统。

2.创新行政执法方式

建立行政执法公开制度，加强行政执法信息化建设和信息共享，完善网上案件处理和执法查询系统，加强科学执法，促进使用说服教育、说服示范等非强制性执法手段，行政指导和行政奖励。健全公民和组织的守法信用记录，健全合规诚信评价机制和违法不廉洁行为的处罚机制。

3.全面落实行政执法责任制

严格落实执法人员知识产权执法职责，建立规范的问责机制，加强执法监督，加快建立统一的行政执法网络平台，建立健全投诉、举报、通报等制度，坚决杜绝干预执法活动，预防和克服地方保护主义，预防和克服执法利益驱动，惩治执法腐败。

（四）全面推进政务公开

尊重公开为标准、不披露为例外的原则，促进决策、实施、管理、服务和结果的公开。完善政府信息系统，拓宽国家信息公开渠道，进一步明确国家信息公开的范围和内容，重点做好预算、公款分配、财政预算等方面的政府信息公开工作，推进重大建设项目审批实施和社会企业创建，完善政府发言人、公告信息发布等制度，做好各项工作，通过解决公众意见和敏感问题，及时回应人们的关注；我们将宣传政府问题的公开方式，加强互联网政府信息平台和便捷服务平台建设，完善政务信息化和集中化，完善社会监督和舆论监督机制。举报行政机关违法行政行为，开通举报箱、邮箱、热线等监督渠道，方便群众投诉举报，反映问题，依法查处违法行政行为。

三、完善知识产权电子政务

电子政务是运用计算机、网络和通信等现代信息技术手段，实现政府组织结构和工作流程的优化重组，超越时间、空间和部门分隔的限制，建成一个精简、高效、廉洁、公平的政府的运作模式。提升知识产权行政管理能力，要求知识产权行政机构大力推行电子政务，应用现代信息和通信技术，将管理和服务进行集成，向社会提供优质和全方位的、规范而透明的、符合国际水准的管理和服务。

（一）进一步完善在线登记、电子申请系统

建立计算机软件著作权快速登记通道。优化专利和商标的审查流程与方式，实现知识产权在线登记、电子申请和无纸化审批。专利电子化管理能有效提升专利行政管理效率和管理水平，实现专利资源的整合，为专利行政管理机构子模式的运行提供基础。运行电子化的专利行政管理综合模式，既能实现专利申请、审批审查等行政程序的管理现代化，形成审查程序的流水线式的一站式服务；又能促进专利信息的整合，建立完善的专利数据库；此外，还能加强与企业、高等学校、研究所等社会组织的信息交流、共享、分析，促进整个社会的专利资源利用。国家知识产权局要在专利电子申请系统上，进一步增加系统功能、改进性能，简化操作界面、使得人机交互更加方便、快捷。加强国家知识产权局相关部门对代理机构的业务指导和有效沟通，以便更好地使用电子申请系统，降低社会成本，提高代理机构的业务流程的现代化管理水平和核心竞争力。

（二）办好知识产权政府网站

必须增强各级领导对于电子政务的理解，提高建设电子政务网站的意识，真正将政府职能与现代信息网络技术结合起来，利用网络技术加强政府职能，有效提高行政效率。知识产权政府网站是知识产权领域管理的专业网站，为了打造一个集新闻、产品和服务为一体的综合性网络平台，使得知识产权的新闻资讯、专业文章、专利信息产品等实现更好的信息公开和管理，必须推进知识产权系统政府网站的规划建设，从网络技术、相应协议、规范标准等多个角度推进网站的规范性建设，提高网站的服务功能。知识产权政府网站要根据"用户为中心"的原则，网站在设计上应该采用清新简约风格，信息分类清晰，将政府信息公开专栏、专利信息检索、查询服务等公众关心、常用的版块放在首页显著位置，便于公众获取信息。

（三）推进知识产权政务服务平台建设

适应"互联网＋"与大数据时代需求，建设面向政府和企业知识产权管理部门的知识产权电子政务服务平台，以"数据统一、资源共享、业务互通、协同工作"为核心设计理念，以"外网受理、内网办理、外网反馈、全程监控"为政务管理目标，将专利申请、专

利执法、专利利用、企业服务等与社会公众、企事业单位相关的各种知识产权服务项目进行数字化、标准化管理，确保所有行政事务实现网上办理及全程监控，使知识产权政务管理网络化、公开化、透明化。

在政府内部建立网上办公系统，使各级领导可以在网上及时了解、指导和监督各部门的工作，并向各部门作出各项指示。这将带来办公模式与行政观念上的一次革命。在政府内部，各部门之间可以通过网络实现信息资源的共建共享联系，既提高办事效率、质量和标准，又节省政府开支、起到反腐倡廉作用。

建立知识产权执法案件报送系统与知识产权维权援助举报投诉系统，开展知识产权执法网上办案系统，有效拓展知识产权违法犯罪行为的线索获取渠道，实现知识产权案件从受理、立案、办案，到结案的流程化管理和实时监控，及时披露侵犯知识产权的违法企业和典型案件，进一步推动社会诚信体系建设，实现知识产权保护与执法工作的电子化、网络化、公开化，为权利人快捷维权提供更多方便的同时，促进了知识产权执法能力与效率的进一步提高。

建立企业服务系统。针对各级知识产权政府部门服务企业的各项举措、规章制度，量身定制、建立企业服务系统模块，帮助政府部门实现对专利资助、项目申报等服务事项的"外网受理、内网审批、外网反馈、全程监控"，真正做到行为规范、程序严密、运行公开、结果公正、监督有力。

四、实行政府全面质量管理

建立服务导向、过程管理、持续改进、全员参与、领导和战略的知识产权行政管理的全面质量管理系统。探索试点开展 ISO 9000 质量管理认证，对于通过认证的部门予以奖励，通过认证的地方知识产权局予以重点支持。

（一）在专利实质审查中引入全面质量管理

ISO 9000 质量管理体系的引入对审查质量的提高具有重要意义。随着近年来我国专利申请量的急剧增加，相应的审查队伍不断扩大，面对这样的新形势，要保证专利审查质量的不断提高，迫切需要一套行之有效的管理体系，ISO 9000 质量管理体系强调工作的规范化、程序化，通过对工作过程有效性及效果的持续控制，纠正工作过程中存在的问题，能够保证提供满足要求的服务。同时，ISO 9000 质量管理体系的引入，能够使以往单纯的后期质量检查变为采用事前预防、过程控制、事后检查纠正相结合的方法，实现对发明专利实质审查全过程的监控，同时通过强调以顾客为中心、全员参与，考虑社会公众和申请人的意见反馈和激发审查员的工作积极性和责任感，从而通过内外两方面促使审查质量的提高。

（二）在知识产权行政管理部门导入质量管理体系

知识产权行政管理部门导入质量管理体系，可把政府各项工作纳入质量管理体系控制范围。对每一个过程制定出程序文件，并通过编制工作文件把对每一项工作的责任主体、目的、完成时间、适用范围、工作职责、工作程序和相关记录都作出明确规定，可克服行政行为中的随意性、越级和渎职行为，有助于改变传统行政管理重结果、轻过程的现象。在实施过程中应注意以下几点。

1. 明确岗位职责

根据标准编制了岗位说明书，建立了科学合理的岗位责任制，通过悬挂展板，进一步明确每位职工的岗位职责，通过醒目的岗位标识牌明确各业务流程人员。

2. 梳理业务规程

通过全面细致的梳理和提炼，修订了操作规程，对各项业务编制了新的业务流程图和审查要点列表，使各项业务处理流程一目了然、清晰明确。

3. 注重全员参与

"全员参与"原则是 ISO 9000 标准的重要原则之一，它不仅包括全体工作人员的参与，也包括单位和部门负责人的参与。充分调动所有员工参与机关建设的主人翁意识和工作积极性。

4. 进行持续改进

根据知识产权行政管理职能和权限的变更，适时地对质量管理体系文件进行修改、补充和完善，使其更适应管理工作的需要，始终保持质量体系文件的整体性、实用性和可操作性的一致。

第五章

知识产权行政执法正当性的反思

正当性是知识产权行政执法的基石，同样也是研究知识产权行政执法的逻辑起点。我们试图通过司法保护与行政执法的对话，寻求知识产权行政执法的定位，以此作为知识产权司法保护失灵的有效补充。

第一节　知识产权行政执法必要性的反思

一、知识产权行政执法历史必要性之反思

每个时代都需要研究它的历史，不全是因为早先的历史研究不对，而是因为每个时代都会面对新的问题，产生新的疑问。这往往会促使我们梳理与此相关的事物发展脉络，期待找到新问题的答案。我们的答案将反映我们在时代所处的位置，即以什么样的观点来看待自身所处的社会。

（一）知识产权行政执法的历史变迁

19 世纪末，现代法意义上的知识产权制度随着西学的浪潮进入中国，由于时局动荡，直到中华人民共和国成立前夕，现代法意义上的知识产权制度依然没有扎根于中国。从1949 年中华人民共和国成立到 1978 年改革开放之前，我国对知识产权制度进行了初步探索，但是由于当时我国正处于计划经济时代，知识产权制度失去了其生存的土壤，以至于无疾而终。现代法意义上的知识产权制度建立于 20 世纪 80 年代。我国建立知识产权法律制度之初，尚未建立知识产权司法保护体制，现实中面临较为繁重的知识产权执法和纠纷处理任务，仅仅依靠司法机构是难以胜任的，随着知识产权法律制度建立的知识产权行政部门，理所当然地担起了行政执法和纠纷处理的重任。这在 1982 年《商标法》、1984 年《专利法》、1990 年《著作权法》及其历次修订中体现得尤为明显。

从知识产权行政执法的历史变迁中不难发现，知识产权行政执法的发展方向是规范化，并体现为执法权限、执法程序和执法地位的规范。

1. 执法权限的规范

其主要体现在以下三个方面：其一，就知识产权侵权而言，赔偿损失是纯粹的民事责任，代表国家公权力的知识产权行政执法机关，无权责令赔偿损失，否则会对私权造成损害。因此，在后面的修法中，都改成了知识产权行政执法机关可以应当事人的请求，就损害赔偿的数额进行调解，调解不成的，由当事人向法院提起民事诉讼。立法的这一改变，进一步规范了知识产权行政执法权，使其不得任意干涉私权。其二，最初的《商标法》、《专利法》和《著作权法》都只规定了知识产权行政执法机关可以就情节严重的侵权行为处以罚款，但没有就罚款的具体情况及具体数额作出规定，而在后面的几次修法中，都将处以罚款的情形和数额具体化，从某种程度上来说，这是对知识产权行政执法权的限制。其三，引入了公共利益的限制。知识产权制度建立之初，知识产权行政执法机关对知识产权侵权行为的处罚基本没有限制，《著作权法》增加了同时损害公共利益这一限制，而在《专利法送审稿》中更是将公共利益具体化，并明确规定，针对一般侵权行为，专利行政执法机关只能责令停止侵权行为；只有在恶性侵权、群体侵权、反复侵权的情况下，专利行政执法机关才能行使罚款、查处、没收等权利。

2. 执法程序的规范

《商标法》《专利法》《著作权法》都没有对知识产权行政执法机关的职权、职责进行规定，而在后面的修法中都对知识产权行政执法机关在执法中享有的职权和应当履行的职责作出了规定。除此之外，各知识产权行政执法机关都制定了内部的执法规则，以规范知识产权行政执法程序。例如，国家工商行政管理总局制定的《工商行政管理机关查处商标违法案件监控规定》、国家版权局制定的《著作权行政处罚实施办法》、国家知识产权局制定的《专利行政执法办法》。

3. 执法地位的规范

在知识产权制度建立初期，知识产权行政执法机关具有相当大的职权，在某种程度上已经代替了知识产权司法保护。甚至，立法在表述上都将知识产权行政执法放在知识产权司法保护的前面。这说明，在我国建立知识产权制度初期，知识产权行政执法在知识产权保护的"双轨制"中占主导地位。随着知识产权司法保护的发展，以及人们对知识产权的认识进一步加深，知识产权行政执法权逐渐被限制，在立法表述上也将知识产权行政执法移到知识产权司法保护后面。这足以说明，知识产权行政执法逐渐退居二线，知识产权司法保护逐渐在"双轨制"中占据主导地位。

（二）知识产权行政执法的历史选择

法律若完全依靠强制力执行，成本过高。一项法律若要得以长久、有效地实施，必须依赖民众的普遍认可，即使其起初是由强制力（暴力、强监督）推行。马克斯·韦伯也曾强调，"成文的法规之所以是正当的，可能是因为它产生于当事各方的自愿同意；它是由某个被认为具有正当性，因而理应服从的权威所强加的。一旦法律的实施是由民众的认可和选择所实现，其被视作合同自然顺理成章，合同性质的诸多理论也将嫁接于法律之中。例如，合同是不完备的，它无法预见可能发生的所有情形，因此需要执法机构进行事后调整。"有保障的法律"不仅关乎当下，更在于"变化"，那如何确保法律在变动的社会关系中发挥效用。对于这一点，如果我们换个视角观察，将更贴近于事实本身，将问题转变为如何让人们接受持续变动的法，这是行政执法难以绕开的议题，它展现了知识产权行政执法更为丰富的面貌，即行政执法是公权力与私权利相互作用的持续过程，在此过程中，任何一方均存在妥协、反抗的行动选择。有学者将之称为"法律接受"，即社会公众对法律规范的接纳、认同、服从或是违背、抗拒等行为反应。这预示着法律实施的接受，断然不是无条件，尽管现代生活不断强调守法是公民的基本义务，但将之视为一项禁忌式的道德命题并无益于问题的讨论。同样，我们一般认为，法律执行（如行政执法）是一个形而下的命题，它关乎法律适用的结果，而非法律自身的结构。如果从这个角度展开，知识产权行政执法的可接受性更多源于相应制度的完善，这也是知识产权行政执法对执法权限、执法程序、执法地位规范的努力方向。

如前所述，行政执法的实现既是对法律的表达，也存在对法律的调整，行政执法部门如需同时实现以上两种结果，自由裁量权是必不可少的。然而，自由裁量权如果超出法律拟定的框架，就会产生正当性危机；但一味依照正当程序标准行事，僵化法律的执行，又会形成了哈贝马斯所言的"有效性匮乏"秩序。诚然，当下中国行政执法面临更多的是对自由裁量权的约束问题，有学者已指出，"目前我国的行政执法体系中存在滞后、混乱、藏私、脱节等严重问题，这是行政执法可接受度较低的主要原因"。这也是为何在过去三十多年中，知识产权行政执法的历史变迁选择了"规范化"，它是在应对社会外部环境快速变化的同时，不断重建自身的正当性和有效性。"规范化"过程主要分为以下两点：

第一，当知识产权行政执法意识到行政机关的执法主体已不足以为其提供足够正当性担保时，它引入了制度性规定，规范执法权限和执法程序，借助正当程序的仪式性运转，知识产权行政执法将制度性规定与技术性活动保持了适度分离，即"（正当性与有效性的）脱耦"。

第二，知识产权行政执法调整了自身的地位，因为它发现自身存在天然缺陷，由于通过高度集中的指令化运作，行政执法在内部指令与外部环境存在冲突时，通常采取有效沟通并施行便宜原则，最终达成一致的成本是很高的，因此，为有效纠正个案处理可能存在的弊端，知识产权行政执法引入外部司法审查，纾解行政执法本身的自我矛盾。

综上，尽管历史变迁的方向，使知识产权行政执法走向规范化，并限缩其权限、范围、地位，但这并非预示着知识产权行政执法将走下历史舞台，恰恰相反，知识产权的行政执法的目标，是成为知识产权有序发展的良性要素。有学者对知识产权行政执法产生的历史背景进行梳理，然后得出结论：在我国知识产权制度建立之初，知识产权司法保护制度尚未建立起来，这一历史局限性，促使我国选择了知识产权行政执法。一般认为，这是一种循环论证的论调，事实无法从其本身阐明意义，需要加以陈明的是某种定向、可重复的因果倾向。若知识产权行政执法是一个不得已而为之的选择，当社会环境发生变化，走出了历史局限性时，知识产权行政执法就应当被废止。但事实是，知识产权司法保护经过三十多年的发展，日臻完善，可知识产权行政执法依然与知识产权司法保护双轨并行，丝毫没有被废止的征兆。

二、知识产权行政执法现实必要性之反思

我们对知识产权行政执法的所有讨论，可以归结为一个中心点：纾解知识产权行政执法的困境。起初，一般认为困境存在于认知层面，即那知识产权行政执法在中国法治体系下迷失了自我定位，我们试图论证在知识产权司法保护失灵的情况下，行政执法存在制度实效。然而，随着研究深入，我们发现作为"行动中的法"，知识产权行政执法同样存在困境。

有学者将行政执法的困境描述为一种"两难"的状态，"政府（国家）通过法律规则宣示了某一立场，但这些法律规则因为执法者或利益相关的个体（或者二者相结合）的相应行动策略而受到实际上的漠视、规避，甚至拒斥，进而导致一种"进退两难"的处境：要么因为政府立场和法律规则受到公然挑战而致政府和法律权威性资源流失（退）；要么因为政府动用各种执法途径和资源执行法律而使执法的经济和社会成本变得难以承受（进）。这种"两难"状态造就的局面是政府采取"睁一只眼、闭一只眼"的方式，辅以"突击式""运动式"等典型化执法策略，也正是常常被论及的"间歇性、选择性执法"。

在20世纪八九十年代，知识产权行政执法确实面临"两难困境"：作为"舶来品"的知识产权法缺乏大量社会成员（包括执法人员）的足够认同。但应当指出，"两难困境"面临的矛盾并不尖锐，它不像禁放烟花爆竹，存在过去文化习俗与现行管理规范的深层冲突；更不同于美国20世纪初期的禁酒运动，一种清教徒式宗教理想与大众民俗文化现实之间的冲突。知识产权保护存在本土化的困境，但它更多源于经济层面的考量：依靠（人力、原材料、能源等）比较优势建立的加工经济，正依靠低模仿、低学习成本完成工业发

展的内生积累，过于强调知识产权保护，将加重方兴未艾的民营企业的负担，并增加国有企业与外资合营的成本。

20 世纪末的中国经济如雨后春笋般成长，知识产权的保护需求逐渐从本土滋生，学者将之描述为"中国知识产权法律变迁，首先是对外来制度进行'内化'和'吸收'，实现移植法律与本土国情的契合性"。这一判断同样适用于知识产权行政执法。起初，知识产权行政执法成为抵抗外来压力和消解内在矛盾的桥梁，"间歇性、选择性执法"除去知识产权行政执法体系自身的不完善外，也是一种与当时经济形势相适应的"消极策略"（这也反向论证了知识产权行政执法体系不完善的合理性）。但是，这一形势已悄然发生改变。知识产权对经济生活的贡献通常会被视作一种"激励"，这种"激励"不仅包含着对特定生产要素的价值分配优化，它还意味着对特定产业本身的结构调整，致使不少产业需要依赖于完善知识产权制度，来实现商业模式的运作及盈利。后者多被称为"知识产权密集型产业"（包括专利密集型产业、商标密集型产业与版权密集型产业），美国、欧盟曾撰写官方报告表明知识产权密集型产业的经济贡献，但我们更关注的是：一旦知识产权被接受了，它将很容易被需要。这一点导致知识产权行政执法不同于烟花禁放或者禁酒令，尽管它一开始不被认同，随着外部经济环境的变化（且这一变化具有较高普适性），知识产权行政执法会逐步被需要，它可以凝聚更多社会成员的共识（包括执法人员），其现实必要性可体现为政策态度及经济环境需要。

（一）现有政策的认可

为提升我国知识产权创造、运用、保护和管理能力，建设创新型国家，国务院制定的《国家知识产权战略纲要》指出，经过多年发展，我国知识产权执法水平不断提高，但是从总体上看，社会公众知识产权意识仍较薄弱，市场主体运用知识产权能力不强，侵犯知识产权现象还比较突出，因此，需要健全知识产权执法和管理体制，加强司法保护体系和行政执法体系建设，发挥司法保护知识产权的主导作用，提高执法效率和水平，强化公共服务。至此，《国家知识产权战略纲要》制定已十年有余，我国知识产权事业至少在以下三个方面获得了长足的发展：知识产权制度日渐完备、知识产权数量不断增长、知识产权保护的社会意识也逐渐增强。这三方面的发展是多层级、多方位政策支持共同努力的结果。

中国共产党第十九次全国代表大会通过了《决胜全面建成小康社会夺取新时代中国特色社会主义伟大胜利》（以下简称"十九大报告"），为实现中华民族伟大复兴、为新时代中国特色社会主义的建设提供了战略蓝图和行动纲要。党的十九大报告指出，"创新是引领发展的第一动力，是建设现代化经济体系的战略支撑"，建设创新型国家需要"倡导创新文化，强化知识产权创造、保护、运用"。创新文化是历史实践过程中创造的精神财富的总和，它包含以创新为内涵的社会意识形态以及与该意识形态相适应的制度框架和组织结构。意识形态与制度结构相辅相成，密不可分。

2017 年 11 月 4 日，审议通过的《关于加强知识产权审判领域改革创新若干问题的意见》明确提出加强知识产权审判领域改革创新，要充分发挥知识产权司法保护主导作用，树立保护知识产权就是保护创新的理念，完善知识产权诉讼制度，加强知识产权法院体系建设，加强知识产权审判队伍建设，不断提高知识产权审判质量效率，优化科技创新法治环境。

《中共中央关于制定国民经济和社会发展第十三个五年规划的建议》明确提出，要深入实施创新驱动发展战略，需深化知识产权领域改革，加强知识产权保护。《国务院关于新形势下加快知识产权强国建设的若干意见》明确指出，我国经济发展方式加快转变，创新引领发展的趋势更加明显，知识产权制度激励创新的基本保障作用更加突出，知识产权重要领域和关键环节改革上取得决定性成果，创新创业环境进一步优化，为建成中国特色、世界水平的知识产权强国奠定坚实基础。

党的十八大报告指出，我国要坚持走中国特色新型工业化、信息化、城镇化、农业现代化道路，推动信息化和工业化深度融合、工业化和城镇化良性互动、城镇化和农业现代化相互协调，促进工业化、信息化、城镇化、农业现代化同步发展。因而要实施创新驱动发展战略，实施国家知识产权战略，加强知识产权保护。在我国，知识产权保护包括知识产权司法保护和知识产权行政保护，因此，加强知识产权保护就意味着同时加强知识产权司法保护和知识产权行政保护。

党的十八届四中全会指出，要完善激励创新的产权制度、知识产权保护制度和促进科技成果转化的体制机制。党的十八届五中全会指出，深入实施创新驱动发展战略，发挥科技创新在全面创新中的引领作用，实施一批国家重大科技项目，在重大创新领域组建一批国家实验室，积极提出并牵头组织国际大科学计划和大科学工程。知识产权制度的核心就是激励创新，因而实施创新驱动发展战略离不开知识产权保护制度，离不开知识产权行政执法。《国民经济和社会发展第十三个五年规划纲要》指出，要发挥科技创新在全面创新中的引领作用，加强基础研究，强化原始创新、集成创新和引进消化吸收再创新，着力增强自主创新能力，为经济社会发展提供持久动力。《"十三五"国家知识产权保护和运用规划》指出，要显著改善知识产权保护环境，加强知识产权"双轨制"保护，发挥司法保护的主导作用，加强知识产权行政执法体系建设，完善行政执法和司法保护两条途径优势互补、有机衔接。要研究制定"十四五"时期国家知识产权保护和运用规划，明确目标、任务、举措和实施蓝图。要坚持以我为主、人民利益至上、公正合理保护，既严格保护知识产权，又确保公共利益和激励创新兼得。要加强关键领域自主知识产权创造和储备。

持续的关注与强化使行政执法成为我国知识产权保护体系的显著优势。中国国务院印发《国务院关于进一步做好打击侵犯知识产权和制售假冒伪劣商品工作的意见》，成立全国打击侵犯知识产权和制售假冒伪劣商品工作领导小组，形成由多个部门参与的常态机制。2018 年 9 月，国务院新闻办公室发布《关于中美经贸摩擦的事实与中方立场》白皮书。针对美国政府对中国知识产权保护的指责，白皮书指出，中国国家知识产权局积极构建集快速审查、快速确权、快速维权于一体的快速协同保护体系，建成了基本覆盖全国的"12330"知识产权维权援助与举报投诉网络。专利、商标、版权行政执法部门开展了强有力的主动执法，有效保护了知识产权权利人的合法权益。国家知识产权局重组后，商标、专利执法由市场监管综合执法队伍承担，执法力量得到整合与加强。

为整合与加强知识产权行政执法力量，2019 年 11 月 24 日中共中央办公厅、国务院办公厅发布《关于强化知识产权保护的意见》，对行政执法提出富有指导意义的改革方向：在加大惩处假冒行为方面，要求行政执法研究采取没收违法所得、销毁侵权假冒商品等措施，加大行政处罚力度，开展关键领域、重点环节、重点群体行政执法专项行动；严格规范证据标准，要求制定完善行政执法过程中的商标、专利侵权判断标准，推进行政执法和刑事司法立案标准协调衔接；加强监督问责，推动落实行政执法信息公开相关规定，另将行政处罚信息纳入国家企业信用信息公示系统；对行政执法引入假冒线索智能检测系统和技术调查官制度，发挥（专利、商标）远程确权审理、异地审理对行政执法作用等。为了营造良好的创新环境，需要加强知识产权保护。在知识产权"双轨制"保护模式下，加强知识产权行政执法是加强知识产权保护的应有之义。

（二）营商环境优化

我国营商环境的优化，是对以下三大诉求的回应：第一，随着"一带一路"倡议的铺开与深化，我国企业"走出去"需要他国予以营商环境优化的支持。第二，随着改革开放进入深水区，我国需要提供更加开放、包容、可持续的营商环境，例如，我国外交部发言人表示，中国正在推进的全面深化改革将为完善投资环境提供有力保障。第三，供给侧结构性改革战略的实施要求我国应为产业升级、转型提供足够的转身空间，以优化营商环境为前提，降低企业去杠杆、去产能的成本，并抵抗经济下行的风险。

营商环境优化的核心思想是"制度至关重要"，即具有更好的"制度"、更有力的产权保护、更少的政策扭曲的国家，将比不具备这些条件的国家更加富裕。如果接触过 20 世纪 80 年代的经济学思潮，接受以上观念或许存在不少难度，因为在当时，人们认为有效的经济政策应该放松价格管控并建立有效市场，具体做法包括：削弱政府公共职能、减税以及推动市场自由竞争和私营企业发展。当时的世界银行显然是这一套观念，它在应对拉美和撒哈拉以南非洲地区债务危机时，便推出了"结构性贷款"，即以减少贸易投资壁垒、私有化、去管制化和减少政府职能，作为获取世界银行贷款或援助的前提，目的在于改变部分发展中国家的宏观经济政策。很显然，经济学思潮发生转向的根本原因，是以上（针对拉美和撒哈拉以南非洲地区债务危机）的改革均未获得成功。研究者试图指出，失败原因在于发展中国家的制度、文化、法律并未能与宏观经济政策的转变相匹配，"法律转向"继而出现："如果说旧一代的发展模型认为走向增长和繁荣的路径有赖于建设有效率的市场，那么新的正统性强调的是市场本身依赖于法治。"恰逢其时，秘鲁经济学家赫尔南多·德·索托（Hernando de Soto Polar）基于对经济现状的观察（各种管制对商业开办和运营构成了巨大成本），借助他领导的秘鲁自由与民主学会推行了行政改革，采取了健全并明确产权制度、简化行政程序等措施，便利企业营商，并取得显著经济成效。

20 世纪 80 年代，对"有效市场"的崇拜，以及由此产生的"监管厌恶"，正如项目创始人贾科夫强调，在广大发展中国家，政府和官员的私利给企业的运营带来了压力，政府运作以及法律的形式主义等对企业经营活动的过度干预造成了普遍的腐败与低效。这一主张在后来稍有缓解，《营商环境报告》项目负责人奥古斯都·洛佩斯·克劳克斯（Augusto Lopez Claros）认为政府作为理性的行为体，仅在资源分配缺乏透明度、自由裁量权广泛存在等情况下，才容易导致腐败。因此，他认为应当简化监管，而非完全去监管。

直到东亚的经济增长在世界范围内引起广泛关注，各国研究者方开始为"监管厌恶"去魅。既要关注政府监管对企业可能造成的成本，也要评估政府监管维持经济平稳运行的作用。届时，知识产权行政执法与营商环境优化的联系开始紧密起来。但至今为止，世界银行发布的《营商环境报告》仍以"去监管化"或"简化监管"作为主要导向。尽管指标的构成是有意义的，它试图测定政府监管对企业运作造成的成本，但正如批评者所指出，"（《营商环境报告》）只重视监管给企业造成的成本，而忽视监管减少企业交易成本的效用"。有趣的是，批评者给出的例子恰恰关乎中国知识产权保护，学者对比中国和澳大利亚开办企业时的商标登记，指出中国商标注册时要求提交文件较多（《营商环境报告》评价更低），但却能较快防止商标重复或涉嫌侵权，因而企业在中国的营商摩擦要小于澳大利亚。对监管质量的忽视使《营商环境报告》长期受到批评，对此，世界银行《营商环境报告》撰写组也对指标构成进行多次调整。

《营商环境报告》指标的转变，印证了以下观点：应该关注的不仅是企业营商的静态成本（注册登记、资本取得、清算注销等成本），还应当关注企业在日常营商活动中，政府监管对维持经济平稳运行的作用，例如建立市场信息对称机制、规范企业行为、减少商业摩擦、快速处理纠纷等。从这一层面展开，知识产权行政执法的介入与优化，几乎是营商环境优化的题中之义。一般认为，营商环境优化与知识产权执法的关系，应从以下两个方面入手：

第一，营商环境优化的主要目的之一，是构建创新能力体系。世界经济论坛发布的《全球竞争力报告》把经济体分为三个发展阶段，有 12 个竞争力支柱项目。选取了 2015 年的全球竞争力指数指标体系，而非 2019 年全球竞争力报告指数指标体系。因为相较于 2019 年世界经济论坛对信息化的重视，我们更希望突出早些年间世界经济论坛对经济体发展阶段的研究，它向我们展示了对任何经济体而言，创新均非空中楼阁，创新能力的提高是经济体对不同要素的积累和发展的结果。"创新驱动发展战略"本质上并非对过去经济发展模式的转轨，而是提出更高的要求，营商环境优化不仅是创新驱动发展战略的阶段性目标，同时也是实现创新驱动发展的主要手段。

第二，知识产权行政执法的提振是优化营商环境、增强创新能力的不二法门。在政府对创新活动培育方面，纯粹补贴政策是否能够激励企业创新，已受到广泛怀疑。尽管政府对创新进行补贴，能够缓解企业融资渠道受限情形，但它也会反向激发企业"寻扶持"的策略性创新行为。脱离市场导向的创新活动，造成低实施率以及低经济产出，并印证补贴政策的失灵。换言之，政府补贴等经济诱因并没有在实质上改变产业的（创新）导向。这同时也激发研究者对企业决策行为的关注，"同群模仿"模型行为进入产业研究的视野。"同群模仿"是指企业倾向于模仿规模大、盈利能力强的企业决策行为。对营商环境的提升，不仅能有效促进创新能力，也可以抑制地方政府的政策补贴偏好，优化地方财政结构。其中，知识产权行政执法强度构成核心变量"营商环境"的基础指标。事实上，企业是否采取知识产权保护措施，与政府对知识产权保护的态度休戚相关。而这点，正是营商环境优化的关键。

第二节 知识产权行政执法合理性的反思

名不正则言不顺，言不顺则事不成。知识产权行政执法主体的合理性不仅仅取决于主体设置的合理性，最关键的是能够在实践中正常运作并得到人们的普遍接受和认可。我们已从应然层面对该问题予以释明：有约束的知识产权行政执法，可有效治理知识产权司法保护的失灵情形，作为司法保护的重要补充。在实然层面，知识产权行政执法若要实现前述目的，应当满足以下条件：一是低信息成本情形下，实现处理知识产权纠纷的高效能；二是有效约束知识产权行政执法的自由裁量权。那么，目前我国知识产权行政执法是否满足以上两个条件，一般认为，这是知识产权行政执法合理性反思之关键。

一、知识产权行政执法的效能

（一）知识产权行政执法体系的构成与变迁

2018 年国家机构改革以前，对知识产权行政执法"多层执法""多头执法""缺乏协调"的讨论并不鲜见。长久以来，多元分层的知识产权行政执法体系（其是我国快速发展历程的产物）为不少学者所诟病。

前面已经展现了我国知识产权制度的建立不是一蹴而就的，而是随着国内国际局势的变化以及自身发展的需求，以一种"非线性"的形态逐步建立起来的，可以将之形容为"摸着石头过河"。"摸着石头过河"的好处在于，通过减少对繁枝末节的讨论，快速且有效落实知识产权制度；弊端在于，未被仔细琢磨的枝节，会对制度运行造成实际负担。很显然，在改革开放初期，知识产权行政执法的权限配置问题，便是被忽略的枝节，同时也被视为管理部门的配套措施。

应当承认，分散管理的方式并非我国之独有，采取这一模式的国家还有阿拉伯联合酋长国、沙特阿拉伯、巴基斯坦、利比亚、希腊、埃塞俄比亚、埃及和文莱等国家。2018年国家机构改革前，涉及知识产权行政保护职能的实施主体有国家知识产权局、国家工商行政管理总局（含商标局）、商务部、国家版权局、文化部、农业林业行政管理部门、国家质量监督检验检疫总局、国家食品药品监督管理总局、海关总署等。我国知识产权行政管理机关的设置呈出多元化和多层级的特点，一方面不同类别的知识产权分别由不同的行政主体保护；另一方面各行政管理机构又分为中央和地方若干个管理层次。

知识产权局系统以国家知识产权局为最高行政机关，各省、自治区、直辖市以及省、自治区下辖的许多地级市均设立了省级和市级知识产权局。个别县级行政区划也设立了或正在筹划设立专门的知识产权执法机关。根据我国《专利法》及其实施细则的规定，知识产权局系统除履行专利审查管理和专利行政服务的职责外，还有三项具体的行政执法职权：一是处理专利侵权纠纷；二是调解专利纠纷；三是查处假冒专利行为。

我国商标管理实行的是集中注册和分级管理相结合的管理体制。根据《商标法》的相关规定，国家工商总局下设的商标局主管全国的商标注册和管理工作，与商标局平行的商标评审委员会负责处理商标争议事宜。各地工行政管理部门对商标使用行为进行监管，依职权或应权利人请求查处侵犯注册商标专用权行为。此外，工商管理部门还可以应当事人的请求就侵害商标权引起的纠纷进行处理以及对商标侵权的民事赔偿问题进行调解。

同样地，我国著作权行政管理也分为中央和地方两级。中央层级的国家版权局，其主要职责除了贯彻实施著作权法律法规、拟订国家版权战略纲要和著作权保护管理使用的政策措施以及承担著作权涉外条约有关事宜之外，还负责查处或组织查处著作权领域重大及涉外违法违规行为。地方著作权行政管理部门是各省、自治区、直辖市的版权局，它们有权查处发生在本地区的著作权侵权案件，并可以根据实际情况依职权主动查处非法出版活动和非法出版物。可见，行政查处是版权局进行行政执法的主要手段。另外，《著作权法》第五十五条虽然规定了"著作权纠纷可以调解，也可以根据当事人达成的书面仲裁协议或者著作权合同中的仲裁条款，向仲裁机构申请仲裁"。但在现行法律框架下，对著作权纠纷进行调解并没有被纳入版权局系统的职权范围。同时，与专利权和商标权的行政执法明显不同的是，版权局也不具有对著作权侵权纠纷进行行政裁决的权力。

与著作权行政执法紧密相关的还有文化部系统，包括各级人民政府文化行政部门或者经法律法规授权的其他执法机构。根据我国《行政处罚法》及《文化市场行政执法管理办法》的相关规定，这些执法主体依法对其所辖区域内的文化经营活动进行监督检查，并对违法行为进行查处。由于文化市场与著作权及其相关权利联系密切，因此国家对文化市场的监管必然会涉及著作权的行政保护问题。与著作权有关的文化市场行政执法在打击盗版、维护文化市场秩序方面发挥了重要作用。文化部门行政执法的主要法律依据除了《著作权法》的相关规定外，还有《音像制品管理条例》《营业性演出管理条例》《娱乐场所管理条例》《电影管理条例》等数量繁多的行政法规。

以上是对各知识产权行政执法主体的非完全列举，它们都有一个共性，即每个知识产权行政执法主体仅负责某一项知识产权行政执法（知识产权局除外），且由不同的法律授予其执法主体的地位。并非所有的知识产权行政执法主体均只负责一项知识产权行政执法，海关就是一个例外，它是一个综合性的知识产权行政执法主体。此外，并不是所有类型的知识产权行政执法主体都达到了县一级，例如，植物新品种行政执法主体和专利行政执法主体只到省一级农林部门和知识产权局，专利亦是如此。

被忽略的枝节，渐渐增大知识产权行政执法的负担。"多层执法""多头执法"的直接结果是产生相互推诿、逐利执法等怪相。国务院开出一剂药方，于当年设立"国家保护知识产权工作组"，由国务院副总理担任组长，工作组的成员由公安部、信息产业部、商务部、海关总署、国家工商行政管理总局、国家质量监督检验检疫总局、国家版权局、国家食品药品监督管理总局、国家知识产权局、国务院法制办等 12 个部门的负责人组成。该工作组的主要任务是建立跨部门的知识产权行政执法协作机制，加强知识产权行政执法与知识产权司法保护的衔接机制，联合督办重大知识产权案件。各知识产权行政执法主体的协同作战并非停滞于此。2012 年建立了由 15 个单位组成的"推进使用正版软件工作部际联席会议"，办公室设在新闻出版广电总局（版权局）；2013 年建立了由 30 个单位组成的"全国打击侵犯知识产权和制造假冒伪劣商品工作领导小组"，办公室设在国家工商行政管理总局；2016 年成立了由 31 个单位组成的"国务院知识产权战略实施工作部际联席会议"，办公室设在国家知识产权局。

这种"终端分散＋临时协调"的模式，构成了2018年国家机构改革前知识产权保护体系的基本面貌。尽管专项政策具有及时性、灵活性等优点，但同时也具有随意性、不稳定性等缺点。我国知识产权行政执法协调机制响应政策的号召成立快、数量多，但同样解散得也快。从过去已有的知识产权行政执法协调机制可以看出，它涉及的部门繁多，是各知识产权行政执法主体临时的简单相加。

从结果来看，机构改革前的知识产权行政执法体系，对知识产权行政执法的效能产生了以下两个不良影响。

一是影响知识产权行政执法的资源配置效能。多个知识产权行政执法主体所需要的执法资源体量巨大，分散到每个执法主体的执法资源体量又不足，这导致各执法机关的人力、物力、财力难以得到充足的保障。在执法资源配置上，各知识产权行政执法机关除了配有相应的政务、党务、财务、后勤、人事等管理和服务部门外，还要配备大量的执法装备。以主管专利行政执法的重庆市知识产权局为例，重庆市知识产权局内设有办公室、机关党委、保护协调处、规划发展处、专利管理处、法律事务处和工会委员会。其中保护协调处负责组织协调全市知识产权保护工作，推动知识产权保护工作体系建设，会同有关部门建立知识产权执法协作机制，开展相关行政执法工作以及知识产权保护宣传工作，会同有关部门组织实施《国家知识产权战略纲要》和重庆市人民政府关于创建知识产权保护模范城市的意见。办公室主要负责处理知识产权局的日常事务。机关党委主要负责政治理论、思想、组织、制度和作风建设。如果整合知识产权行政执法机关，适当减少知识产权行政执法机关的数量，那么如同保护协调处、办公室、机关党委这样的内设机构就减少了，这样会大大减少知识产权行政执法的人力成本及内设机构的经费支出。而现在的情况是，知识产权行政执法主多达28个，而这28个行政机关都设置相应的办公室、党委机关等内设机构。在执法资源固定不变的前提下，执法主体越多，其内设机构越多，消耗的资源就越多，相应地用于执法的资源就减少了。如果任由知识产权行政执法主体制度肆意发展，那么有限的财政将难以维系知识产权行政执法的人力成本、物力成本和经费支出。在此情况之下，又如何能保障知识产权行政执法的效能？除非增加财政在知识产权行政执法方面的投入。正如前文所揭示的，执法成本一旦超过处罚力度，其结果是监管弱化。

二是影响知识产权行政执法的协调效能。由于各执法主体间缺乏有效稳定的协调机制，各执法主体执法标准不一样、依据不同，从而弱化了执法的总体功能。各自为战的知识产权行政执法是我国计划经济时代部门行政的衍生物。部门行政的一个基本做法是，在横向上把行政权力分配给各个职能部门，在部门职责范围内决策与执行高度统一，自我封闭。在计划经济体制下，行政决策中枢具有计划资源配置的绝对权力，因此相对容易实现跨部门协调。但在市场经济体制下，如何实现跨部门协调是最大的难题。长期以来我国知识产权工作缺乏统筹考虑和顶层设计。各执法机关习惯于各自为战，习惯于规则制定与规则执行高度统一。以著作权、商标、专利行政执法为例，其执法依据除了相应的《著作权法》、《商标法》、《专利法》及其实施条例、实施细则外，各执法主体还专门针对其具体的知识产权行政执法制定了内部执法规则。

我们并不试图指出以上问题的产生均源于行政执法体系设置的非理性。如果把现行知识产权法律体系视作一个紧密结合的整体，训斥行政执法体系的混乱并无谬误。但是，如果把林业、信息产业、出版业视为一个紧密结合的整体，把知识产权相关执法权限从主管部门手中抽离，何尝不是对产业监管体系的破坏。因此，一般认为，法律的体系化并不应该成为执法权限体系构建的唯一评判标准，甚至不应该成为主要标准。"多层执法"、"多头执法"及其弊端，展现的并非行政执法体系设置的非理性，而是过去我们忽略了知识产权行政执法是一个超出单个部门或产业群的宏大命题，它不能通过简单叠加不同部门的执法职能加以解决，它需要我们拿出更加具有针对性的解决方案。同样的问题，不只发生在知识产权领域，根据生态环境部行政体制与人事司所统计，全国各省份涉及环境保护工作的职能部门少则 20 余个，多则 50 余个，而且普遍存在职责重叠、各自为政、难以形成执法合力的尴尬局面；自不待言，研究者也指出"此种'统分结合'的执法模式往往会导致部门之间出现职责不清、沟通不畅、多头执法之困局，严重影响到我国生态环境保护执法工作的有效开展"。作为"大问题"，知识产权与环境保护显然具有同质性，这种"同质性"体现为分散配置部门权限无法有效纾解整体问题面临的困境。从这一层面展开，知识产权行政执法效能的提升，应为知识产权行政执法机构改革的主要目标。如何同时降低执法部门的执法成本和权利人的维权成本，是机构改革的关键之所在。

（二）市场监管管理体系下的知识产权行政执法

1. 知识产权行政执法机构改革现状

国务院公布的《关于新形势下加快知识产权强国建设的若干意见》中提出"推进知识产权管理体制机制改革"，并要求基本形成"权界清晰、分工合理、贵权一致、运转高效、法治保障的知识产权体制机制"，2016 年中央深改组审议通过《关于开展知识产权综合管理改革试点总体方案》，提出管理改革试点的总体要求、主要任务和组织实施方案，并确定深圳、长沙等六个地区作为第一批试点。2018 年 3 月 18 日，国家机构改革方案获表决通过，该方案提出"重新组建国家知识产权局，将国家知识产权局的职责、国家工商行政管理总局的商标管理职责、国家质量监督检验检疫总局的原产地地理标志管理职责整合，重新组建国家知识产权局，由国家市场监督管理总局管理"。

国家机构改革方案的通过，回应了伴随着知识产权管理机制改革的两大争论：其一，应适用集专利、商标、著作权于一体的"三合一"模式，抑或集专利、商标于一体的"二合一"模式；其二，行政执法机构改革，应以国家市场监督管理总局为主体。对于"三合一"模式或"二合一"模式的选择，国内已有较为优秀的研究成果，故不在此赘述。

重组后的国家知识产权局负有监管专利、集成电路布图设计、商标、地理标记之职责，并归口于国家市场监督管理总局，其实际监管的知识产权类型有五大类；依据《国务院关于机构设置的通知》，国家版权局（国家新闻出版署）在中央宣传部加挂牌子，由中央宣传部承担相关职责。

以知识产权局统筹专利、集成电路布图设计、商标、地理标志，并由国家市场监督管理总局领导构成的统一市场监管下的知识产权行政管理机制，具有以下制度效益：

一是有效的行政执法机制。如前所述，各自独立的人事编制、组织架构、办公设施、物资调度，加大了各部门协同合作的成本，且不论对人员、物资等的调度使用，部门内部垂直的信息架构就阻绝了形成跨部门联合保护机制的可能，只能实施突击式、运动式的执法。故必须通过组织架构的重新安排，方可建立有效的知识产权行政保护机制。在知识产权管理改革试点中，深圳采用了"二合一"模式，长沙、成都市郫都区采用了"三合一"模式，尽管统筹模式不同，但各地通过统一登记信息、整合数据库后，皆成立知识产权保护中心，推动行政服务改革。深圳市成立了"创荟网"知识产权互联网综合服务平台，开展《应对 NPE 恶意诉讼指引》制订工作以应对恶意专利诉讼，并建立深圳公证处知识产权服务中心减轻诉讼成本；长沙市建立了创新驱动发展评价制度，将知识产权产品逐步纳入国民经济核算，并建立知识产权诚信公开系统。与部门间协作形成的运动式、突击式执法不同，统一市场监督下知识产权行政管理机制的建立，扫清了完善知识产权行政执法机制的组织障碍。

二是健全的知识产权行政执法队伍。统一市场监管下知识产权行政管理机制改革，从纵向和横向两方面健全了知识产权行政执法队伍。在机制改革前，除工商行政管理总局设置有垂直的统一管理体系外，其他部门的管理体系皆较为分散。以重组前的知识产权局为例，省级机关中，有 4 个正厅级行政单位／事业单位，其余 26 个大多数为副厅级事业单位，少部分为正处级行政单位／事业单位，大多数隶属于科技厅，没有独立机构和编制，少数属省政府直属单位。在重庆地区，市知识产权局属副局级事业单位，但在重庆市下属 39 个区县中，仅有 21 个设置了知识产权局，其中 17 个为与科委一个机构两块牌子，4 个为科委下属二级局，有 18 个区县在科委内设立了知识产权科室；其中仅重庆市知识产权局设置了执法队伍，各区县均无执法人员。而原重庆市工商行政管理局内设商标监督管理处负责商标的管理工作，下设直属行政单位经济检查执法局负责包括商标执法在内的有关执法工作；在区县层面，工商系统机构设置较为健全。

依据 2019 年 2 月国家市场监督管理总局发布的《关于贯彻落实＜关于深化市场监管综合行政执法改革的指导意见＞的通知》（国市监稽〔2019〕47 号），知识产权行政执法的队伍结构将产生根本性改变：①压缩执法层级。知识产权行政执法机构改革后，设区的市与市辖区原则上只设一个执法层级，对于市辖区管理，"可实行由市局向市辖区派驻分局的体制，也可以实行以市辖区市场监管局执法为主的体制"。②实行"局队合一"的管理体制。"局队合一"的要旨是改变过去"执法部门服务于管理部门"的多层级监管体制，改革思路大体两类，一是"局队分开"，农业、交通运输、城市管理、文化旅游4个领域成立独立建制的综合执法队伍，作为事业单位参公管理；二是"局队合一"，把不同部门、不同层级的执法力量直接下移至基层，市局不再承担执法职能，市场监督和环境保护领域采取此类改革，压实县（市、区）市场监管局对综合行政执法工作和队伍建设的责任。在"局队合一"框架下，组建统一的市场监管所，作为县（市、区）市场监管局在乡镇（街道）的派出机构，负责基础性监管工作，聚焦执法业务，依法行使行政处罚权。③合理设置省级综合执法体制。根据文件精神，省、自治区市场监管局（厅、委）原则上不设执法队伍，如确有必要，由省、自治区按程序另行报批。即使法律法规明确要求由省级机关开展的执法活动，也由省级市场监督部门内设机构负责，并以市场监督部门名义对外开展执法活动。

2. 知识产权行政执法机构改革评价

不同于知识产权行政执法通过行政机构改革实现执法权限相对集中，我国最早是通过"行政指令+法律授权"的方式，实现跨部门的行政执法权限集中。可以看到，在我国，行政执法权限的相对集中，事实上是对行政执法效能的升级。相对集中的行政执法体系是从专门化监管中走向综合监管体系，它改变了行政执法在专门化监管中的角色——辅助管理部门落实监管工作，综合监管体系对标的并非单个部门的职责，而是社会运作的实际秩序。例如，城市管理职能由卫生、规划、绿化、市政、工商、环保、交通等不同部门合力完成，在实际管理过程中，不同主体对城市空间的利用是否符合应有之秩序、居民之合意，对此的评判涉及不同部门的审批、规章及同意；如果发现某一主体对城市空间的利用行为违法违规，那么，对其行为的调整是否应由不同部门分别做出，以上分析已指出，"多头执法"的结果是增大监管体系运作的内生成本。然而，行政执法权限的相对集中同样存在边际收益递减的问题，如果把关联度低的执法事项集中到一个综合执法部门，其结果必然是行政执法权限的无序扩张。因此，有学者指出，"在集中处罚权的过程中，不能脱离核心职能，必须在核心职能的基础上，根据职能间关联度高低依次整合相关职能"。

知识产权基于市场交易而生，市场交易秩序与知识产权法具有高度关联性，因此，把知识产权行政执法纳入市场监督管理的经济监管板块，是一个提升执法效能的合理化方案，这一方案意图构建针对市场主体准入、生产、经营、交易的综合执法体。中央层面，国家市场监督管理总局执法稽查局负责：①指导查处市场主体准入、生产、经营、交易中的有关违法行为和案件查办工作；②承担组织查办、督查督办有全国性影响或跨省（自治区、直辖市）的大案要案和典型案件工作；③负责市场监管执法办案信息系统建设和管理工作，指导地方市场监管综合执法工作；④组织协调全国打击侵犯知识产权和制售假冒伪劣商品工作。地方层面，以深圳市市场稽查局为例，它集中监管"农业、畜牧业、食品、药品（含中药、民族药）、医疗器械、化妆品、知识产权（含商标、专利、版权、原产地地理标志）"等领域的市场活动。

令人疑虑的，并非是各级各地市场稽查局能否有效开展工作，而是在多领域综合的执法权限中，能否有效约束市场稽查局执法活动的合法性和正当性。这不仅关乎行政执法法律依据是否完善的问题，更为重要的是，这些法律依据能否形成有效约束，而不是随着执法机关权力诉求的扩大而无限制扩张。目前，知识产权行政执法机构改革正处于落实阶段，自 2018 年 3 月改革方案颁布以来，截至 2019 年 12 月底，仍属于省、市、县各级机构合并调整的阶段，各级各地市场稽查局仍处于工作开展的适应阶段，尚未产生相关实证数据用以验证，市场监督管理体系下的知识产权行政执法是否存在无序扩张之危险。但我们仍应指出，执法依据是纠正行政执法的关键之处，它是权利人维权的基础、被执法人员控诉的支撑、机构内部协调的凭据、机构外部监察的来源。因此，知识产权行政执法能否受到合理约束，是我们接下来意图澄清的问题。

二、知识产权行政执法的约束

因私权受到侵害而引起的民事纠纷应当以协商、调解、仲裁、诉讼的方式予以解决，这是现今法学界及社会各界的主流观点。故知识产权行政执法的内容，即知识产权执法部门可以介入哪些知识产权纠纷，亟待解决。

目前，《商标法》第六十条至第六十二条、《专利法》第六十条至第六十四条、《著作权法》第四十八条等法律法规，是知识产权行政执法的主要依据。对于不同法律条款的解读，学界已积累了不少成果，重复前人的工作并非我们的期待。尽管前面已指出，在应然层面，能否依据常识进行标准化处理，应为知识产权行政执法权限的基础。然而，我们仍试图检视的是：在实然层面，知识产权行政执法的范围是如何发生变化的，这一变化是否具有方向性，它能否受到合理的约束。

（一）知识产权行政执法权限的构造机理

2019 年 4 月，国家市场监督管理总局、国家知识产权局发布《2019 年知识产权执法"铁拳"行动方案》；2019 年 6 月，全国打击侵权假冒工作领导小组发布《2019 年全国打击侵犯知识产权和制售假冒伪劣商品工作要点》。两份文件是 2019 年度开展知识产权行政执法的重要指导，《2019 年知识产权执法"铁拳"行动方案》的主要任务有五项：严厉查处商标侵权（主要关注驰名商标、老字号商标、涉外商标）、严厉查处假冒专利（主要关注商场、科技企业孵化器、创业园区、网络交易平台）、严厉查处专利侵权（主要关注展会）、严厉查处地理标志侵权（主要关注生产集中地、销售集散地）、严厉查处特殊标志侵权（主要关注国际性、全国性活动）；该行动方案的重点领域有三个：电子商务领域执法、重点商品交易市场执法、外商投资领域执法。同时，《2019 年全国打击侵犯知识产权和制售假冒伪劣商品工作要点》要求重点治理的领域包括：互联网领域侵权假冒、农村和城乡结合部市场治理、进出口环节侵权假冒治理、完善外资投资企业知识产权保护。

事实上，以上两份文件关注的治理领域基本相同。当我们继续关注国家层面知识产权行政执法指导政策时，展现更多的是政策的趋同性，而非肆意性。例如，2018 年 8 月国家知识产权局发布《关于深化电子商务领域知识产权保护专项整治工作的通知》（国知办发管字〔2018〕25 号）；2016—2019 年国家市场监督管理总局持续发布《网络市场监管专项行动（网剑行动）方案》；而《2017 年全国工商和市场监管部门打击侵犯知识产权和制售假冒伪劣商品工作要点》重点整治领域仍为：互联网领域侵权假冒治理、农村和城乡结合部市场治理、中国制造海外形象维护"清风"行动。结合其他相关执法政策文件，不难发现，近五年来知识产权行政执法的重点关注领域并未发生变化，再考虑到早前"蓝天""山鹰""雷雨""天网"等专项执法活动，知识产权行政执法对同类重点整治领域的关注，可以延续至近 20 年。可以认为，这种"运动式执法"持续聚焦于特定领域，是由于知识产权行政执法不力造成的（知识产权行政执法机构改革前），因为问题无法得到有效解决；但一般认为，更具有说服力的解释是，对互联网交易、展会、农村及城乡结合部市场、对外保护等领域的持续保护，除去宏观政策的持续关注外，更为重要的是，诸此领域容易引发知识产权群体性侵权，行政执法是有效纾解群体性侵权的重要手段。

如前所述，知识产权司法保护可有效应对一般侵权，但却非群体侵权的有效应对手段；一旦群体性侵权不受约束，侵权范围扩张，将不断减少一般侵权的有效处理范围，侵蚀知识产权司法保护的效能（见图 5-1），故需以知识产权行政执法作补充，有效控制群体性侵权。尽管群体性侵权是知识产权行政执法必须予以回应的现实诉求，但是，群体性侵权却不能成为知识产权行政执法权限构造的逻辑前提。

基于模仿成本考虑，利润越大、成本越低的知识产权客体，越容易诱发不特定多数个体在相同时空范围内开展侵权活动。换言之，知识产权领域的群体性侵权，并非有组织或互有关联的不特定主体共同实施侵权行为，尽管最后呈现结果是群体性侵权发生，但它却是"去中心化"的，共同侵权人之间虽具备相同侵权行为，相互却无实际联系。因此，以群体性侵权作为知识产权行政执法介入的逻辑前提，是不恰当的：如果不同侵权人并无实际关联，却因为需要为知识产权行政执法提供介入空间，将之视为群体，是对概念的恣意使用，其结果是褪去"依法"的约束力；如果严格依照"群体性侵权"的概念构成，以不特定多数侵权人存在实际联系，且共同实施侵权行为，作为知识产权行政执法介入之前提，将难以有效解决实际困境。群体性侵权是知识产权行政执法需解决之困境，却不能为知识产权行政执法提供良好的介入动机，群体性侵权需与一个更为上位的概念紧密结合，生成知识产权行政执法的正当逻辑前提。

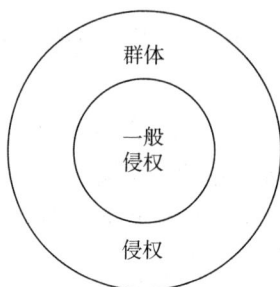

图 5-1　知识产权侵权环

公共利益的保护，可构成知识产权行政执法介入的逻辑前提。这一观点并不鲜见，例如，有学者认为，知识产权的权利体系虽以权利人为核心，但是，知识产权制度的出发点在于产出更多的智力成果由人类共享，知识产权制度只是实现这一目的的手段，它以知识产品的人为稀缺为代价，换取鼓励创新、促进文化繁荣、经济发展，因此，"知识产权不仅是私权，还涉及公共利益"。侵权行为阻碍了知识产权制度激励创新、促进文化繁荣和经济发展的实现路径，这不仅损害了知识产权人的私益，在某种意义上，也侵犯了公共利益。所以，知识产权行政部门对知识产权侵权行为的制止及处罚不仅仅是对个人利益的保护，更重要的是维护了公共利益。这里的论证困难在于，过于一般性的讨论，容易产生以下误区：公共利益构成知识产权的基本属性之一，知识产权行政部门对任何知识产权侵权行为的干涉都具有合理性。这一结论不仅容易造成知识产权行政执法权限过于宽泛，使知识产权行政执法难以发挥自身的制度效用；而且在逻辑上也难站稳脚跟，因为把公共利益与私人利益在知识产权法域中对等，是对两者划分效用最大的破坏。

正如知识产权侵权环（见图 5-1）所示，知识产权行政执法意图解决的，是知识产权领域的部分侵权问题，而非全部。如果知识产权侵权行为所导致的只是私益在不同主体之间的转移，法律之所以禁止乃是因为受益者获得利益的方法为法律所禁止。那么，侵权行为本身并不会导致私益的总量发生变化，更不会导致公益总量的减少。因此，由知识产权侵权行为引发的利益之争，应当由当事人自行解决，主权国家只需要提供一套定纷止争的标准和实现途径即可，而无须提供外部强制力，介入知识产权侵权纠纷。但是，并非所有的知识产权侵权行为都只造成了私益转移这一种后果，一个侵权行为造成多种后果的现象时有发生。例如，商标假冒既侵犯了商标权人的利益，又欺骗、误导了广大的消费者。前者被视为对商标权人私益的侵犯，后者被视为对公共利益的损害。因此，各国都严厉打击商标假冒产品，这并未有何不妥。因为商标假冒不仅切断了商标与商标权人之间的联系，而且还阻碍了商标制度功能的实现。由于部分知识产权侵权行为除侵害私益外，还产生负的外部性，造成公共利益的损害，故需要知识产权行政执法之介入。群体性侵权是典型情形之一，除此之外，如何通过"公共利益"这一上位概念，锻造出具有实际约束意义的严密逻辑体系，而非想当然认为一般且宽泛的"公共利益"即可作为知识产权行政执法的逻辑前提，是接下来本文意图论述的主要内容。

此外，还应指出，以公共利益作为知识产权行政执法介入的逻辑前提，存在些许技术障碍。私人利益与公共利益的划分，最早可追溯至罗马法，罗马法学家乌尔比安在《学说汇纂》中指出，"它们有的造福于公共利益，有的造福于私人。公法见之于宗教事务、宗教机构和国家管理机构之中"。泾渭分明的划分标准一直存在于罗马法的教义中，它形成了公法和私法的法学分类体系。尽管这种对立的分类体系已被学者诟病，例如德国法学家拉伦茨指出，"在公法与私法之间，并不能用刀子把它们准确无误地切割开，就像我们用刀子把一只苹果切成两半一样"。但它并没有破除以私人利益、公共利益为基础的私权和公权体系，这后来在我国引发了"知识产权私权公权化命题"，同时，也在美国引发了对《知识产权实施法案》的讨论，美国司法部办公室拒绝参议院加强知识产权保护的提议，因为在财政责任时代，司法部的资源应当用于公共利益，而不是去代表可诉诸现有民事救济措施的特定产业利益。对私人利益和公共利益讨论的进展，发生于 20 世纪中期。美国政治学家罗尔斯发表了《正义论》，除了著名的"无知之幕"以及"正义原则"外，他对诸多政治命题进行了延伸讨论，其中包括私人利益和公共利益的划分。罗尔斯指出，"利益，无论是个人的或集体的，最后都必须像饥饿或发痒那样，落实到个人，为个人所感觉到。换句话说，不存在不能落实为个人利益的国家利益或社会的集体利益"。按照这一标准，对特定事务的管理是否应纳入公共管理范畴，不仅在于它是否属于卫生、国防安全、基础设施建设等传统公共管理领域，还应当关注公权力介入的结果：它是否切实维护不特定多数人的利益，并经由监管活动产生正的外部效益，促进公共福祉的提升。

（二）公共利益之释明

公共利益作为知识产权行政执法逻辑前提的讨论，事实上在学界由来已久。例如，公权力对私权的介入，以损害公共利益为前提；专利权是私权但不绝对排斥公权力的介入，因为在专利制度中公益与私益是相互依存的共同的善；知识产权属于私权的法律原则在知识产权行政执法中应当得到尊重，知识产权侵权纠纷属于纯民事纠纷，行政权力不应该随意干涉，除非已经导致公共利益损害和市场秩序的破坏；行政权力介入知识产权的前提是损害了社会公共利益。以上学者都认为知识产权侵权纠纷属于民事纠纷，行政机关不得随意介入，除非公共利益受到损害。但是，他们都没有阐释何谓知识产权行政执法合理性语境下的公共利益。

早在 1884 年，洛厚德就将公共利益分为公共和利益两个方面来讨论。他对公共利益的理解，主要在于对公共利益的受益对象"公共"这一概念的理解。他认为公共利益是任何人但不是全部人的利益。为了界定任何人之利益，而不是全体人的利益，他提出以地域作为界定人群的标准。他认为，公益是一个相关空间内大多数人的利益，这个地域常以国家为单位。所以，一国之内大多数人的利益，足以形成公共利益。在该地域内，居于少数人的利益，则称之为个别利益，且必须屈服于大多数人利益之下。该观点忽略了一种情形，即其他国的人亦可跨越地域的限制而获得利益。因此，某一地域之内大多数人的利益不足以界定公共利益，因为该地域之内的人具有流变性。两年之后，纽曼对"公共"这一概念作出较为精辟的阐释，他认为"公共"这一概念应当满足"公共性原则"，也就是开放性，任何人可以接近它，不封闭也不专为某些人保留。所以他笔下的"公共"系一个开放的"不特定多数人"。

明确"利益"的概念并不容易，学界围绕其主观性和客观性进行了长久的讨论。庞德认为利益是一种主观愿望，是"人们个别地或通过集团、联合或亲属关系，谋求满足的一种需求或愿望"。人们的欲望和需求之间会发生冲突，为了解决这些冲突，法律必须对某些主张进行限制，决定其中哪些应被承认与保护，应在什么范围内加以承认和保护，以及在最小限度的摩擦和浪费的条件下给予满足。但也有观点认为利益并非纯主观的，而是主观与客观的结合，是主体对客体作出评判后所得到的价值。如德国公法学界对利益的通常理解是指一个主体对一个客体的，或是主体及客体间的关系，或是在主体及客体关系中，存有价值判断或价值评估等。法国学者霍尔巴赫也认为利益本身并不是主体的观念、需求或愿望。更进一步地，他将利益具体指向了能给人带来幸福感的事物，利益是"每个人按照他的气质和特有的观念把自己的安乐寄托在那上面的那个对象"。上述三种观点分别从主体的需要、客体对主体的意义和客体的特性三个不同的角度对"利益"进行解释，尽管各家观点不同，但都离不开对主客体的认识。综合而论，利益应当兼具主观和客观双重属性，尽管其外在表现为对客体的需要，而这种判断标准是主观的，但承载这种需要的对象是客观的。德国学者纽曼将利益分为主观利益及客观利益，主观利益是指团体内各个成员直接的利益；而客观利益则相反，不再是各个成员的利益，而是超乎个人利益所具有的重大意义的事务、目的及目标。根据纽曼的分类，这种客观利益实际上已经具备了公共的属性，已经非常接近"公共利益"的概念。

"公共"一词强调了利益主体的特殊性。在德国法上，关于公共的标准有三种观点：一是地域基础标准，认为公共利益是一个相关空间内大多数人的利益，这一地域空间以地区划分，且多以国家之（政治、行政）组织为单位。二是不确定多数人标准，纽曼将公共利益分为主观公益和客观公益，主观公益是一种基于文化关系的不确定多数人所涉及的利益，而不是基于地域关系或是其他属于阶级利益的阶级关系；客观公益即基于国家社会所需要的重要之目的及目标的公益。三是间接判断标准，提出一个"某圈子之人"作为"公共"的相对概念，两个概念之间成矛盾关系，在明确"某圈子之人"的判断标准是隔离性和少数的前提下，认为"公共"的判断标准是非隔离性和一定程度的多数。

三种判断标准各有侧重也各有不足，值得注意的是，三者均是将"公共"理解为某一限定条件下的相对多数人，可以说相对多数是三种标准的共同要求。只不过在限定条件上，应当依据地域还是文化，抑或非隔离性，三者有所出入。无论是"地域基础标准"，还是"不确定多数标准"，抑或"间接判断标准"，最终都离不开人数上的相对多数标准。

（三）公共利益的规范构造

主权国家的所有行为，包括立法、行政、司法，都以公益作为其合理性的理由及行为动机。公共利益是一个争议颇丰的概念，具有"模糊性、变动性、阐释性、适用性"等特征，在法学界长期研究及注释之下，呈现出水火不相容之态。作为一个抽象的集合，公共利益受到高度重视，它是"政府与利益相关者在利益和利益分配问题上所达成的共识"，且为构建公共政策的逻辑起点，因为它符合"抽象、简单、细胞的元素的形式、起点和终点的辩证统一、历史起点和逻辑起点相一致"五项特征，具有较强的解释力和包容度。但作为法律适用的工具，它受到广泛的诟病，在公法领域类似"公共利益"表述就多达 20 种，涉及上百部法律，含义随时空而变；在民法学界，主流学者视其为多余概念，可退出民法领域。争议的背后潜藏着公共利益的概念张力：它把与公共或准公共事务、公共职务、公共能力相关的范畴囊括其中，并将派生的义务分配给相对方，但由于其无法在概念中嵌入具体的分配方案，故难以生成稳定的内涵及外延。所以，公共利益常常被人们喻为"一个罗生门式的概念"。

相对于公法领域的讨论，对知识产权法上的公共利益的认识可能更具体一些。知识产权本质上属于私权，行政权介入私权纠纷，在一定程度上有利于私权的救济，但行政权的介入通常也会对侵权人课以更重的法律责任，因为它要求侵权人在承担民事责任之外承担行政责任。行政执法的本质是监管，监管发生在社会生活的全过程，其应当以维护和管理社会秩序为限度。用纽曼的理论来解释，鼓励创造作为一种制度目的和目标，其在本质上是一种客观公益。能否寻找到客观公益的合理化边界，是知识产权行政执法可否有效约束的关键。

学界从理论上对知识产权法中的公共利益概念进行了抽象提炼。有学者从公共利益的特点出发，认为公共利益是一个特定社会群体存在和发展所必需的、该社会群体中不确定的个人都可以享有的权利，它面向的是社会上所有人。也有学者从公共利益的主体出发，认为知识产权法上的公共利益是与知识产权人的权利和利益相对应的、不特定的、众多的、潜在的各种知识产品使用者（公众）对知识产权客体加以获取与使用的权利和利益。前者对公共利益的界定与公法学者们如出一辙，而后者则偏重于与知识垄断相对立的公众对知识产品的利用。

在知识产权领域，公共利益的外延非常丰富，甚至在不同语境下，公共利益与知识产权会站在截然相反的立场。从制度目的的角度看，公共利益与知识产权是基本一致的；从公众对知识产品的获取和使用角度看，公共利益与知识产权又是此消彼长、相互对立的；再从社会管理秩序的角度看，公共利益与私权保护并行不悖，甚至公共利益的实现需要依靠国家对私权的有效保护。公共利益还可以指向超出知识产权领域的其他利益，如他人的生命权、健康权、受教育权等基本人权。

有学者根据利益与市场经济的关系将公共利益分为两类，一是基于市场逻辑的公共利益；二是补充市场逻辑之不足的公共利益。承认知识产权为私权，充分有效地保护知识产权，属于第一种公共利益，以市场逻辑为基础；保护知识产权制度的基本公共政策目标，包括发展目标和技术目标等可归类为第二种公共利益，属于市场逻辑公共利益的补充。这种分类研究的方法颇具启发意义，既然公共利益的内涵模糊、外延宽泛，且不同语境下各公共利益的个性又十分突出，通过与行政权的关系对公共利益进行分类未尝不是一种有效的方式。

知识产权行政执法客观上是国家动用行政权力保护私人的知识产权。因此，在知识产权行政执法中，行政执法指涉的公共利益与权利人的知识产权（私权利益）应当具有一致性。根据公共利益与知识产权是否具有对立关系可以将公共利益分为两类：一是与私权一致的公共利益，包括制度目的、社会管理秩序等；二是与私权相对立的公共利益，包括公共领域、基本人权等。知识产权行政执法中所要求的损害公共利益应当是指前者，执法的目的是通过保护私权来保护公共利益。原则上，任何知识产权侵权行为都有可能破坏知识产权推动技术进步和社会发展的目标，并因此侵犯公共利益，但如果将此种意义的公共利益作为行政执法的条件，则会使得行政执法的范围太大，以至于包括所有的知识产权侵权行为，这显然不符合立法本意。我国行政改革的目标是有限政府，要求把国家权力限制在最小的范围内，国家权力只在为维护公共利益必不可少的范围内才是正当的。将一切知识产权侵权都看作对公共利益的损害并纳入行政执法的范围，不仅违背了知识产权的私权属性，也与现代行政法制的要求相悖。

因此，知识产权行政执法语下的公共利益是指市场运作秩序，原则上不包括知识产权的制度目的和长远目标。与此同时，知识产权行政执法的权能设置，应以具体侵权类型为前提，以扰乱市场秩序作为知识产权行政执法介入的兜底条款。具体侵权类型的特征为发现、识别成本更低的侵权行为，具体包括：假冒专利；假冒、仿冒商标；未经许可，复制、发行、表演、放映、广播、汇编或通过信息网络向公众传播作品等。因为，解决群体性侵权的发力点，不在于群体性侵权概念本身，而是赋予知识产权行政执法对于特定低成本侵权行为的有效制约。

这也是立法机关与执法部门试图努力的方向，但从我国立法现状看来，尚未有较为成熟的运用。《著作权法》对此做了积极的尝试。其中第四十八条规定，侵犯著作权同时损害公共利益的，可以由著作权行政管理部门责令停止侵权行为，没收违法所得，没收、销毁侵权复制品，并可处以罚款；情节严重的，著作权行政管理部门还可以没收主要用于制作侵权复制品的材料、工具、设备等。但是《著作权法第三次修改草案》直接将"同时损害公共利益"删掉了，其理由是，公共利益太抽象了，放在第四十八条形同虚设。这一点为一些学者所诟病。因为删掉公共利益这一词，著作权行政执法连形式上的限制条件都没有了。其正确的做法应当是将公共利益以立法的形式具体化，似乎《著作权法第三次修改草案》并没有这么做。与《著作权法第三次修改草案》的做法不同的是，《专利法送审稿》对公共利益予以具体化了。其中第六十条第二款规定，"对群体侵权、重复侵权等扰乱市场秩序的故意侵犯专利权行为，专利行政部门可以依法查处，责令侵权人立即停止侵权行为，并以没收侵权产品、专门用于制造侵权产品或者使用侵权方法的零部件、工具、模具、设备等，对重复侵犯专利权的行为，专利行政部门可以处以罚款"。因此，在专利法中，故意的重复侵权等扰乱市场秩序的专利侵权行为属于损害公共利益的行为，专利行政机关可以介入。

（四）树立服务型执法观念

作为知识产权行政执法逻辑前提的公共利益，关注点在于与市场运作休戚相关的社会管理秩序，知识产权行政执法希冀通过行政责任的落实，在特定市场流通领域内保障知识产权法秩序的实现。因为在特定市场流通领域内，一旦知识产权行政执法无法有效加强知识产权的保障力度，那么，知识产权法秩序、以此为基础的经济格局将难以建立并维系。有学者曾担忧，"对一方当事人的过分眷顾就可能同时损害另一方当事人的利益，从而可能使制度偏离理性轨道，继而发生政府过度侵入市场的现象"。事实上，这也是我们所担忧的问题。构造逻辑严密的立法体例，仅能解决问题的一部分：良好的制度动机，并不能断然转化为执法人员的行为动机，后者需要除法律依据外的约束观念。为有效实现这一目标，知识产权行政执法应树立服务型执法观念。

在过去的几个世纪中，国家主权观念根深蒂固，与此相对的是个人权利观念。前者认为，国家主权的原初主体就是作为一个人格享有者的国家，后者认为个人享有与国家主权相抗衡的不可让渡、不可侵犯的天赋权利。因此立法者企图以个人权利限制国家权力。在经济生活较为单一的时代，这种国家观念尚能勉强维持社会的正常运转。但是当社会经济生活变得复杂时，国家守夜人的角色往往不能满足社会的发展，因此需要拓展其职能。

国防、治安和司法不足以概括国家的功能，国家必须监督整个社会组织的正常运转，它必须防止这一系统发生哪怕是一瞬间的停滞。因此，公共服务观念取代了国家主权观念。政府的职能不再是被动的，而是被要求提供各种服务以满足公众的需求。所以，服务型政府是现代国家观念的基础，公共服务变成了国家的职能。

第六章

知识产权行政执法范围研究

第一节　知识产权行政执法范围的相关概念

一、知识产权的行政保护与行政执法

作为一个法学用语和法律术语，知识产权行政保护的概念内涵并不明确，其存在狭义与广义两种解读。狭义的知识产权行政保护，是指知识产权被侵犯后，行政机关依据权利人的申请或依职权主动保护权利人的合法权益，以维护社会正常的秩序，主要涉及行政执法。广义的知识产权行政保护，是指国家行政管理机关依据有关法律的规定，运用法定行政权力，通过法定的行政程序，用行政手段对知识产权实施全面的法律保护，其包括但不限于知识产权行政授权、行政确权、行政调解、行政执法等。知识产权行政保护内涵的两种解读并不相互包容，但各自具有其理论意义及适用范围：当提及知识产权行政保护与司法保护的关系，知识产权行政保护的效率、必要性，以及知识产权行政保护的"存废"之争时，主要涉及狭义上的行政保护；而当知识产权行政保护作为一个整体考量时，它将涉及更多的范畴，体现为一种全面保护。尽管学界对行政保护的界定有狭义与广义之分，但行政执法活动是知识产权行政保护的重要内容，这一观点已经为绝大多数学者所接受。

对于知识产权行政执法的外延，学界仍然存在不同的认识。有观点认为知识产权行政执法指的是行政机关查处知识产权侵权纠纷的行为，不包括行政调解。也有观点认为常态的知识产权行政执法包括行政查处、行政裁决和行政调解，另外实践中还存在一些知识产权执法机关的临时执法。

也有观点认为知识产权行政执法包括行政机关对知识产权在确认、管理、争议解决以及侵权纠纷查处等方面实施的全面法律保护。立法上并没有明确行政执法所指向的具体行政行为，但通过几个专门针对行政执法活动所制定的部门规章来看，在执法机关的眼中，行政执法主要指的是行政裁决、行政调解和行政查处。

如果将"知识产权"的限定去掉，从行政法学的角度来研究行政执法概念，则会发现分歧更大。有的学者认为行政执法专指行政处罚，有的则将行政监督检查和行政处罚都划入其内，也有的认为行政执法包括行政监督检查、行政处罚以及行政执行，甚至还有观点认为行政审批亦属行政执法范畴。可见"行政执法"并非一个确定的概念，它在生活实践和学术研究中的使用范围太大，以至于其能指范畴极为宽广，人们很难对它的内涵和外延作出完全一致的界定。即使特定到知识产权的行政保护中，行政执法究竟指的是哪些具体行政行为，各家观点也是众说纷纭，在不同的语境中所指向的具体内容也不尽相同。

因此，我们无意为"知识产权行政执法"界定一个统一而准确的外延，而仅是为研究的实际需要，根据行政权力对私权的介入程度以及知识产权行政保护的准司法性特点，将几种典型的具体行政行为作为知识产权行政执法活动列出并分析，具体包括行政检查、行政处罚、行政强制和行政裁决。

二、知识产权行政执法范围

知识产权行政执法范围是知识产权行政保护制度中必不可少的核心内容之一。所谓知识产权行政执法范围，也称知识产权行政执法机关的职权范围，是指国家知识产权行政主管部门及相关管理机关在遵循法定程序和运用法定行政方法的前提下，对知识产权违法行为进行查处和处理的范围。

知识产权行政执法机构改革的直接结果，是知识产权行政执法效能的增强，对其合理性的反思，要求我们严肃看待对知识产权行政执法的有效约束。但不容忽略的是，落实到每一个具体的执法案例，是具体的行政执法方式（行政检查、行政处罚、行政强制、行政裁决）作用于与知识产权相关的市场经济活动。不同行政执法方式的实施及其结果，构成知识产权行政执法的实际范围。

毋庸赘言，知识产权行政执法的范围应当由法律明确规定，这是行政合法性原则的具体体现。从知识产权行政执法的历史上看，法是优先于行政而存在的，实施执法活动的行政主体根据法律设置，并被法律赋予权限。行政合法性原则包含三方面内容：法律优先原则、法律保留原则、行政应变性原则。法律优先原则要求知识产权行政执法机关应严格以行政法规范为依据实施执法行为，不得采取任何违反行政法规范的措施。也就是说，行政执法范围止于法律规范所明确的界限，法无授权即禁止。法律保留原则在知识产权行政执法领域体现为法无禁止即自由，在执法层面，"法律"包括法律、法规和规章。法律优先原则和法律保留原则对行政执法的范围进行了严格限定，但立法者无法考虑到现实发生的每一种情况，在法律规范无法适用时，就不能要求执法机关按法律规范进行行政执法，而应当要求执法机关按公共利益原则直接表达意志，这就是行政应变性原则。

此三项原则为行政检查、行政处罚、行政强制、行政裁决等措施的施行提供了基本框架。依法执法是前提，不同行政执法方式的范围由法律、行政法规所明确，这点我们并无疑问；问题在于，在立法向执法之实然转化的过程中，存在扭曲的可能，扭曲并非断然意味着以权谋私或执法不公，执法资源配置的结构以及现实因素的多样化，同样会导致知识产权行政执法落地后的变形。片面要求行政执法的形式合法，最终观察的结果或与出发点南辕北辙，这也是行政应变性原则所强调的。于是，我们试图探析，知识产权行政执法的不同方式，是否为行政执法机关留有足够空间，以应对世情流变，有效制止扰乱与知识产权相关的市场经济秩序的行为；与此同时，能否为当事人提供足够的救济手段，通过外部（司法审查）和内部（举报、申诉）的监督措施，有效防止行政执法权限的僭越。此外，我们仍不能忽略，知识产权行政执法与民事救济、刑事司法息息相关，同一侵权行为可能存在行政责任、民事责任、刑事责任并举的情形，且不在少数。知识产权行政执法应如何与刑事司法、民事救济相协调、运作，将对知识产权行政执法的范围有实质性影响。

第二节　知识产权行政执法的方式

如前所述，我国的知识产权行政执法主要是指知识产权行政主管机关的行政查处和行政裁决行为。具体来说，行政查处包括"查"和"处"两方面内容，"查"是指行政检查；"处"是指行政制裁，主要包括行政处罚、行政强制。行政裁决则具体指的是行政机关运用行政权力解决知识产权侵权纠纷的活动。

一、行政检查

行政检查是指行政主体在行使行政管理职权时对行政相对人是否遵守法律和履行相关法律义务进行单方面的强制了解。一般认为，行政检查是一种行政事实行为，并不直接创设、变更或消灭相对人的权利和义务，因而并不属于具体行政行为。但行政检查与行政处罚、行政强制一样都具有强制性，且往往在知识产权行政执法过程中，作为前置手段发挥关键作用，因此也是一种非常重要的行政执法方式。

在主要的知识产权法律中，《商标法》最早规定了对涉嫌侵权行为的行政检查。2001年，《商标法》第二次修改时增加了关于行政检查的规定，县级以上工商行政管理部门根据已经取得的违法嫌疑证据或者举报对涉嫌侵犯他人注册商标专用权的行为进行查处时，可以询问有关当事人；查阅、复制当事人与侵权活动有关的合同、发票、账簿以及其他有关资料；对涉嫌从事侵权活动的场所实施现场检查；检查与侵权活动有关的物品。同时规定，工商行政管理部门依法行使这些职权时，当事人应当予以协助、配合，不得拒绝阻挠。《商标法》第三次修改保留了该规定，同时增加一款，在查处商标侵权案件过程中，对商标权属存在争议或者权利人同时向人民法院提起商标侵权诉讼的，工商行政管理部门可以中止案件的查处。中止原因消除后，应当恢复或者终结案件查处程序。《专利法》修改时同样规定了对涉嫌假冒专利行为的行政检查，内容基本与《商标法》的规定一致，包括询问权、现场检查权、查阅复制权、物品检查权。但从法条上看二者存在不一致的地方，如在启动条件上，工商行政管理部门可以根据已经取得的违法嫌疑证据或者举报启动，而《专利法》则只是将已取得的证据作为行政检查的前提条件。《专利行政执法办法》与《专利法》的规定也有所不同，前者提到管理专利工作的部门发现或者接受举报、投诉发现涉嫌假冒专利行为的可以进行调查，同时也规定了在专利侵权纠纷处理过程中，当事人因客观原因不能自行收集部分证据的，可以书面请求管理专利工作的部门调查取证。实际上《专利行政执法办法》扩大了专利管理部门行使行政检查权的范围。

我国《著作权法》虽然没有明确规定对涉嫌著作权侵权行为的行政检查，但其在第四十八条中规定了行政处罚、行政强制等执法方式。行政机关采取行政处罚、行政强制措施，逻辑上都要以行政检查为前提和基础，因此可以认为《著作权法》对著作权行政管理部门的授权中包含了行政检查。另外，国家版权局在《著作权行政处罚实施办法》中规定了行政检查的具体内容。著作权行政管理部门可以依职权或依申请进行行政检查，行政检查的手段包括查阅、复制与涉嫌违法行为有关的文件档案、账簿和其他书面材料；对涉嫌侵权制品进行抽样取证；对涉嫌侵权制品、安装存储涉嫌侵权制品的设备、涉嫌侵权的网站网页、涉嫌侵权的网站服务器和主要用于违法行为的材料、工具、设备等依法先行登记保存。《植物新品种保护条例》第四十一条规定，省级以上人民政府农业、林业行政部门依据各自的职权在查处品种权侵权案件和县级以上人民政府农业、林业行政部门依据各自的职权在查处假冒授权品种案件时，根据需要，可以封存或者扣押与案件有关的植物品种的繁殖材料，查阅、复制或者封存与案件有关的合同、账册及有关文件。

在检查范围上，商标行政检查范围最大，《商标法》授权工商行政管理部门可以对一切涉嫌侵犯他人注册商标专用权的行为进行检查。《专利法》仅规定了对涉嫌假冒专利行为的行政检查，《著作权法》及相关部门规章将著作权行政查处的范围限定为损害公共利益的侵权行为。从《专利法》第六十三条、第六十四条可以看出，现行《专利法》对专利行政执法部门的授权采取了审慎的态度，仅允许对假冒专利行为进行行政检查、行政强制和行政处罚。假冒专利行为与专利侵权行为二者有所交叉但差别巨大。假冒专利行为有可能，但并不一定是侵犯专利权的行为，同样，侵犯专利权的行为也并非都同时构成假冒专利行为。如此，才能比较清晰地划定侵犯私权利的民事侵权行为与损害公共利益的违法行为之间的界限。尽管在商标法领域也存在商标侵权和商标假冒两个不同的概念，但由于标的主要功能是识别商品和服务来源，如果破坏了商标的识别功能则不仅会损害商标权人的利益，同时也会损害到消费的利益，因此侵犯注册商标专用权的行为一般都具有欺骗公众的性质。正因此，有观点认为侵犯注册商标专用权的行为人与假冒商标行为人一样，都损害了社会公共利益，应当承担行政责任。专利权与之不同，一般情况下，侵犯专利权的行为不会产生欺骗消费者的结果，也不会损害公共利益。因此，将专利行政执法的范围限定在对假冒专利行为的执法上，是公共利益标准的体现。但值得注意的是，在 2015 年 12 月国务院法制办公布的《专利法送审稿》中，专利行政执法权的范围得到扩大，尤其是行政检查权的范围包括了涉嫌侵犯专利权行为和假冒专利行为。

二、行政处罚

行政处罚是指行政主体为达到对违法者予以惩戒，促使其以后不再犯，有效实施行政管理，维护公共利益和社会秩序，保护公民、法人或其他组织的合法权益的目的，依法对行政相对人违反行政法律规范尚未构成犯罪的行为（违反行政管理秩序的行为），给予人身的、财产的 、名誉的及其他形式的法律制裁的行政行为。从定义上看，行政处罚的目的既是维护公共利益和社会秩序，同时也是保护公民、法人或其他组织的私权。行政处罚是一种最易影响行政相对人的执法行为，因此对其适用条件应当进行严格限制，防止行政权的滥用。随着《行政处罚法》的出台，关于行政处罚的一些基本问题已经得以明确，特别是行政处罚的设定和行政处罚程序的规定促使行政处罚逐渐走上了规范化的道路。

知识产权行政处罚除了要遵守《行政处罚法》的规定外，还应当遵循知识产权单行法律法规的规定。作为一种高效的行政制裁手段，行政处罚在我国的知识产权行政保护中发挥着重要的威慑和保障作用，几乎所有的知识产权法律、法规都有关于行政处罚的规定。根据这些法律法规的规定，知识产权行政处罚的内容主要包括：责令停止侵权行为、责令改正、罚款、没收等。《海关法》《技术进出口管理条例》《信息网络传播权保护条例》等法律法规还规定有警告、暂停或撤销对外贸易经营许可、吊销技术进出口许可证或者技术及出口合同登记证等处罚行为。

责令停止侵权行为、责令改正等责令类执法方式最为常见，在我国《著作权法》《商标法》《专利法》《植物新品种保护条例》《集成电路布图设计保护条例》等知识产权法律法规中均有规定。依据《著作权法》第四十八条、《商标法》第六十条、《植物新品种保护条例》第三十九条、《集成电路布图设计保护条例》第三十一条等规定，行政执法部门认定侵权行为成立的，责令立即停止侵权行为。《专利法》第六十三条，《植物新品种保护条例》第四十条，《商标法》第四十九条、第五十二条、第五十三条等均规定，行政执法部门有权责令当事人改正或限期改正违法行为。值得注意的是，责令停止侵权行为、责令改正等责令类的行政执法方式并非严格意义上的行政处罚，而只是一种行政命令。行政命令与行政处罚存在较大不同，行政命令是行政机关对违法行为人发出的，要求其履行法定义务，纠正违法行为，恢复原状的作为命令，其本身并不具有制裁性。知识产权法上的这些责令类的执法方式同样没有对当事人课以新的义务，也没有对行为人的人身权利或财产权利进行限制或剥夺。不过责令停止侵权行为、责令改正等与行政处罚有着密切的联系，它们都是由当事人的违法行为所引起的，而且在实践中往往是同步进行。除了知识产权领域相关立法将二者同时规定外，《行政处罚法》也规定，行政机关实施行政处罚时，应当责令当事人改正或者限期改正违法行为。因此，责令类的执法方式与其他行政处罚方式一样，都是知识产权行政执法的重要手段。

罚款在知识产权领域的相关法律、行政法规和部门规章中也都有明确规定。根据《商标法》及其实施条例的规定，工商行政管理部门有权进行罚款的事项有五种：一是国家规定必须使用注册商标的商品，未经核准注册在市场上销售的；二是将未注册商标冒充注册商标使用，或者使用了国家禁止作为商标使用的标志的；三是将"驰名商标"字样用于商品、商品包装或容器上，或者用于广告宣传、展览以及其他商业活动中的；四是经许可使用他人商标，但在使用时未标明被许可人的名称和商品产地的；五是侵犯商标专用权的。可见商标领域行政罚款的适用范围不仅包括一般的商标侵权行为，同时也包含商标违法行为。专利领域，专利执法部门可以对冒充专利的处违法所得 4 倍以下的罚款，没有违法所得的可以处 20 万元以下的罚款。著作权行政执法部门对一些特定的侵犯著作权行为，同时损害公共利益的，也可根据情节轻重处以罚款。省级以上人民政府农业、林业行政部门为维护社会公共利益，可对品种权侵权人处以罚款，也可对假冒授权品种的行为人处以罚款。销售授权品种未使用其注册登记的名称的，县级以上人民政府农业、林业可依职权处 1000 元以下的罚款。从现行立法来看，著作权、植物新品种权领域的行政罚款范围被限定在损害公共利益之内。专利领域的行政罚款虽然没有在立法上明确以损害公共利益为条件，但其范围仅限于被认为是典型的损害公共利益行为的冒充专利行为，而不包括一般的专利侵权行为。但商标权的行政罚款范围不仅包括破坏商标管理秩序、损害社会公共利益的商标违法行为，同时也包含了全部的侵犯商标专用权的行为，可以说商标权的行政罚款范围要远大于其他知识产权领域。

没收与罚款一样，同属于财产罚。具体指有处罚权的行政主体依法将违法行为人的违法所得和非法财物收归国有的处罚形式。知识产权行政执法中，没收类的行政处罚包括没收违法所得，没收、销毁侵权物品，没收、销毁侵权工具等。没收在知识产权各个领域的法律法规中都有所体现。商标域，行政执法部门行使没收权的情形有两种：一是工商行政管理部门在处理侵犯商标专用权纠纷时，可以没收、销毁侵权商品和主要用于制造侵权商品、伪造注册商标标识的工具。二是在驰名商标保护过程中，对违反《商标法》第十三条规定使用商标的行为，工商行政管理部门可以收缴、销毁违法使用的商标标识；商标标识与商品难以分离的，一并收缴、销毁。《著作权法》第四十八条列举的八种应当承担行政责任的行为，同时损害公共利益的，著作权行政管理部门可以没收违法所得，没收、销毁侵权复制品，情节严重的可以没收主要用于制作侵权复制品的材料、工具、设备等。《计算机软件保护条例》《信息网络传播权保护条例》也有类似规定。《专利法》则仅规定了假冒专利的，可以没收违法所得。但在国家知识产权局发布的《专利行政执法办法》中，将销毁制造侵权产品，实施专利方法的专用设备、模具，销毁侵权产品、包装及宣传材料作为责令停止侵权行为和假冒行为的手段规定其中。

除了上述主要的行政处罚方式外，各知识产权单行法中也有规定其他种类的行政处罚权。例如，《商标法》第四十九条规定的撤销注册商标，第五十一条规定的责令限期申请注册，第五十二条规定的通报；《专利法》第六十三条规定的公告；《商标法》和《专利代理条例》规定的对商标和专利代理机构的警告等行政处罚等。

三、行政强制

行政强制是知识产权行政执法的重要内容，在实施过程中，行政强制也通常与行政检查和行政处罚产生关联、交错，从而保障行政检查和行政处罚的效果得到充分实现。伴随《行政强制法》的制定，有关行政强制概念及内容的争议逐渐得以平息。该法第二条规定，行政强制包括行政强制措施和行政强制执行，这也是紧密反映行政法学界理论研究的结果。根据《行政强制法》的规定，行政强制措施，是指行政机关在行政管理过程中，为制止违法行为、防止证据损毁、避免危害发生、控制危险扩大等情形，依法对公民的人身自由实施暂时性限制，或者对公民、法人或者其他组织的财物实施暂时性控制的行为。行政强制执行，是指行政机关或者行政机关申请人民法院，对不履行行政决定的公民、法人或者其他组织依法强制履行义务的行为。

行政强制措施与行政强制执行除了在实施主体、实施程序上有很大不同之外，二者的差别还体现在适用前提和目的上。行政强制措施不以相对人存在法定义务为前提，而行政强制执行则是对因行政决定而负有义务的相对人采取的行为，以相对人不履行义务为前提。行政强制措施的目的在于制止违法行为、防止证据毁损或者防止危害的发生或发展等情形，而行政强制执行的目的则是实现已生效行政决定的内容。由此可见，行政强制措施的范围由法律对行政机关的授权范围所决定，而行政强制执行的范围除了要由法律明确规定外，还受到作为其前提的行政决定的限制。在《行政强制法》出台之前，我国各知识产权单行法中曾规定大量行政强制执行的内容，随着《行政强制法》的落实，这些规定也失去了意义。从知识产权行政执法的角度看，行政强制执行的范围实际上等同于作为其前提的其他行政执法措施的范围。

知识产权领域的行政强制措施散见于各单行的知识产权法律、法规和规章中。纵观这些规定可以发现，知识产权行政强制措施中不包含针对人身的强制行为，而仅指对财产的强制措施，主要表现形式为对涉嫌侵权物品的查封和扣押。例如《商标法》第六十二条规定，县级以上工商行政管理部门可以对有证据证明是侵犯他人注册商标专用权的物品进行查封或者扣押。《专利法》和《专利行政执法办法》也规定，管理专利工作的部门可以依法查封、扣押涉嫌假冒专利产品。另外，海关也有权对涉嫌侵犯知识产权的货物进行扣留。

四、行政裁决

行政裁决是指知识产权行政管理部门依当事人的请求，依据法律的授权，对特定的民事纠纷进行审查并作出裁决，从而解决知识产权民事争议和保护知识产权权利人合法权利的活动。一般认为，行政裁决和行政调解是知识产权行政处理的两大基本方式，二者都是行政机关根据当事人的申请解决相关纠纷的行为。虽然行政调解与行政裁决都属于行政处理解决纠纷的方式，行政机关也都处于居中的位置，是纠纷主体之外的第三方，但二者还存在较大差别。首先，在启动程序上，行政调解需要双方当事人一致同意才能启动，但行政裁决只需要一方当事人向行政机关提出裁决申请即可。其次，在处理范围上，行政裁决的处理范围需要法律的明确规定，只有部分知识产权纠纷可以通过行政裁决进行处理，但行政调解则没有这些限制，其处理范围非常广泛。最后，也是最重要的差别是，二者的权力来源不同。在行政调解中，行政机关并未行使行政权力，仅仅是促使当事人友好协商，互谅互让，最终达成调解协议，过程中对当事人权利义务的分配权力来源于当事人的委托，因此调解协议本身不具有强制执行力。行政裁决的权力来源于法律授权，裁决作出后即在行政机关和当事人之间形成了新的行政法律关系，当事人对裁决不服，可以向法院提起诉讼；但当事人如果对行政裁决既不提起诉讼，也不主动执行，则作出行政裁决的行政机关可以申请人民法院强制执行。

行政处理行为长期以来都是知识产权行政保护的主要内容，通过行政权处理知识产权纠纷是我国改革开放之初设立知识产权行政保护制度之后很长一段时间的客观法律事实。正如前文所言，我国知识产权制度建立初期即面临法律文本落后、司法资源匮乏的紧张局面，司法裁决不足以应对知识产权保护的现实需求，因此国家投入行政力量以弥补司法保护的不足。进入 21 世纪之前，行政机关对知识产权纠纷的行政处理几乎构成了我国知识产权行政保护制度的绝大部分内容。进入 21 世纪之后，随着知识产权领域各单行法的修改以及相关行政法律的出台，我国知识产权行政保护制度的基本路径开始由以行政处理为核心转变为以行政查处为核心，行政机关的行政检查权、行政处罚权、行政强制权等执法权得到加强，行政裁决在行政执法中的地位相对弱化。

就我国现行的知识产权各单行法而言，有关行政裁决的规定仍然广泛存在。除《著作权法》外，《商标法》《专利法》均授权行政管理部门可以依据当事人申请对侵权纠纷进行裁决。例如《专利法》第六十条规定，专利侵权引起纠纷的，专利权人或者利害关系人可以请求管理专利工作的部门处理。当事人对管理专利工作的部门处理不服的，可以在十五日内向人民法院起诉，侵权人期满不起诉又不停止侵权行为的，管理专利工作的部门可以申请人民法院强制执行。《专利行政执法办法》也细化规定了管理专利工作的部门对专利侵权纠纷的处理。另外，《专利法》第五十七条、第五十八条还规定了国务院专利行政部门对专利强制许可费用的裁决权。《商标法》第六十条也规定，针对侵犯商标专用权的行为，商标注册人或者利害关系人可以向人民法院起诉，也可以请求工商行政管理部门处理。我国现行《著作权法》对行政机关执法的授权是比较克制的，仅规定了在损害公共利益的情况下行政机关可以行使行政查处权，并未授予其行政裁决权。但《著作权法》最新修法的态度似有所转变，《著作权法第三次修改草案》第三十八条规定，由著作权行政管理部门主持制作的调解协议具有法律拘束力，一方当事人不履行调解协议的，另一方当事人可以申请人民法院司法确认和强制执行。若行政调解协议具备法律约束力可以强制执行，则其效力与行政裁决几无差别。该修订草案的规定赋予了行政调解协议过高的法律效力，不符合行政调解的性质，其正当性仍有待商榷。

第三节　知识产权行政执法的限制

一、知识产权行政检查的性质认定

如果超越知识产权法视域观察行政检查，最引入注目的，无疑是行政检查的性质，因为行政检查如果可以认定为一种独立的行政行为，当事人可就行政检查本身向法院提起诉讼。有趣的是，对行政检查的性质认识，是从行政检查与行政调查之间的区别开始谈起的。乍一看，对两者（行政检查、行政调查）的讨论似乎是一种引经据典的辞藻游戏，行政法学研究对两者关系形成"同一说""检查涵盖调查说""调查涵盖检查说"，从逻辑上而言，任何两个相似的概念都可以归纳出以上三种关系，并且，"登记、检查、传唤询问、现场勘查、检查、鉴定、盘查"等手段均可见于行政检查与行政调查。但在对两者讨论的过程中，学者们试图通过区分行政检查与行政调查，构建一个部分可诉、部分不可诉的二元结构，例如，有学者认为，行政检查权须经法律特别授权，行政调查权则必然包含于行政管理权中；行政检查属于行政处理行为，直接产生法律后果，而行政调查属于准行政行为，并不直接产生法律后果。二元结构的构建，是为了解决行政检查的性质认定困难，这点以下将详细描述；然而，区分两者的理论困难，无疑会冲淡区分两者的预期效果，故接下来，我们仍将行政检查与行政调查视作一个整体加以讨论。

目前，对行政检查性质认定，主要有三种学说："事实行为说"认为，行政机关在管理活动中作出的检查行为仅以影响和改变事实状态为目的，只涉及程序权利和义务，而与实体权利和义务无关；"中间行政行为说"认为，行政检查是行政主体的某一行政行为的中间阶段，一般情况下不作为独立的行政行为出现；"程序行政行为说"则认为，行政检查本身是一种独立的行使行政职权的程序行政行为，它直接产生行政程序法律关系，引起该行政程序的运行，并对行政实体法律关系产生间接作用或影响。从以上三种学说可以直观看到，如果认定行政检查是纯粹的事实行为，行政检查便不具有可诉性；但"事实行为说"的困境在于，作为事实调查手段的行政检查，是行政决定、行政处罚的必然前提，行政检查与特定法律后果紧密相连，并且，行政检查至少会直接产生以下几方面法律效果：第一，行政调查机构拥有调查职权，被调查人有配合的义务，如果不配合则会引起不利的后果；第二，有些特定的行政调查方法直接关系到相对人的人身自由权、住所控制、信息保密、隐私权或商业秘密等。因此，更为广泛的认识是，行政检查是"实现某种行政目的的程序性活动"，例如，韩国《行政调查基本法》第二条便规定："所谓'行政调查'，是指行政机关为了收集决定政策或者履行职务所必要的信息或资料，进行现场调查、阅览文书、抽样等或者责令被调查对象提交报告或要求提交资料以及责令出席、进行陈述等的活动。"

结合知识产权法，一般认为，作为程序性活动的行政检查，不应认定为具有独立意义的行政行为，原因有二：其一，"调查—决定—执行"构成一个行政过程的链条，行政检查是首要的程序环节，对行政执法约束的目的绝非阻却行政执法的有效运行，对行政检查的横加干涉，最有可能造成的后果是，被检查人蓄意阻扰行政执法的进程；其二，行政检查总与特定行政行为相关联，如行政决定、行政处罚、行政强制的作出，需以行政检查知悉事实作为前提，对行政检查可能出现的程序性瑕疵，可在事后对特定行政行为的司法审查一并解决。这一思路也应用于不少国家的立法例中，例如《德国联邦行政程序法》第十条规定，"如果没有关于程序形式的特别法律规定，行政程序不受确定形式的拘束。行政程序应当简单、合乎目的和迅速地进行"。"在《日本国宪法》下，作为对行政行为的统制，当程序不完备成为撤销诉讼中的指控目标时，作为被告行政厅的抗辩，或者有时作为法院对行政厅的支持逻辑，则称行政厅对采取何种程序具有一定的裁量权。"然而，我们还应当指出，如果行政检查不应认定为具有独立意义的行政行为，可能造成的后果是：行政程序法体系的不协调。正如我们后文将要提及的，行政强制同样属于行政程序的一类，但由于该行为对当事人权益影响较大，《行政强制法》第八条第二款规定，"公民、法人或者其他组织因人民法院在强制执行中有违法行为或者扩大强制执行范围受到损害的，有权依法要求赔偿"。那么，同样作为程序性活动，行政检查为何不视为单独行政行为？在这点上，做到逻辑贯通是困难的，也正因如此，行政法学界试图区分行政检查与行政调查，试图把产生强制性法律后果的检查行为在行政检查内部进行分离，形成二元的责任认定结构。对此，我们并无更高明的解释，在我国尚未制定《行政程序法》的前提下，行政检查不视为独立行政行为，存在较高可行性。在知识产权领域中，强调这点尤为重要：是否进入市场流通以及具体流通环节，是知识产权行政执法重点关注之对象。这一过程必然涉及对被检查人经营场所、账目的调取或询问，如果在此设置程序障碍，行政执法可能实现之效果将大打折扣。

二、知识产权行政处罚裁量基准的完善

行政处罚是典型的行政行为，随着行政诉讼制度的完善，对行政处罚的司法审查控制，无论是从制度研究还是从公民意识培养方面，已呈现出羽翼渐丰之态势。或因于此，对行政处罚的限制方式已逐步从事后救济转向事前规范，"行政裁量权基准，已成为行政机关对裁量权的行使进行自我约束、自我规制的一种重要的制度创新，并引起了中国行政法理论界与实务界的共同关注"。

行政裁量基准，是对行政裁量权力的调整，有学者指出，"只要公职人员权力的真实界限准许其在可能的作为或不作为方案中任意地作出选择，那么他就有裁量权"。这种真实界限准许的自由选择空间，既存在于事实查明部分，也存在于把确定的标准运用到事实上的过程，故制定行政裁量基准，既应是程序的，也应是实体的。但在一般语境中，行政处罚裁量基准的制定者与研究者更为关注实体层面的标准生成；从各地实际制定的裁量标准来看，对"（严重、非常严重）情节"的细化以及对术语内涵的厘定，是执行标准制定的主要目标。故有学者提出，（行政处罚）裁量基准的技术构造主要包含"情节细化"和"效果格化"两个层面，呈现出一种"事实—效果"的完整结构。

此外，德国理论界素将裁量基准视作行政规则的一种。行政规则是指上级行政机关向下级行政机关、领导对下属行政工作人员发布的"一般—抽象"的命令，而制定行政规则的主要目的，是控制下级机关或执法人员对不确定法律概念的解释，判断余地的运用以及裁量权的行使。配套规范文件的公示，行政处罚裁量基准的制定使行政相对人可感知行

政处罚的具体运作过程，裁量基准在规范行政处罚权力的同时，也丰富了行政处罚的可诉性，符合法治政府的形式要件。与此同时，裁量基准的制定也纾解了行政诉讼的部分困难。有学者指出，不少法官认为"法律法规不健全，标准不好掌握"是行政审判难的原因。

目前，各省出台的行政处罚裁量基准的规范文件，是省级各地级市（或省厅级主管部门）制定各市（或各部门）行政裁量基准的主要依据。这一立法现状导致的结果是，各地执法部门制定执行标准时，或依据地级市制定的行政裁量基准规范文件，或引用省厅部门制定的自由裁量权适用规则，或兼具之。

有学者将之分类为"指导性行政裁量规范"和"裁量性行政规范"，并建议为避免规范之间的隐性冲突，应对行政裁量基本规范文件进行备案审查。同时，应当注意的是，这种分类并未实际应用于规范文件的制作过程，尽管有学者提出制定《行政裁量权基准制定程序暂行条例》的建议，要求以国家战略的高度规范行政裁量权问题，但截至今日，行政处罚裁量基准的制定仍由省级政府主导，故各省市差别较大。

总体看来，知识产权行政处罚裁量基准的制定是具备可适用性的，这一点将在知识产权行政执法机构改革后越发彰显。待知识产权行政处罚裁量基准频繁适用后，行政主体与行政相对人之间的有效博弈，会提高裁量基准的理性化程度，并积极寻求各方利益的平衡点。我们关注的是，一旦裁量基准获得普遍适用，知识产权行政处罚将陷入形式化之网，存在处罚僵化之可能。

由于各级机关制定的行政处罚裁量权基准文件不属于国家或地方立法，仅可视为地方行政机关的内部法规，故对裁量基准的逃逸，本身便属于一种行政裁量行为，由行政执法部门作出，便可发生效力。因此，讨论裁量基准逃逸的意义不在于可否逃逸裁量基准，而是如何逃逸裁量基准。以行政执法机关内部集体讨论的方式作出决议，在个案中逃逸裁量基准，是目前各地的现行做法。

我们承认，在方兴未艾之际，提倡对知识产权行政处罚裁量基准的逃逸，多少有些不合时宜。行政处罚裁量基准的适用，必然是一个规则习惯化的过程，即执行标准在反复适用的过程中，在执法人员的脑海里，转化为有效知识，指导执法活动的展开；如果在适用期间，"逃逸"成为常态，裁量基准的适用将产生困难，因为执法人员更习惯于提交变更执行的报告，而非依据裁量基准开展行政执法活动。因此，"以适用为原则，以逃逸为例外"应当是知识产权行政执法处罚裁量基准适用的前提。

在此前提之下，我们对裁量基准逃逸的关注，源起于行政裁量权规范的功能理解。"约束裁量权"无疑是制定行政处罚裁量基准的原生动力，但是，约束"裁量权"的智识资源是什么？换言之，由谁以何种方式制定执法标准，可使之更贴合现实之需求，有效缓解裁量基准可能造成的僵化。一般认为，裁量基准不同于法律、法规的制定，它的有效性并非依靠抽象的规则意识、严密的逻辑体系，以及对宏观命题的充分考量；相反，裁量基准的有效性只源于经验知识，这种经验知识又来源于制定者对世情的理解，以及洞悉被处罚者对执行标准可能作出的反应、心理。这种经验知识的产生与积累只能来源于执法活动本身。这是我们看重裁量基准逃逸的原因。通过报请局长决定或委员会（通常为党委）讨论，裁量基准与现实之间的冲突将呈现至执法部门决策者的手中，而不仅停留在执法人员的口头抱怨；相同问题的频繁出现，会促使行政执法部门的决策者形成有效关注，促进裁量基准的修正。结合知识产权行政执法机构改革，"局队统一"后，执法力量已下移至基层，市级监管机关有能力、有条件对诸如裁量基准等规范问题进行调研，进而调整。

三、行政强制的程序性控制

相较于行政处罚，行政强制要更为微妙。一方面，行政强制措施存在与行政处罚相似的强制措施（查封、冻结财产、扣押），两者区别在于，行政强制是"暂时性控制的行为"；另一方面，行政强制措施却是行政执法的程序，而非行政执法的结果，正如学者所言，"决定过程中的程序，是在有关裁量的传统理论中不曾意识到的领域"。这意味着，对于行政处罚的控制措施并未因结果相似而自动作用于行政强制。目前，对行政强制的约束体现为两方面：首先，行政强制已明确赋予行政行为之性质，《行政强制法》第八条规定，"公民、法人或者其他组织对行政机关实施行政强制，享有陈述权、申辩权；有权依法申请行政复议或者提起行政诉讼；因行政机关违法实施行政强制受到损害的，有权依法要求赔偿"。其次，行政强制措施还存在程序性控制，例如《行政强制法》第十八条规定了审批、身份明示、通知到场、告知理由、制作笔录等程序性要求。

细化程序无疑是知识产权行政强制应完善之方向。以《行政强制法》第十八条为基础，可细化行政强制的程序适用情境。然而，相比起特定程序的细化，我们更为关注行政强制的适用范围。知识产权客体具有无形性，只要是同一主体生产的，产品的流通范围即有可能成为行政执法部门查封、扣押的对象；由于行政强制措施的施行，不以侵权事实认定为前提，只要存在知识产权侵权之可能，当事人不配合查处或存在转移涉嫌专利的可能，即可查封或扣押。两者的有效结合，使知识产权行政强制，可能实现的强制性效果或许更甚于行政处罚。

如果某一商家特定产品流通于各省，仅因存在知识产权侵权之虞（如商标侵权），由于拒绝向行政执法部门提供产品信息或商业账本，行政执法部门便认定其存在转移证据之风险，全面查封可能侵权之产品，关停各省门店或禁止商品流通，对于当事人而言，无疑是巨大的打击。毫无疑问，以上推测是建立在行政执法部门可能恣意使用行政强制的前提之下，包括特定竞争对手与行政执法部门串通，恶意打击竞争对手，本质上是对行政执法部门的不信任。考虑到行政强制受到约束之少、强制效果之强，一般认为，这种不信任并非源于单纯的恐惧。有效的预防手段，源于行政强制本身："局队合一"的执法体系，把行政强制之效力约束至区县一级，由单一行政执法部门实施省级规模的行政强制，既不具备相应的执法权限，资源配置也难以支持。

第四节　行政执法与刑事司法的协调衔接

知识产权行政执法意图维护的公共利益，应属市场平稳运行之秩序，这与《刑法》分则第三章意图实现的规制目标不谋而合。具体到知识产权领域，则体现为《刑法》第二百一十三条至第二百二十条之规制，对比《商标法》第六十条至第六十二条、《专利法》第六十条至第六十四条、《著作权法》第四十八条之内容，不难发现其重合之处：假冒商标、假冒专利、复制作品、出版图书、发行录音录像、假冒美术作品以及相关销售行为。两者背后的判定机理，正如前文所述：知识产权侵权判定仅在知识产权客体相同时特别有效，同时，这也是假冒利润最高、危害最大之情形，应加强规制。然而，对相同行为的规制，意味着行政执法与刑事司法的"交叉""交错"，两法衔接的问题由此产生。

一、行政执法与刑事司法之区别

行政执法与刑事司法的基本区别在于规制后果。与行政执法相比，刑事司法是一套富有历史的社会治理系统。仅"犯罪"本身，便富有宗教、伦理和道德含义。"罪"首先作为观念存在，"罪"是世俗的，是公权力予以严厉处罚之因；"罪"也是宗教的，是触犯禁忌的结果，以及履行宗教义务之因，据《新约·罗马书》记载，"因为世人都犯了罪，亏缺了神的荣耀"。以"罪"为前提，"世俗"和"宗教"发展出两套不同的义务体系。

它们或有重叠、融合与冲突，冲突的部分构成人与神、实证法与自然法的争议，也是诸多法理学家对古希腊悲剧《安提戈涅》乐于进行的讨论。我国古代黥刑便是这种观念力量的现实体现，昭示罪行（无论具体犯罪类型）可在"犯罪者"与"良民"之间锻造出无形的墙，对"犯罪者"融入正常社会造成障碍，因为个体很容易意识到，有罪者是破坏现有安定生活的风险因素，对风险规避的意识为个体创造有意疏远的行为动机。虽然在我国法制史上，清末光绪三十二年修订的《大清律例》已将黥刑废止，但随着现代社会中个人档案的建立，刑事案底制度的建立，依然发挥着"罪"的观念力量，对犯罪者在社会中实现个人进步造成障碍。

相较于"犯罪"，行政处罚的含义要相对单调。行政处罚是行政机关实施行政管理附随的强制性力量，它并未蕴含着某种道德观念，也甚少引起除直接后果外的广泛社会影响。而在直接后果方面，刑事司法的严厉程度无疑甚于行政执法：依据《刑法》第二百一十三条至第二百二十条，知识产权犯罪最高刑事处罚为"处三年以上七年以下"；反观《行政处罚法》，其处罚结果主要有警告、罚款、没收、责令停产停业、暂扣或者吊销许可证、行政拘留。

规制后果的不同，直接造成行政执法与刑事司法存在层级差别。针对同一种知识产权侵权行为处以行政处罚，抑或启动刑事司法程序，对当事人造成影响有云泥之别，后者无疑是更为严厉的规制手段。过去，刑法学界强调，区分"行政不法"与"犯罪"的依据，是侵害的法益以及立法目的的不同。然而，由于刑事司法与行政执法对于知识产权侵权行为的规制极为相似，如果针对同一行为，行政执法与刑事司法均按照同一概念体系获得理解，仅要求在立法目的上作出区分，那么，某一主体受到刑罚而非行政处罚的合理解释，与其说是侵害法益的不同，还不如说是个体的不幸。因此，更具说服力的理解是，行政不法与犯罪存在相互"包容"之关系，行为人构成特定行政不法行为是其构成犯罪的必经阶段和必要步骤。此时，一种持续而隐秘的动机贯穿于（知识产权领域）行政执法与刑事司法讨论的始末：试图区分知识产权行政执法与刑事司法的适用范围，以确定适用之层级。

例如，《刑法》第二百一十七条规定，侵犯著作权罪的情形之一为"未经著作权人许可，复制发行……"其中，对"复制发行"如何理解曾在学界引起广泛讨论，不少学者提出《刑法》规定的"复制发行"不应沿用《著作权法》的相关规定，《刑法》第二百一十七条规定的"发行"应指"批发"，与《刑法》第二百一十七条规定的"销售"（直接向个人销售）相区分。这种对"复制发行"术语解读的刻意割裂，可以从试图区分行政执法与刑事司法的努力中获得理解；否则，它更像是对《著作权法》的误读，以及区分部门法造成的理解隔阂。为理论争议画上句号的，是法律解释文件的出台。2011年"最高人民法院和最高人民检察院"出台《关于办理知识产权刑事案件适用法律若干问题的意见》第十二条规定，"'发行'，包括总发行、批发、零售、通过信息网络传播以及出租、展销等活动"。

结合"最高人民法院和最高人民检察院"于2004年发布的《关于办理侵犯知识产权刑事案件具体应用法律若干问题的解释》、2007年发布的《关于办理侵犯知识产权刑事案件具体应用法律若干问题的解释（二）》，知识产权刑事司法已初步建立起独立的规范体系。这一规范体系，受到国际层面的认可。TRIPS第六十一条就规定："各成员应规定至少将适用于具有商业规模的蓄意假冒商标或盗版案件的刑事程序和处罚……"由该条可以看出，"蓄意"是承担刑事的主观要件，"具有商业规模"是承担刑事责任的客观要件，其范围仅涉及商标和著作权。在对"商业规模"的界定中，罪与非罪的临界点构成了知识产权刑事责任的门槛。

因此，依据现有司法解释，知识产权刑事司法获得一个更窄于行政执法的适用范围

（见图6-1），仅符合知识产权犯罪构成要件的侵权行为，方落入刑事司法的规制范围。有学者将之称为"行政不法事实与犯罪事实层次性理论"，该理论意图表明，对于形式上相同或相似的不法行为，依据其危害社会程度的区分，存在两种相互独立的"法律事实"：一是"行政不法事实"；二是"犯罪事实"。行政不法事实并不能直接、自动转化为"犯罪事实"，两者在证明对象、调查取证方式、事实认定标准方面均存在实质性差别。首先，在证明对象方面，依据《关于办理侵犯知识产权刑事案件具体应用法律若干问题的解释》，假冒商标的"非法经营数额在五万元以上或者违法所得数额在三万元以上的"或者"假冒两种以上注册商标，非法经营数额在三万元以上或者违法所得数额在二万元以上的"，方构成《刑法》第二百一十三条规定的"假冒商标罪"；而依据《商标法》第六十条之规定，只要认定侵权行为成立，即可处以行政处罚。其次，在调查取证方面，行政调查是行政人员对相对人的某一行为所进行的简便快速的调查活动，与刑事侦查活动相比，行政调查既不需要经过较为严格的内部审批或者上级审批，更不存在由检察机关主持的司法审查，而可以直接由行政人员自行进行调查取证。再次，规制后果的不同，使得法律对非法取证行为采取了不同处理态度，行政诉讼中的非法证据排除规则在适用上受到较为严格的限制，需要达到"严重侵害他人合法权益"，方排除适用；而刑事侦查中，侦查人员没有依法录音录像、没有在法定场所进行讯问等非法取证行为，法院都会无条件地适用排除规则。最后，在证明标准方面，行政不法事实的认定与民事诉讼的证明标准相似，以"高度的盖然性或可能性"或"清晰和令人信服的证明"作为证明标准，而犯罪事实的认定需要达到"排除合理怀疑"的程度。

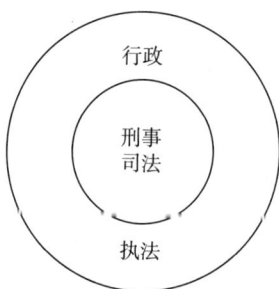

图6-1　行政不法事实与犯罪事实层次性理论

二、我国知识产权行政执法与刑事司法的衔接

行政不法事实与犯罪事实层次性理论强调了一个基本事实：行政不法事实不能直接、自动转化为犯罪事实。这意味着知识产权行政执法与刑事司法的衔接至少存在以下两点障碍：以罚代刑的可能，以及行政执法移交刑事司法时的证据转化问题。

（一）以罚代刑的困境与纾解

行政执法和刑事司法规制后果的不同，使得行政执法移交刑事司法的过程存在较大的寻租空间。受处罚者躲避刑事责任的主观诉求，以及执法人员对事实予以认定权限，是"以罚代刑"现象产生的直接动因。为抑制受处罚者与执法人员的"台底交易"，我国《刑法》第四百零二条规定了"徇私舞弊不移交刑事案件罪"。从现有案例来看，舞弊行为方式多为以下四种：一是制作虚假的损害后果证据材料。执法人员在现场调查中故意降低违法行为造成的损失后果，制作虚假的危害后果证据，使违法行为处在刑事案件标准之下。二是伪造言词证据。执法人员与被处罚对象串通，让其改变证言，通过虚假陈述虚构案件事实，制作虚假笔录，逃避刑事处罚。三是故意分割违法行为及后果。执法人员利用事实认定之权力，将被处罚对象的犯罪行为和危害后果进行人为分割，把犯罪由大化小、由整化零，把部分"违法"事实认定为合法行为，使某个案件达不到刑事处罚标准。四是不主动串联违法行为。执法人员故意隐藏部分的违法事实，不主动串联过往违法行为的方式，使以违法次数作为犯罪准入标准的行为达不到入罪标准。

以上几种行为均属于利用行政调查之职权，歪曲行政不法事实，使之低于刑事司法之门槛。由于《行政处罚法》要求行政处罚需由两名以上执法人员共同作出，如需歪曲事实并构成"徇私舞弊不移交刑事案件罪"，除个体的恣意妄为外，无疑也是行政执法部门内部监管失效的结果。这一点从原案暴露成因中不难发现：大量"徇私舞弊不移交刑事案件罪"的犯罪案件是经由刑事案件管辖机关、上级机关、同级别其他机关重新调查时查获。而内部监管失效之原因，则多源于行政级别提供的职务便利、地位优势，大量"徇私舞弊不移交刑事案件罪"的犯罪人员均为基层部门负责人，如正副所长或正副科长等，直接负责调查行政违法行为，并且对处理意见有主导决定权。这是有趣之处，如前所述，行政执法的层级架构不同于司法保护的对抗式诉讼，执法部门内部的上下级关系是指令性的，内部人员关系的不平等导致的结果之一，便是弱化下级对上级的监管；但同时，如果基于内部监管考虑，建立下级与上级之间的对抗关系，将会削弱行政秩序的效能，其结果是不可欲的。因此，《最高人民法院、最高人民检察院关于办理渎职刑事案件适用法律若干问题的解释（一）》第五条明确规定，"以'集体研究'形式实施的渎职犯罪，应当依照刑法分则第九章的规定追究国家机关负有责任的人员的刑事责任。对于具体执行人员，应当在综合认定其行为性质、是否提出反对意见、危害结果大小等情节的基础上决定是否追究刑事责任和应当判处的刑罚"。换言之，"被命令"成为具体执行人员的减轻或免除刑罚之事由，尽管可预见这一规定会降低多名执法人员之间的相互制约，但它仍尊重行政秩序的指令性关系。

如果说有效抑制"以罚代刑"的合理化途径是增强行政执法的内部监督，那么，其难度在于，内部监督的增强如何在不打破行政执法固有的指令性关系的前提下进行。一般认为，解决的出路在于行政责任制度的完善。责任的产生与身份地位紧密相连，它是由社会客观环境与个体主观认知共同塑造，体现了社会体系中横向分工位置（群体）和纵向分工位置（等级）的共同作用。帕森斯认为在社会结构中，"责任是一种政治和社会资源，它关联着其他社会行动资源的可得性和可控制性，塑造着社会行动的情境边界及其范围，影响着行动的强度和展开方式"。帕森斯对责任的解读，展现一种更为立体的责任观。过去，我们很容易认为，行政执法活动的"责任"意味着对执法人员不法活动的控制及其不利后果的承担，故通常将之称为"追责制"。我国古代西周时期《尚书·吕刑》便有记载"五过之疵"，即"惟官、惟反、惟内、惟货、惟来，其罪惟均，其审克之！"，意思是说，法官审判案件，如因依仗权势、私报恩怨、暗中牵制、敲诈勒索、贪赃枉法，以致影响案件正确处理的，要处以与所断罪相同的刑罚。割裂责任与权力的关系，造成的结果是制度运行的低效，这一现象首先在司法领域被集中讨论，"审者不判、判者不审、判审分离"的"怪象"被频频提出。在执法人员没有获得相应审判自主权的前提下，单凭行政意志或者政策而迫使其承担刑事责任，不仅有违法律运行规律，还会导致执法人员在行政执法过程中产生"隐形抵抗"。为此，2019年2月发布的《市场监管总局关于贯彻落实'关于深化市场监管综合行政执法改革的指导意见'的通知》（国市监稽〔2019〕47号）强调要"建立健全责任追究和尽职免责制度""为想干事、敢干事、干成事创造条件"。

有学者认为，"刑事优先原则"的确立导致行政执法机关的考核利益与经济利益受到拖累，"行政执法部门因自身利益，常常将大量应移送的案件只作为一般的行政违法案件予以行政处罚结案，以罚款代替刑事制裁，使多数涉嫌犯罪案件在行政执法程序中消解"。我们并不否认该现象存在之可能性，但从避免该现象发生的意图来看，有效避免机关触犯"徇私舞弊不移交刑事案件罪"的方法，并非拒绝适用"刑事优先原则"，而是改变行政执法的考核指标，将移交刑事司法案件一并视为结案处理。

（二）完善行刑衔接的证据规则

最高人民法院、最高人民检察院、公安部、司法部联合出台的《关于办理侵犯知识产权刑事案件适用法律若干问题的意见》，其第二条规定，"行政执法部门依法收集、调取、制作的物证、书证、视听资料、检验报告、鉴定结论、勘验笔录、现场笔录，经公安机关、人民检察院审查，人民法院庭审质证确认，可以作为刑事证据使用"。这开启了我国行刑衔接证据完善的先河。在此之前，行刑衔接仍停留在程序规范层面，在《关于办理侵犯知识产权刑事案件适用法律若干问题的意见》后，其新增第五十二条第二款规定，"行政机关在行政执法和查办案件过程中收集的物证、书证、视听资料、电子数据等证据材料，在刑事诉讼中可以作为证据使用"。

试图说明行刑衔接证据移交的正当性并不困难：侦查机关对同一案件作出刑事立案决定后，如果对行政执法部门在执法过程中搜集的实物证据弃之不用，无疑是一种浪费。然而，回到前文提及的行政不法事实与犯罪事实层级理论，两者在证明对象、调查取证、证明标准三个方面均存在实质性区别，如果把行政执法收集证据直接转化为刑事案件证据，是否会造成刑事司法的适用障碍，这在我国曾引起广泛讨论。基本达成一致的认识是：实物证据稳定性较强，无论适用行政处罚程序还是刑事侦查程序，其外观、形态、数量、内容都不会发生实质性变化，并且两种程序对实物证据的提取程序基本一致，对实物证据没有必要再重新进行调查取证，也没有必要进行"证据转换"活动。至于实物证据的范围，基本囊括了物证、书证、视听材料等，即《刑事诉讼法》第五十二条第二款明确列举的证据类型。考虑到《关于办理侵犯知识产权刑事案件适用法律若干问题的意见》第二条还列举"检验报告、鉴定结论、勘验笔录、现场笔录"等证据类型，需要进一步探讨行刑衔接的证据转化问题。

如果对行刑衔接的理解仅停留于文本，我们很容易认为，行刑衔接的证据规则问题，试图规范行政执法部门向刑事侦查机关移交证据的行为。但是，从实务的角度出发，一件知识产权侵权纠纷，如因达到刑事犯罪门槛而移交至刑事侦查部门，必定是整份案卷移交，将行政执法阶段的全部证据一并转移至刑事侦查部门。因此，行刑衔接证据规则重点关注的并非行政执法证据如何或何时移交，而是移交后的证据效力认定。

目前，我国刑诉学界对行刑衔接证据认定规则有相对统一的理解：可转化之证据应为实物证据而非言词证据。拒绝"言词证据"的原因大多数为，言词证据主观性较强且不具有稳定性；针对同一主体，由于调查程序、取证主体的不同，证人、被害人、侵权行为人（涉嫌犯罪行为人）心理预期会发生变化，取证主体与被询问人之间的博弈关系也随之改变，故很可能造成证据内容出现差别。由此，《关于办理侵犯知识产权刑事案件适用法律若干问题的意见》第二条同时也规定："行政执法部门制作的证人证言、当事人陈述等调查笔录，公安机关认为有必要作为刑事证据使用的，应当依法重新收集、制作。"然而，对于"言词证据"的范围，不少学者支持限缩性解释，即不接受除《刑事诉讼法》第五十二条第二款明文列举（物证、书证、视听资料、电子数据）外的证据类型，"检验报告、鉴定结论、勘验笔录、现场笔录"均被视为不应转化的言词证据。换言之，《刑事诉讼法》第五十二条第二款的"等"字属于煞尾使用，不应超过明确列举的四种证据类型。

一般认为，如果片面依据证据的稳定性与否，过分限缩行刑衔接的可转化证据类型，排斥"检验报告、鉴定结论、勘验笔录、现场笔录"等证据的适用，实有越俎代庖的嫌疑。证据是否稳定、可靠，最终影响的是事实认定之结果，如果刑事侦查人员严格遵循"排除合理怀疑"的标准进行证据认定，行政执法活动产生的言词证据，完全可由侦查人员判断是否采纳，以及是否需要重新制作言词证据。行刑衔接的证据规则需要解决的问题是，如果刑事侦查人员采纳行政执法阶段的言词证据，那么，该证据的采纳是否合法、是否可作为定罪量刑的直接依据？依据《关于办理侵犯知识产权刑事案件适用法律若干问题的意见》第二条之规定，似乎很难对知识产权行政执法采集的"检验报告、鉴定结论、勘验笔录、现场笔录"予以否定性评价；只是证据最终能否予以采用应当"经公安机关、人民检察院审查，人民法院庭审质证确认"。另外，《公安机关办理刑事案件程序规定》第六十条规定："公安机关接受或者依法调取的行政机关在行政执法和查办案件过程中收集的物证、书证、视听资料、电子数据、检验报告、鉴定意见、勘验笔录、检查笔录等证据材料，可以作为证据使用。"

对于公安部、最高人民检察院对"检验报告、鉴定结论、勘验笔录、现场笔录"等证据转化效力之认定，有学者认为，这是司法解释权限的越位，最高人民检察院无权扩大《刑事诉讼法》条文的内涵。对此，依据《全国人民代表大会常务委员会关于加强法律解释工作的决议》，全国人大常委会的解释权限在于"法律、法令条文本身需要进一步明确界限或作补充规定的"；最高人民检察院的解释权限则集中于"检察工作中具体应用法律、法令的问题"。此时，理解司法解释权限的关键之处在于，如何解读《刑事诉讼法》第五十二条第二款的"等"字：如果"等"是立法机关的煞尾使用，行刑衔接的证据转化类型已明确限定，如需扩大解释，也应由全国人大常委会作出；如果"等"是立法机关有意留下的连接口，留待业务部门依据实际需要，对行刑衔接的证据转化类型进行解释，那么，最高人民检察院的解释文件便无僭越一说。如果仅仅因为最高人民检察院已修订相关解释，便说明立法机关采取第二种理解，是一种不具有说服力的循环论证；但如果仅仅贪图理解的清晰、便利，认为立法机关采取第一种理解，同样也是一种不负责任的行为，因为"立法机关意图"往往会随着立法机关人员构成的改变而改变。我们承认在缺乏权威材料的前提下，探明真意的努力会流于对辞藻的摆弄，一般认为最高人民检察院的解释并无越权之虞的理由是形而下的，因为立案、侦查、起诉均由检察院、公安机关承担，如何考虑证据选取的问题在业务开展范围之内，一线部门应有权在立法框架内自主安排。

我们不遗余力地论证"检验报告、鉴定结论、勘验笔录、现场笔录"在行刑衔接证据转化中的可适用性，是因为"检验报告、鉴定结论、勘验笔录、现场笔录"对知识产权"行政不法事实"或"犯罪事实"认定具有重要作用。"常识"之所以构成知识产权行政执法的理性基础，是因为专业知识对敲定知识产权权利边界具有重要作用，行政执法活动的有效性是建立在执法人员的知识结构与判断侵权的知识需要相匹配的情况上的。这种匹配发生效力，需满足两种前提之一：一是明确的侵权认定标准。二是内心确信的外部证明，即鉴定。知识产权侵权认定仅在完全相同的情况下特别有效，但即便侵权产品与权利人产品完全相同，亦难以通过想当然的方式得证，要求从行政执法、刑事侦查、检察院起诉、法院审判各个阶段均逐一对比侵权产品与权利人产品，重复投入过多，最有效率的办法是在调查阶段初期，对侵权产品与权利人产品进行鉴定。因此，鉴定结论通常是在知识产权行刑衔接过程中较为关键的证据。

有学者认为，行政执法部门作出的鉴定意见仅可作为行政不法事实成立的证据材料，不能被采纳为刑事证据使用，原因主要是：其一，《刑事诉讼法》对鉴定机构和鉴定人有明确的鉴定资格要求，行政执法活动通常委托行政主管部门下设的科研机构进行；其二，行政执法部门行政鉴定意见与刑事司法的证明目的有实质性差异，因为后者以"特定犯罪构成要件"为标准；其三，行政执法部门作出的鉴定意见与刑事司法、形式要件上存在差异。我们并不认为以上观点是无的放矢，反对使用行政执法部门作出的鉴定意见的第一点理由，应该得到重视。如果行政执法部门选取的鉴定机构不具备相应的司法鉴定资质，那么，其产生的鉴定结论的确不能采纳为刑事证据使用；反之，如果行政执法部门选取的鉴定机构符合相关司法鉴定资质，问题仍有讨论的空间。第三点反对意见，事实上与第一点同源，如果鉴定机构具备司法鉴定资质，那么，由其作出的鉴定意见书，必然具备合乎法律的形式要件。针对第二点，一般认为应对鉴定结论不同部分区分对待：对于侵权产品的结构剖析、相似对比的事实调查部分，应可直接转化为刑事证据，或由司法鉴定报告直接采纳；对于侵权行为的认为，刑事侦查部门应酌情认定或重新作出，因为行政执法活动对知识产权侵权行为的认定，是依据知识产权法的具体规定作出的，而刑事司法则依据刑法及有关司法解释作出。

第五节　知识产权行政执法的域外经验

一、TRIPS

TRIPS 是 WTO 成立时所签订的一揽子协议中的重要组成部分，各国专门就知识产权保护问题达成一致，形成协议并纳入 WTO 法律体系。与 WIPO 管理的国际条约不同，TRIPS 协议凭借 WTO 框架下强有力的争端解决机制，将知识产权的国际保护提升到了前所未有的高度。同时 TRIPS 也吸纳了 WIPO 体系中几个重要国际条约的规定，形成了全面、统一的保护标准，成为知识产权国际保护体系中最重要的内容，也是包括中国在内的 WTO 各成员方必须遵守的国际公约。从 TRIPS 的内容来看，关于民事诉讼程序的条文占据多数，而在少数的对行政保护的规定中也并没有明确知识产权行政执法的范围。这可能与 TRIPS 的立法背景有关。

（一）发达国家在谈判中占据了主导地位，加强行政保护符合发达国家的利益需求

在乌拉圭回合谈判之前，WIPO 所管理的大量知识产权国际公约已经发挥了一定的作用，但以美国为代表的西方发达国家认为，这些公约保护力度不够、保护标准不高，而且缺乏强有力的争端解决机制，因此希望依托关贸总协定（WTO 的前身）的争端解决制度，通过贸易制裁来加强知识产权保护。这种意见在最开始遭到了印度、巴西、埃及等发展中国家的反对，它们认为在 WIPO 管理公约的基础上进行协调是顺理成章的事情，而且过高的保护标准，对于科学技术和经济发展都处于落后地位的发展中国家来说会是很重的负担。但是在整个谈判过程中，发达国家占据了主导地位。一方面，在其他谈判中做出让步，在农产品和纺织品贸易上给予发展中国家一定的补偿；另一方面，也不断对发展中国家施加压力。由于谈判采取一揽子的方式，要么全盘接受，要么全部放弃，为了追求利益的最大化，发展中国家也不得不接受了 TRIPS。

尽管知识产权的行政保护与大多数发达国家的法律制度并不吻合，但是发达国家的主要目的在于提高知识产权保护水平，而行政保护的方式恰好可以实现这一目的，同时又是发展中国家容易接受的，因此这种制度上的差异不会成为谈判的障碍，知识产权行政保护规定在 TRIPS 中也就水到渠成了。但毕竟大多数发达国家都是通过司法途径对知识产权进行保护的。行政保护方式对它们而言相对陌生，其中甚至也会有与发达国家法治理念不相符合的内容。因此 TRIPS 中只是允许了行政权力的介入，并作了原则性的规定，要求行政程序应当与民事司法程序基本相同，并没有对行政执法尤其是行政执法的范围作出进一步的规定。

（二）加强知识产权执法是谈判的主要目标

TRIPS 对行政保护持肯定态度，主要是因为其符合加强知识产权执法的目标。TRIPS 的谈判主要有两大目标：一是涉及已有知识产权公约中一些具体内容的修改；二是涉及知识产权执法问题。加强知识产权执法，意味着相较于法律规定本身，协议更关注法律的实施效果。通常意义上，执法包括司法执法和行政执法。想要在短时间内加强对知识产权侵权、违法行为的打击力度，提升执法效果，行政权无疑比司法权更有优势。更何况，在司法保护欠发达的国家，行政保护已经成了保护知识产权的重要手段，将这种方式拒之门外反而不利于加强知识产权执法目标的实现。

TRIPS 强烈的实用主义倾向，回避了理论上对知识产权行政保护正当性的质疑。只

要 TRIPS 内容得到有效的实施，各成员方采取何种保护方式，TRIPS 都在所不问。在这种理念支配下，行政保护因为其效率高、成本低的特点被协议接受是顺理成章的。同样，TRIPS 也不关心成员方究竟如何在境内法律制度中处理好行政保护与司法保护的关系，明确行政保护的边界。只要协议内容得到充分的实施，具体方式的选择是各成员方的自由。正如协议第一条最后一句所表明的，"成员有自由确定以其域内法律制度及实践实施本协议的恰当方式"。

（三）与贸易的结合是谈判的前提，深层目的是维护贸易秩序

TRIPS 中对知识产权保护的要求，都是以知识产权贸易为前提的。WTO 把知识产权贸易、货物贸易、服务贸易作为自己的三大支柱。TRIPS 能够顺利纳入 WTO 法律体系也体现了知识产权与贸易紧密结合的关系。尽管有学者认为"与贸易有关的知识产权"这种表述名不副实，似乎只是单纯的知识产权内容与贸易无关。但这种观点过于狭隘，充分考虑 TRIPS 的谈判背景和协议性质，可以发现与贸易紧密结合，尤其是与国际贸易紧密结合的知识产权才是 TRIPS 主要关注的对象。TRIPS 序言中指出"本着减少国际贸易中的扭曲及障碍的愿望，考虑到有必要促进对知识产权有效和充分的保护，以及确保实施保护知识产权的措施及程序本身不致成为合法贸易的障碍"制定新规则及规范。可见，TRIPS 的更深层次目的是通过保护知识产权进而保护贸易。

二、美国知识产权行政执法

（一）美国知识产权行政执法概述

谈到美国知识产权保护，在我国最受关注的无疑是"301"调查。"301"调查作为美国《1974 年贸易法》第 301 条而闻名，从法律规范的角度看，"301"条款是 2018 年美国挑起中美贸易争端的直接依据，即 2018 年 3 月公布的《基于〈1974 年贸易法〉第 301 条对中国实施的与技术转让、知识产权保护与革新有关的做法、政策和实践的调查结果》。纵观历史发展，"301"调查源于美国国会通过的《1962 年贸易扩展法》，该法第 252 条规定，"当外国实施不公正的或不合理的进口限制、给美国的贸易造成了负担或歧视时，总统有权撤回对该国的减让，或者对该国的产品增加关税或其他进口限制"。这是"301"调查的前身，考虑到当时 WTO 尚未成立，在关贸总协定适用的背景下，单边谈判成为打开他国市场的主要手段。然而，贸易扩展法由于程序严格且在关贸总协定的框架内进行，并没有实现美国的期许；于是，1974 年，美国国会修正贸易扩展法，形成《1974 年贸易法》，

其第 301 条的核心内容为：扩大总统权力，总统可以采取不符合关贸总协定的措施，加强实施贸易管制之权力，而且简化程序，利益团体向特别贸易代表申请后，可由总统自由裁量。1988 年，美国国会通过《1988 年综合贸易竞争法》对"301"条款进行修订，形成"特别 301 条款"，主要针对"未提供充分的（Adequate）、有效的（Effective）知识产权保护的国家"。

"301"调查（包括"特别 301 条款"）并非传统意义的行政执法措施。根据"特别 301 条款"规定，美国贸易代表办公室在年度特别 301 报告中，将严重侵害美国知识产权保护的国家认定为"重点国家"。在提交报告的 30 天内，贸易代表应当对报告中认定的"重点国家"启动调查；调查启动当日，贸易代表应当要求与被认定为"重点国家"的国家发起磋商；调查启动之日起 6 个月内，特殊情况可延长至 9 个月，贸易代表应当确定该国家是否存在对美国的不公平贸易行为，并决定是否发动后续制裁程序。值得一提的是，2018 年美国对华发起的"301"调查是依据一般 301 条款，而非特别 301 条款。由于"301"调查并非针对具体企业，而是利用贸易保护措施，建立有利于美国的贸易规则，将之称为"行政执法"，确有些失之偏颇。

事实上，美国是世界上最早实行知识产权制度的国家之一。经过 200 余年的完善，美国已经建立起比较系统、健全的法律体系，也培育了国民良好的知识产权保护意识。知识产权司法保护制度成效显著，是美国保护知识产权的主要方式。但美国同样十分重视知识产权的行政保护，特别是 21 世纪以来，信息技术的发展改变了生产方式，知识产权信息扩散更快更广，侵权成本更低也更隐蔽，司法保护的弊端越发明显，美国开始不断加强知识产权行政执法力量。相继于 2008 年、2010 年、2013 年通过和发布了《优化知识产权资源与组织法案》《美国知识产权执法 2010 联合战略计划》《美国知识产权执法 2013 联合战略计划》，目的在于强化行政执法力量，协调整合执法资源。

美国采取知识产权"二合一"的集中化管理模式，即专利和商标相关事宜统一由国家专利与商标局管理，版权业务由美国国会图书馆的版权局管理。这些部门是美国知识产权的行政主管部门，地位相当于我国的国家知识产权局、商标局和版权局。但不同的是，美国知识产权行政主管部门的行政执法权非常有限，仅能对一些特定类型的行政纠纷进行行政处理，完全排除了当事人在专利与商标局提起任何侵权纠纷等纯民事纠纷的可能。并没有类似于我国的行政查处权力。与之形成鲜明对比的是，非知识产权行政主管机关的行政执法权非常广泛。可见美国的知识产权行政保护制度选择了管理与执法分离的路径，知识产权行政主管机关主要履行行政管理和行政服务职能，并处理有限的行政争议，而大量的行政执法工作交由非知识产权主管机关完成，如美国联邦贸易委员会（FTC）、国际贸易委员会（ITC）、美国贸易代表办公室（USTR）、海关等。由这些非知识产权主管机关进行的行政执法，是美国知识产权行政执法的重要内容。

美国联邦贸易委员会的职责涉及竞争和消费者权益保护等多个领域，主要负责对不正当竞争行为和垄断行为的查处，经常也会涉及对知识产权的保护。联邦贸易委员会的行政职权包括调查权、执行权和提起诉讼权。其中，执行权包含两方面内容，一是行政执行；二是司法执行。联邦贸易委员会在进行调查后，如果有合理的理由让它相信被调查者确实有违法行为，可以通过行政裁决（如果是针对整个行业违法行为的规范，还可以制定贸易监管规则）的方式执行法律。如果利害关系人拒不执行行政裁决，那么联邦贸易委员会可以寻求法院的帮助，进行民事罚款或发布强制执行令。某些情况下联邦贸易委员会也可以将违法行为直接向法院起诉，请求法院用适当的形式制止已经发生或即将发生的违法行为。

综上，美国非常重视知识产权执法，尤其在通过《美国知识产权执法 2010 联合战略计划》之后，形成了高效的协作机制和有力的执法机制。除了上述三个主要的执法机构外，美国农业部（USDA）、司法部（DOJ）、食品药物管理局（FDA）、海关及边境保护局（CBP）等都在知识产权执法联合战略中发挥着重要作用。纵观美国的知识产权执法机制，可以发现其具有两大特点：第一，区分国内执法和国外执法。在国外执法或者说国际贸易执法方面，主要采取行政执法的方式，执法机关拥有行政调查、行政处罚、行政强制、行政裁决等权力；在国内执法方面，则主要表现为司法执法，行政机关除了在刑事案件中行使一定的调查权之外，主要起到协调配合的作用。第二，重视知识产权与贸易的关系。知识产权行政主管机关主要履行行政管理和行政服务职能，几乎没有行政执法权。而行使执法权的机关则几乎都是美国的贸易保护机关，这些机关的基本职责在于保护美国的贸易秩序并扩大国外市场，当外国知识产权侵权已然成为危害美国贸易政策的主要障碍时，贸易保护机关开始在知识产权保护问题上发挥重要作用。这也从侧面体现出了美国知识产权保护的实用主义倾向。

（二）"337" 调查

"337" 调查得名于 1930 年《美国关税法》第 337 条，根据该条款美国国际贸易委员会有权调查有关专利和注册商标侵权的控告，也可开展涉及盗用商业机密、商品包装侵权、仿制和虚假广告等内容的调查，而调查的核心是：针对他国对美国贸易不公平行为。依据《美国综合贸易竞争法案（1998）》，不公平贸易行为主要包括以下两种：

一是在进口贸易中，如果产品侵犯了国内已有记录的专利权、商标权、版权以及集成电路芯片布图设计专有权，且已经存在或有尚在建立中的国内产业，则此类行为被视为侵犯了权益的非法贸易行为，美国将采取适当措施予以处理。

二是在进口贸易中，他国使用不公平竞争方法和不公平行为，其已经造成或即将造成的影响严重威胁或实质损害了美国国内相关企业的利益，或妨碍了此类产业的发展，或垄断了本国某一行业，美国将采取适当措施予以处理。

"337"调查的执行机构为美国国际贸易委员会。美国国际贸易委员会主要负责处理进口贸易中发生的与知识产权侵权相关的违法行为，拥有行政调查、行政裁决和行政处罚等职权，总体可分为临时救济措施和永久救济措施两大类。其中，临时救济措施包括临时有限排除令、临时普通排除令以及临时停止令；永久救济措施则包括有限排除令、普遍排除令、停止令和禁止令、同意令、扣押和没收令、罚款六种形式。毫无疑问，"337"调查是典型的执法措施。由于美国国际贸易委员会主要负责与国际贸易有关的知识产权保护，因而通常与海关保护相互配合，对国外知识产权侵权产品的进口和销售进行审查，并采取有效的边境措施，其执法依据最早源于1930年《美国关税法》。根据《美国联邦法典》第十九章关税部分（19U. S. C. 1337）的规定，国际贸易委员会有权进行行政执法的主要事项包括：在向美国进口或销售物品过程中，可能会威胁或损害到美国某种工业安全、妨碍该种工业的建立、限制或者垄断贸易与商业的不正当竞争方法和不正当行为；向美国进口、为进口而销售或者进口后在美国销售的物品，侵害了在美国有效的专利权或版权，或者是利用某项美国有效专利所保护的方法而制造、生产、加工或者开发的；向美国进口、为进口而销售或者进口后在美国销售的物品侵犯某项美国有效商标权；向美国进口、为进口而销售或者进口后在美国销售的半导体芯片产品构成对某项有效的掩膜作品权利的侵犯；向美国进口、为进口而销售或者进口后在美国销售的物品构成对外观设计专有权的侵犯。

"337"调查在我国引起广泛关注的原因在于，我国企业是"337"调查的常客。进入21世纪，中国大陆企业占"337"调查案件中的比例超过15%；1995—2017年由于专利侵权向涉华企业发起的"337"调查达646件，占所有涉华337案件的93.22%；由商标侵权案件提起的"337"调查有43件，占所有涉华337案件的6.20%；由著作权侵权案件提起的"337"调查有13件，占所有涉华337案件的1.88%。从侵权结果来看，"337"调查的作用趋向于鼓励企业间谈判，1995—2016年，针对发起的"337"调查，和解为73起，占比36.3%；侵权不成立为41起，占比20.4%；申诉方撤诉为37起，占比18.4%；同意为40起，占比20.3%；认定侵权为45起，占比22.4%。有学者指出，"337"调查与美国经济周期密切相关，当实体经济陷入衰退后，为促使脆弱的实体经济尽快恢复，严格的贸易保护主义政策便逐步抬头。然而，从知识产权行政执法的研究视角看，引发我们关注的是"337"调查对公共利益的运用。

依照 1930 年《美国关税法》第 337 条（a）项，如果对美国公共健康和福利、美国经济的竞争条件、美国相同或直接竞争产品的生产和美国消费者存在影响，可以对国际贸易委员会的决定上诉，另依据第 337 条（f）（1）项，如存在上述不利影响，禁止美国国际贸易委员会发出进口排除令。第 337 条（a）项并非象征性条款，但适用仍存在难度。例如，特定基带处理案，申诉者 Broadcom 拥有特定无限装备的 3G 芯片电池技术的专利组合，被诉者 Qualcomm 被指控侵犯 Broadcom 的节电专利，美国国际贸易委员会发出一个下游产品的排除令，禁止所有包含 Qualcomm 侵权芯片的产品进口。同时，这个排除令包含一个"祖父条款"，即允许公司销售已经进口至美国境内的侵权设备。Qualcomm 认为排除包含侵权芯片的产品进口将会对公共健康和福利以及国家安全造成负面影响，因为许多包含侵权芯片的产品被用于公共安全的人员，比如紧急事件的处理者、便衣警察等。Qualcomm 还认为排除令将会对研究、开发、技术革新以及消费者的选择有负面影响。美国国际贸易委员会认为"祖父条款"已经减少了对消费者和公共安全人员的影响，而且即使排除令可能对减少技术革新和消费者有一些影响，但是对专利持有者给予救济的利益超过公共利益；联邦巡回法庭在该案的上诉案中，支持 Qualcomm 诉求，驳回对下游产品颁发进口排除令，仅保留节点专利的进口排除令。

第七章

大数据时代知识产权行政执法保护

第一节　信息认知的转变与共享模式的催生

一、大数据思维：技术支撑下的认知转变

（一）信息垃圾证伪

　　人类在过去绝大部分历史时期（即使是印刷术、造纸术得以推广的时期），信息的生产能力相对落后，信息的接触路径相对闭塞。此时信息尤其是知识类、技术类信息为少数知识分子通过占有各类图书等纸质媒体的方式所垄断与掌握，知识多在家族或小范围的知识分子群体间承继。普通底层社会公众难以有充足的财力、能力参与到知识分子群体中，也难以购买、保存大量的图书，也就难以获取充足的信息。此阶段我们可以称之为信息占有即所有阶段，信息呈现绝对的稀缺与闭塞。

　　信息产生于个体认知以及个体间的交流，个体认知越多样、个体交流越频繁，所产生的信息也就越丰富。印刷术、造纸术以及"光与电的革命"极大地推动了信息的生产及传播，人类的信息生产能力得以飞速提升。而互联网的产生使得信息得以电子化和在线化，打破区域局限的互联网的产生突破了个体交流的时间空间限制，数据的保存成本、分享成本越来越低，下降到边际成本几乎为零的地步。人类所产生的数据信息类型更加多元、结构更加复杂、模式更加多样。进入信息社会后，信息总量呈现井喷式发展，信息富余成为客观事实。

　　信息的获取、保存与分析都需要耗费一定的成本。在信息相对匮乏的时代，信息获取成本成为信息生产、传播的主要阻碍。而在信息社会，这一问题呈现出双层样态，一方面，欠缺信息自动搜集工具的普通个体仍旧难以低成本、便捷地获取真正有价值的信息；

另一方面，由于自身数据保存能力、使用能力的欠缺，纷繁复杂的信息超出了个体对于信息的分析、处理能力。这些个体难以通过对于时局的深度分析获取其中的价值，信息爆炸、信息垃圾成为现实。信息富余与信息匮乏成为网络时代信息的双重面相。对于绝大部分社会公众而言，相比于信息匮乏，信息富余、信息垃圾成为更为真实的困扰。

但信息处理、挖掘工具的不断演进，尤其是云计算技术的长足发展，为海量数据的自动搜集、整理、存储、利用提供了强有力的处理工具。繁杂数据背后的规律、海量数据背后的商业价值被发现，数据逐步演变为一种财富。人类累积的各类信息并非垃圾而是有待开采的丰富矿藏，这一认知已经获得了充分的认同。信息爆炸只是对信息快速生产累积的客观描述，而非贬义。

（二）全数据分析深化数据挖掘

近现代科学的发展与进步，改变了我们认知世界的方法论。我们业已习惯于把复杂真实的世界简单化，试图以鼓励、静止、小样本的手段将研究对象进行层级、还原、线性、因果的决定论分析。我们也习惯于认为小样本采样分析深入了解事物、现象的本质，量化后的数字呈现则体现了我们认知事物的精确性，我们通过数字获得了对于事物唯一客观真实的准确认知。囿于数据搜集、统计、分析工具的欠缺，绝大部分时期，我们只能进行小样本的数据分析。但少量样本的选取不可避免地受到人类难以察觉的选取偏见的影响，小数量样本难以宏观呈现特定主体或事物的全流程信息足迹，难以洞察不同要素之间潜在的关联。其相应的分析处理结论往往并不能够反映真实的整体情况，甚至与真实情况大相径庭。

而在大数据时代数据类型更加多样化，商务过程的数据、环境状态的数据、社会行为的数据以及物理实体的数据都将成为大数据时代数据的重要来源。数据搜集分析工具的优化，使得我们能够获取特定个体在不同时间不同空间留下的信息足迹，全景呈现特定主体的活动场景。通过对特定主体进行海量数据研究，获得更为翔实的个体化研究成果，全维度地呈现特定主体行为选择及个体偏好。在此意义上，全数据分析与小样本分析的优劣鲜明。基于小范围样本抽样调查发展而来的传统统计学必将为大数据分析所替代。

在全数据分析的具体应用上，通过对电子商务平台产生前、产生后的对比可以明显发现上述区别。电子商务平台发展之前，实体门面只能通过对于自身经营活动的关注累积相应的客户信息。这些信息数量少、范围狭窄且呈现极大的不准确性。而以阿里巴巴、亚马逊为代表的大型网购平台能够通过对个体的搜索及网购痕迹的汇总分析获得对个体消费偏好、行为选择的多维认知及准确预测，进而针对个体进行针对性的产品推送。这极大地降低了个体的信息搜集以及需求匹配成本，提高了交易撮合成功概率，促进了电子商务的繁荣。

由上述论述可知，数据增值的关键在于各类相关数据的整合、分析，全数据分析的过程即是进行数据整合、分析的过程。通过全数据分析可以获得隐藏在表象背后的更多信息，洞察看似不相关要素间的隐蔽关联，预测事物未来的发展趋势。

（三）大数据催生数据文化及共享模式

1. 数据文化的萌发

数据文化可以理解为一种侧重量化分析，尊重事实，强调精准、推崇性和逻辑的文化。在互联网时代来临之前，囿于数据搜集、整合、分析技术手段的有限性，无论是国家层面还是普通民众层面都相对地缺乏对于数据管理功能的认知，数据思维、数据文化相对欠缺。在上层建筑层面，这种欠缺体现为传统语境下统治政策的确定与实施依赖于统治阶层的意愿、采取的是小样本调查而非全数据分析；在个体层面，个体的行为选择更多依据的是个人经验、从众逐流而非对于事项的数据分析。

云计算、大数据的不断完善，无论是社会个体还是国家的数据搜集、获取能力，都得以显著提升。系统的数据分析将成为国家治理、民众行为选择的重要引导。用数据说话，用数据管理，用数据决策，用数据创新的大数据思维、大数据文化将逐步成为大数据时代上至国家下至民众广为认可的思维方式和方法论。

2. 共享模式的普及

在互联网发展普及初期，信息仍旧存在严重的不对称，国家、个体仍保持着信息占有即所有、信息独占优于共享的心态。但数据的低成本保存、传播以及信息融合价值的凸显，逐步引发了公共领域的数据开放运动，其核心在于信息自由、数据公开、资源共享。从经济学的视角来看，信息的使用存在边际效应递增性，也即信息、数据只有在流动、共享中才能产生价值；流动范围越大，分享人群越多，价值越大。这使得人们逐步认识到信息共享资源的使用价值已经远大于资源形态本身，共享使用比私人占有具备更大的优势，信息的共享成为大数据时代的财富商机，分享越多也就能够获得更多的财富。

而数据的获取是进行大数据深度挖掘的前提，特定个体或事物在不同的发展阶段会在不同的空间留下不同的信息足迹，如何低成本最大范围地获取某一特定主体的信息足迹成为充分发挥信息价值的前提所在。而即使在信息社会，不同主体获取信息的能力也存在明显差异，所掌握的信息明显不同，信息共享业已成为一种必然趋势。现有的信息保存、传输技术使得信息共享具有了现实的可行性。

二、知识产权的信息足迹

（一）著作权作品信息足迹

对于著作权而言，作品的生命周期可以大致划分为创作、获权、行权、进入公有领域等几大生命周期。具体而言，著作权依创作行为产生，创作者自作品创作完成之日即享有著作权。经过著作权登记的作品，著作权登记证书上将围绕作者及作品本身记载登记号、作品名称、作品类型、作者、著作权人、创作完成时间、首次发表时间、登记日期等信息。第三方可以通过登记证书获知特定信息是否属于作品、作品保护期、著作权人等基本信息。这将辅助第三人判断特定主体是否是真实权利人，特定作品是否仍受著作权保护，自身的使用行为等是否侵害著作权人的合法权益，进而在后续的生产经营活动中规避相应的风险。

按照《著作权法》的规定，在法定的权利期间内，著作权人针对创作的作品亲自行使包括人身权、财产权在内的广泛权能。此外，著作权人还可以通过许可方式许可他人使用，或者将财产性权利转让给他人使用，或者将作品信托给著作权集体管理性组织，由集体管理性组织进行作品的许可、转让、费用收取、利益分配、维权等事宜。著作权人发表作品即为普通社会公众提供了能够接触、利用作品的途径。作品由原来著作权人独占状态逐步进入公开领域，并逐步成为一种在市场中流通的著作权商品。这一过程即权利商品化的过程。具体而言：首先，凝聚在作品中的创造性劳动将通过一般等价物货币来予以衡量，每一部作品的价值都可以以一定价格的形式呈现出来，无论该价格是否符合或者偏离其劳动的实际价值；其次，作品被越来越多地购买以满足购买者在物质层面以及精神层面的需求；最后，伴随着作品交易的增加，作品的商业利用方式、交易架构不断多样化，作品著作权价值的二次开发已经成为重要的投资方向。

著作权价值实现的每一个环节都会留下相应的信息足迹。这些信息足迹产生于市场经济活动中，多为市场参与主体所掌握而不为外界所知悉。著作权的信息足迹包括著作权向商品转化的信息，著作权商品的生产、交易信息以及相关消费群体的信息。这些信息可以让我们充分了解特定著作权产品的产生以及后续交易，勾勒特定著作权产品的整个价值实现过程。对于试图参与著作权及著作权商品交易的市场主体而言，越为详尽的著作权信息越有利于其充分评估特定著作权商品权利的合法性、稳定性，交易对手的真实性，权利的完整性，著作权产品价格的公允性以及后续著作权价值实现的可能性及其可能面临的风险。而在著作权商品化过程中，难免遭遇侵权行为，有关著作权的维权则会在权利人、侵权行为人以及参与纠纷处理的行政机关、司法机关间留有信息足迹。

（二）商标权信息足迹

在商标发展早期，商标是商品所有权的表征，是商品所有权归属的对外公示方式。此后，商标逐步演变为表明商品与生产者之间关联的标志。商标的基本功能是识别来源，其彰显了特定商标与特定商品之间的特定联系。无论是注册商标还是未注册商标，其受法律保护的基础最终都体现在其所具有的识别性上。

从传播媒介来看，商标是一种由简单色彩、文字、图形构成的符号，本身属于一种冷媒介，本身所含的信息极少，消费者并不能够单纯地从商标本身解读出有关商品质量、产品生产者的信息。作为一个外部刺激，商标刺激消费者充分调用经验中形成的有关该商品、该商标的认知，决定是否选择该商品。商标权人通过广告宣传，花钱来创造一个疑似高品质的形象，使消费者从相同品质或者更高品质但价格较低的替代品上转向，从而获得垄断租。商标已演化为捕捉、黏合、固化消费者注意力的工具。正因为商标本身能够为商标持有人带来丰厚的收益，商标本身的财产化属性不断增强，商标本身也已演变为财产。

对于商标权而言，商标权的生命周期可以大致分为南标设计、申请、获权、使用、终止等几大模块。不同于著作权作品的创作与商品化过程存在较为明显的先后环节划分，商标的产生及其演变本身就来源于经济活动需求，商标附着于商品之上，出现在商品经济活动中的各个环节中。

在商标申请注册环节，商标申请人向商标局提交注册申请书，商标局审查核准准予注册后下发商标注册证。商标注册证的内容涵盖了商标注册编号、商标本身、核定使用的商品及服务项目、注册人、注册人地址、注册地址、注册日期以及注册有效期等内容。商标申请人凭此获得对于特定商业标志的专有权，可以排除其他主体未经其许可的使用行为。其他公众可以通过对特定商标信息的查询来获知有关商标图样、权利人、有效期、使用范围以及商标后续流转等信息。

申请人申请注册成功后，就可以获得在核准注册的商品上使用核准注册商标的权利。商标权人将商标附着于商品之上时，商标区分商品来源、表彰生产者信息、传递产品质量的功能开始发挥。在商标商品的整个生产、流通环节会产生大量的信息，这些信息包括特定商标商品的生产信息（生产者、生产地域、生产时间）、物流信息（仓储信息、物流信息）、交易信息（交易对手方、交易地域、交易量、市场占有率、市场重叠情况、对其他商标品牌的影响、特定商标商品的受众群体、个性化需求）等。商标权人在行权过程中也会面临各式各样的侵权行为，打击各类市场竞争主体"搭便车"行为即是不断强化和维护商标与特定商品之间的关联。侵权行为的核实、纠纷处理、司法救济、行政救济也都会留下丰富的信息。

（三）专利权的信息足迹

专利权可以理解为法律授予技术发明人（或设计方案设计人）在一定时期内对特定技术方案或设计方案享有的独占使用的权利。进而人为地创造市场稀缺，预设权利人通过市场先入优势制定高于同业竞争的价格获得充分激励。无论是发明专利、实用新型专利还是外观设计专利，专利权的生命周期可以大致划分为技术或设计方案的申请、审批、授权、行权以及进入公有领域等几大生命周期。

在专利申请审批阶段，发明和实用新型需要提交请求书、权利要求书、说明书、说明书附图、说明书摘要以及其他文件。外观设计专利则要提交请求书、图片或照片以及简要说明等。在专利权授予后，公众可以通过各类专利查询系统查询有关特定专利的信息，包括但不限于申请号、申请日、公开号、申请人、发明人、国际注册分类号、专利的实时法律状态以及相关的各类专利文件。专利产品自生产完成进入商品流通领域后，也会在各个流通环节留下丰富的信息足迹。如果涉及侵害专利权行为以及专利权的救济，无论是权利人还是行政执法机关、司法机关都会积累大量的有关纠纷细节及其处理的信息。

三、信息累积的差异性明显

如前文所述，无论是著作权、商标权抑或专利权都会在其申请、获权、行权、维权以及知识产权商品的生产流通直至消费各个环节产生大量的信息。在知识产权生命周期内，现的主体及其扮演的角色具有一定的差异，相应的接触知识产权的深度以及侧重也有所不同，所累积的知识产权信息具有明显的差异性。

（一）知识产权管理及执法机关的多样性

知识产权行政管理，是指知识产权行政管理机关和取得相应行政授权的组织，依据知识产权法律规范管理国家有关知识产权的事务，为公民和社会提供知识产权法律服务的行为，包括知识产权的行政确权及相关的管理，包括知识产权争议调解，不包括直接查处知识产权侵权纠纷。知识产权行政执法，是指专业行政执法机构和取得相应行政授权的专业执法组织，以及准司法行政机构和行政管理机关，依据知识产权法律规范查处知识产权侵权纠纷的行为。从知识产权公共政策视角来看，知识产权行政管理、执法是政府为实现与知识产权相关的经济社会目标而主动干预知识产权事务的"看得见的手"。从中央层面来看我国涉及知识产权行政管理、执法的机关较为多样，主要有国家知识产权局、国家工商行政管理总局、国家著作权局、文化部、农业部、林业局等多家单位，海关总署与公安部中也有一部分负责知识产权的综合执法职能。新闻出版总署（国家著作权局）对著作权的保护，著作权局与新闻出版总署属于一套班子、两块牌子，其负责有关著作权的行政管理及执法事宜。国家工商行政管理总局对商标权和类似权利的保护，其内设机构商标局负责办理商标的注册、变更、转让、续展、补证、注销以及对商标异议的裁定；制定或参与制定有关商标的规章制度及具体措施、办法；查处商标侵权案件，指导本系统的商标办案工作；协助办理商标侵权行政复议案件；负责商标使用许可合同和商标印制；管理商标代理组织、商标评估机构；认定驰名商标；负责商标信息的收集工作；组织商标国际条约、协定在中国实施及承办商标国际交流与合作的有关工作。商标评审委员会主要负责处理商标争议事宜。国家知识产权局对专利权的保护，依法受理、审批专利申请、审理复审、撤销以及其他国家知识产权局委托的行政管理。其内设机构专利复审委员会负责对知识产权局决定不服案件的复审，并受理请求宣告专利权无效案件的审理等工作。国家质量监督检验检疫总局对原产地名称的保护，具体负责原产地名称产品的申请受理、审核批准、原产地专用标志注册登记和监督管理等工作。农业部、国家林业局对植物新品种权的保护，两大机构负责新品种权申请的受理和审查，并对符合规定的植物新品种授予新品种权。工业和信息化部及其内设机构主要负责制定中国互联网络域名的设置、分配和管理的政策及办法；选择、授权或者撤销顶级和二级域名的管理单位；监督、检查各级域名注册服务情况。海关总署及其直属各级机关负责进出口环节的知识产权保护工作。

由上述论述可知，在中央层面并未形成一个单独的机构统筹负责知识产权申请、授权、行政管理等事宜。而是根据知识产权具体的权利内容，分门别类地将之归入与之较为相关的机构进行管理。在知识产权制度引入及保护的初期阶段，无论是国家机关还是普通民众对于知识产权的认知都相对欠缺，采取依靠现有行政管理机关，将知识产权内容分门别类纳入现有行政管理机制是根据当时具体情况所作出的必然选择。而在后续的发展过程中，基于制度惯性，分权管理模式得以承继并被不断加以强化。行政管理机关之间基于自身职能所掌握的知识产权具有极大的差异性。但就目前而言，实质性合并各知识产权分管机构职能，实际推动知识产权统一管理机构的筹建并不具有现实的可能性。

（二）主体参与度及所获信息的差异

知识产权行政管理、执法机关参与特定知识产权的生命周期环节、深度及所扮演的身份角色也有所不同。

在获权环节，著作权自作品完成之日即自动产生，著作权登记机关仅为备案机关。登记机关所掌握的信息主要是著作权人以及作品的基本信息、具体内容。商标专有权为行政赋权，商标局扮演的是授权机关，所掌握的信息主要是商标申请人基本情况以及有关商标整体外观、具体构成要素、申请使用领域以及与之近似商标的情况。专利与商标类似，均需要申请授权后才享有相应的专有权利。知识产权局作为专利授权机关，所掌握的信息主要是申请人基本情况以及专利权的类型、保护范围、现有技术和保护周期等。

在行权环节，对于知识产权的利用行为已经属于较为纯粹的商业活动。知识产权产品的生产、流通、销售、购买、使用等均可以由市场主体自主完成。因此，参与知识产权商业运作的主体主要是包括权利人、买受人、消费者、交易服务提供者在内的市场主体。知识行政管理、执法机关可能参与特定的管理类活动，但不会深入知识产权商业运作的具体环节。此时，参与知识产权商业运作的各类市场主体掌握了特定知识产权生产、交易的具体信息，并多将之作为商业秘密予以保密。而为知识产权产品交易提供平台、技术、门面展示、商品资金交付等服务行为的各类电子商务平台则可以凭借自身的平台优势、资源优势、技术优势充分获取各类知识产权产品的生产、交易流水以及特定知识产权产品消费群体的详尽信息。知识产权行政管理、执法机关只有在管理活动能够触及的范围内获取有关特定知识产权商业化运作的信息。

在知识产权维权环节，参与主体视权利人具体解决方式而言。若知识产权纠纷由当事人之间私力解决或者通过第三方调解、仲裁等方式解决，有关知识产权纠纷的相关信息如侵权行为具体内容、造成的损失、赔偿金额等多仅为纠纷当事人以及当事人所选择的第三方知悉。知识产权行政管理、执法机关以及司法机关、其他社会公众一般难以通过公开渠道获取有关纠纷以及纠纷解决的细节信息。如果纠纷当事人选择通过行政执法或司法途径解决纠纷，若当事人未申请保密，有关纠纷的具体内容包括具体证据以及纠纷的处理结果都会以明确的行政或司法文书予以公开。权利人、被控侵权人、各类知识产权行政机关、司法机关以及社会公众都可以通过公开途径获知有关侵权、纠纷处理的相关信息。而其差别主要在于掌握信息的丰富程度及深度。

综上所述，在知识产权不同生命周期，参与主体以及各自累积的知识产权信息足迹存在明显的差异性。一方主体累积的信息往往难以通过公开合法渠道为其他主体获取，知识产权信息的丰富性与稀缺性双重属性鲜明呈现，信息共享的需求由此产生。

第二节　知识产权信息共享不断深入

一、信息共享平台的建立

（一）信息共享机制建立的必要性及可行性

知识产权行政管理、执法机关在进行具体管理、锁定被控侵权人、核实侵权行为、确定侵权行为地域、时间以及侵权行为造成的损失等方面均依赖于足量信息的获取、分析的支撑。知识产权行政执法在调查取证以及具体执法过程中会产生高昂的制度成本、运行成本，相关证据的搜集成本、分析成本是其重要组成部分。在大数据、云计算等技术推广应用前，面对信息爆炸，行政执法机关由于缺少先进的数据自动采集处理技术，对于网络环境中的海量信息往往捉襟见肘、鞭长莫及。数据缺失、数据处理速度慢、数据整理困难等问题成为传统行政管理、行政执法方式的短板。此外，多头管理、多头执法机制下，各个知识产权行政管理、执法部门之间的封闭性和割据主义造成各自为政。各机关凭借自身优势所掌握的知识产权信息也往往为特定知识产权行政机关所垄断独有，未能进行充分的共享与再利用。知识产权行政机关可能因数据收集不足、处理不力造成了决策失衡，可能因数据传递不畅、共享不足造成部门失调，可能因数据的管理不善、法治不全造成治理失误。而这也将阻碍政府综合协调职能的发挥，整体效能不断下降，知识产权行政执法效果削弱。如何调整和分配原有模式下各知识产权部门的利益，以有效整合各类型知识产权数据资源，建立一个联合性的或统一性的大数据管理平台，来完善和修补目前存在的制度漏洞和体系缝隙是当务之急。

如前面所言，大数据搜集、分析技术已经取得了长足的发展，信息自动获取的前端机制以及后端分析的、共享的技术结构已经逐步成熟，信息的共享已经在技术层面消除了阻碍。对于知识产权行政机关、司法机关而言，两方为国家公权力机关，不同于市场主体，并不以知识产权运营为商业利益目的，因此市场主体并不存在明显的竞争关系，彼此之间的知识产权信息共享并不会导致信息共享方的利益损害。无论是知识产权行政管理执法机关之间还是行政机关与司法机关之间，本身都存在公权力背书。目前，先进的行政机关政务集约型平台共用后台资源，分层而治，前台应用百花齐放，能够实现即连即用、跨部门搜集数据、技术保准化、易于监控、统一采集、一体化运作，进而实现行政机关间数据共享、政务数据交换、政务信息开放。

对于公权力机关与市场主体间的信息共享而言，大数据时代的渗透性使得数据源呈现出多元化状态。社会和市场拥有相对独立的话语系统，在大数据的影响下，市场主体的话语构造及发声路径得以进一步的优化。其客观结果是社会与市场地位相对提升，国家社会与市场关系发生着微妙的变化。大数据时代的开放性使得国家、社会和市场三个主体系统的数据逐渐实现互动和共享，三者之间关系日益紧密。国家机关为获取自身难以掌握的与公众更为密切的信息会共享其凭借自身定位、职能所掌握的优势信息，市场主体为获取竞争优势，或加快维权救济，或免除自身可能承担的司法、行政责任，会向国家机关提供其所能掌握的关于市场主体的更为隐秘的信息进而获取行政司法机关的支持与协助。知识产权行政机关并不从事具体经济活动，与参与信息分享的民事主体亦不在同一市场中，双方不存在竞争关系。市场主体与知识产权行政机关、司法机关的信息共享并不会导致公权力借助该等信息与之在同一市场进行竞争以及自身竞争优势的减损，也就消除了市场主体深度参与信息共享的疑虑。即使在市场主体基于自身考量不愿进行信息共享的情形下，公权力机关也能凭借掌握的更为丰富的资源优势通过具有强制力的措施限制、约束、规定市场主体的特定行为。市场主体的切实利益深受行政机关等公权力机关的影响，作为个体的市场主体一般难以抗拒公权力机关所提出的信息共享需求，虽然在一定程度上或者特定情形下，存在行政机关过度干预市场经济的嫌疑。

由上述论述可知，各类主体间信息共享机制的建立，既有来自内需信息需求的推力，也有潜在信息价值的吸引。技术的发展奠定了信息共享的基础，主要市场参与者以及公权力机关的推动则极大地消除了知识产权信息共享机制建立过程中可能面临的各种阻碍。

（二）知识产权信息共享机制的实证分析

按照共享主体来划分，当前知识产权信息共享可以大致分为公权力机关与公权力机关间的信息共享、公权力机关与市场主体间的信息共享。其中公权力间的信息共享又可以细分为行政机关之间以及行政机关与司法机关间的信息共享。下面将以上海浦东新区以及阿里巴巴为例分别进行介绍。

1.上海浦东新区信息共享机制

上海浦东新区知识产权局创新知识产权信息共享思路与机制，通过知识产权信息共享制度设立、信息共享机制创建，逐步打造起纵跨市区两级，横跨行政、司法机关的知识产权信息共享平台，成为公权力机关间信息共享的典型例证。

在自贸区内部，通过签署知识产权协作备忘录、设置知识产权信息共享岗位等机制，强化与其他知识产权行政管理、执法机关的信息共享。通过自贸区管委会牵头，浦东新区知识产权局加强了其与自贸区海关、工商、质监、公安等自贸区内知识产权监管机构之间的信息情报工作和联系。任一机关在各自职责范围内基于工作内容所获得的特定知识产权信息，在经过相应的筛选后，会通过知识产权共享平台共享给其他行政管理及执法机关。某一机关为工作所需而未能掌握的信息，也可以在信息共享平台中发布相应需求，通过共享机制掌握相应信息。

在自贸区外部，浦东新区知识产权局还与上海市知识产权局、上海市文化执法总队等市级机关建立信息共享机制，从而在信息共享的机制上实现了市区两级的纵跨。知识产权信息共享平台的构建得到上级主管部门的支持与肯定，信息共享的范围、内容、渠道、层次也得到了充分的提升。此外，浦东新区知识产权局还强化与司法机关的信息共享合作。知识产权行政保护与司法保护是知识产权权益人谋求权利救济、维护自身合法权益的有效手段。司法保护具有稳定性、专属性、效力终级性、公平优先性及规范性、注重对权利人的赔偿等优点，司法保护一般是被动的保护；但司法保护往往存在救济不及时、难以及时阻止损失扩大的不足。行政保护具有应变性、可转授性、效力先定性、效率优先性及成本小、速度快、能迅速恢复当事人的权利等优点，行政保护一般是主动的保护；但行政保护也时常存在公权力越位和权力寻租的不足。由此可见，知识产权司法保护与行政保护各具利弊，行政保护的优点恰恰可以弥补司法保护的不足，司法保护的优点也可以极大地减少行政保护缺点的出现。虽然知识产权双轨制的保护模式保护机制重叠、各自标准不统一、程序各自独立导致两种保护机制衔接不畅、配合效率较低。但可以通过沟通、衔接、交流机制的完善来消解双轨制保护模式的不足，充分发挥双轨制模式的优势互补效应。行政机关或司法机关在打击侵害知识产权行为、进行知识产权纠纷裁判、解决知识产权纠纷的过程中，可以通过行政、司法机关的联动获取在司法或行政程序中业已掌握的信息，这些信息包括但不限于隐藏于虚拟网络背后的各类知识产权的侵权线索以及为行政或司法机关掌握的各类证据。

正因如此，浦东新区知识产权局扬长避短，通过与浦东法院、检察院、公安分局等司法部门搭建信息共享平台，设置协同保护机制，加强在知识产权侵权线索及证据上的共享，借以充分发挥两种路径的保护优势。

2. 阿里巴巴知识产权信息共享机制

公权力机关掌握着关于特定知识产权权利主体以及知识产权本身的最为基础、最为真实的信息，通过这些信息可以详细地了解特定知识产权的产生、确权、权利内容、保护范围、权利主体以及所涉各类纠纷的信息。市场主体如各类电子商务平台则一直保持着开放性、连接性、聚合性、稀缺性、互利性的特点。电子商务平台通过网络激发效应，连接多样群体并提供互动机制。基于此电子商务平台掌握着有关特定知识产权及权利人在市场中的生产、经营、物流、价格、营业收入等纯粹市场化运作信息。网络环境下的知识产权运作行为具有主体虚拟化、行为隐藏化的特点，在阿里巴巴知识产权信息共享平台建立之前，知识产权行政执法机关往往难以准确地识别行为人的真实身份和基础信息，难以获取有关侵害知识产权行为更为关键的证据，难以全链条摸清侵权行为人在网络环境中的侵权足迹。

阿里巴巴知识产权信息共享平台构建后，作为电子商务平台运营方的阿里巴巴能够根据自身的平台优势、资源优势、规则优势以及技术优势，掌握特定行为人、特定"知识产权"产品的信息足迹，为知识产权行政执法机关勾勒出特定知识产权在市场中完整的商业运作足迹。对于行政管理、执法机关而言，通过阿里巴巴主动共享的关于特定知识产权人、特定知识产权产品生产、销售、物流、现金流等完全商业化的信息，公权力能够快速锁定侵权行为链条各参与主体、获取侵权线索、核实侵权行、确定权利人损失、量化侵权人收益、采取更为直接有效的执法措施打击侵权行为、防止损失扩大。此外，阿里巴巴还掌握着特定卖家经营指数和售后数据。这些数据对于行政执法机关明确侵权数量、地域、持续时间、造成的损失以及所获利润有着重要意义。

对于阿里巴巴而言，电子商务平台中海量销售行为的主动审查超出了平台服务提供者在技术上的可实现性和成本上的可承担性；侵权处理任务繁重，大量轻微侵权通知、虚假侵权通知掺杂其中，难以区分；知识产权侵权判定法定性、技术性、专业性，超出电子商务平台服务提供者的专业能力范围；对于平台用户正常交易行为的高强度介入、监督，将导致网络平台的封闭、萎缩；网络服务商在承担连带责任后，也往往难以通过向实际侵权人追偿获得足够的弥补。除此之外，媒体报道又时常将电子商务平台服务提供者视为众矢之的，置于公众批评舆论的风头浪尖。这些都导致维权成本分担不均衡，增加了电子商务平台服务提供者的法律风险。知识产权行政机关可以充分发挥资源优势给予电子商务平台服务提供者以必要的支持。行政执法机关可以充分发挥自身调动、分配社会资源的优势，加强与电子商务平台服务提供者的合作。在电子商务平台单凭自身之力判定是否侵权时，行政机关可以通过信息共享机制，提供特定专业领域的人才和技术信息，以及已有的关于权利人、涉嫌侵权行为人的过往信息，协助电子商务平台作出必要的判断。

二、知识产权信息共享的多维度发展

知识产权信息共享进程是一个由点到线再到面的过程。信息共享的地域范围，由特定行政区域向跨地域发展；信息共享的业务范围，由特定业务条线向跨业务条线发展；信息共享的主体范围，由公权力机关间共享发展为公权力机关与市场主体间的共享；信息共享的内容，由最初的特定知识产权基础信息（如主体、权利标的等）转向特定知识产权侵权线索、侵权证据、市场运营信息的共享。可以预测，伴随着信息共享机制的不断完善以及信息共享红利的涌流，知识产权信息共享在范围上、内容上、层次上都将会有更为深入的发展。大数据也推动共享模式的深入，在信息共享基础上，知识产权公权力机关之间以及公权力机关与市场主体间的共享将从信息共享向人才共享、基础设施共享、各类资源共享的方向上不断深入。

信息的共享有效避免了知识产权生命周期内所涉各方在信息采集、存贮和管理上的重复，节约了社会成本。这将有效缓解信息相对稀缺对于知识产权保护的掣肘，进一步推动知识产权行政管理、行政执法的协同。正因如此，部分知识产权法律法规如《专利法送审稿》第三条即规定专利行政机关应当建设专利信息公共服务体系，构建起专利信息共享机制，降低信息获取的成本，促进专利信息传播与利用。

第三节　大数据优化行政执法

知识产权行政保护是行政机关对知识产权的全面保护，既可主动开展，也可以经申请而开展。知识产权行政保护具有主动性、多样性、直接性、效力先定性、可诉性的特点。对于权利人而言，行政救济成本低廉、救济及时、效果明显，所要承担的维权成本和法律风险都相对较少。可以预见，越来越多的权利人将申请行政执法保护自身知识产权，行政执法机关将面临更大的执法压力。大数据技术尤其是大数据思维的应用，将有助于行政机关化解压力。

一、全数据分析，提供丰富侵权线索

（一）传统环境中侵权线索的获取与保全

无论是主动的知识产权行政执法还是经权益人申请被动的知识产权行政执法，在采取具体的行政执法措施前都需要充分获取侵权线索和证据。只有如此才能保证知识产权行政执法活动有着充分、有效的事实及法律依据。

知识产权行政执法证据可以理解为知识产权行政执法机关在行政执法过程中，依照法定程序收集或提供的与查明案件事实或法律事实有关联的符合法定形式的物质资料依据。与其他领域具有一致性，知识产权行政执法中的证据也可以大致分为书证、物证、视听资料、证人证言、当事人陈述、鉴定结论及其勘验笔录、现场笔录等。在证据来源上，根据行政执法程序启动机制的不同有两类执法证据，主动型行政执法证据，主要来自行政执法机关主动收集、保全；被动型行政执法证据，一方面来自申请人的搜集保全；另一方面来自行政执法机关后续通过询问、调取、鉴定、勘验、检查等方式的获取。

在传统环境中，侵害知识产权行为均发生在实体环境中，涉嫌侵权人、涉嫌侵害知识产权产品均以实体形式存在，行为人难以通过有效数段虚拟化其身份、隐藏其侵权行为及侵权产品。知识产权行政执法机关在锁定潜在侵权人及侵权具体地域后，进行证据获取及保全过程中所遇阻碍相对较小。但在网络环境中，知识产权行政执法机关面临主体及具体行为虚拟化以及电子数据处理两大方面的困难。对于主体及行为虚拟化问题而言，网络用户可以直接通过网络服务提供者提供的网络平台向公众发布或者销售盗版产品和假冒商品，而这些网络用户可以是实名，也可以是假名甚至匿名，这就为打击网络环境下的侵权行为造成了极大的障碍。在行为主体虚拟化的同时，涉嫌侵权产品的生产、交易、流通、使用行为也逐步虚拟化。原本明确的行为外观逐步虚拟化，除了涉嫌侵权产品的生产者、销售者、交易相对方能够相对明确地知晓所涉特定主体以及有关产品的生产销售信息外，包括行政执法机关在内的其他主体往往难以直接接触、获取、保全有关侵害知识产权行为的线索，保全相关证据。涉嫌侵害知识产权线索的发现以及相关证据的获取、保全已经成为知识产权行政执法需要解决的关键问题所在。对于电子数据的处理而言，行政执法机关面临如下困难：一是电子数据高度集成，传统的以检查小组为单位分散调查的检查模式难以有效发挥作用；二是数据量巨大，广泛存在的数字信息不利于执法人员找准突破口并进行专业判断；三是数据结构复杂，执法人员在短时间内难以全面掌握和了解数据内涵及数据表间的勾稽关系；四是数据类型多样，执法人员检查电算分析水平比较低，对非结构化数据进行综合分析和处理的能力仍有待提高；五是传统的抽样检查、取证的方式存在样本选取上的偏差，导致小样本抽样数据分析结果与客观情况相偏离。

（二）大数据提供了丰富的侵权线索

知识产权行政执法中，证据搜集的范围包括但不限于涉嫌知识产权行政违法行为主体基本信息的证据材料、有关证明知识产权行政违法存在以及情节严重程度的证据材料、有关证明知识产权行政违法不存在或者情节轻微的证据材料以及与行政执法相关的其他证据材料。这些证据材料是行政执法机关判断行为人行为是否侵害他人知识产权、存在行政违法情形以及作出对应行政执法行为的依据。

知识产权在其产生、获权、使用、运营的各个环节都会留下完整的信息足迹。这些信息足迹尤其是各类市场主体、网络交易平台运营者所掌握的各类信息中包含着大量的侵害知识产权的线索和证据。基于信息共享机制，知识产权行政执法机关能够获取特定主体、特定知识产权的海量市场交易信息资源。云计算等信息技术的发展则赋予我们进行全数据分析、深度挖掘信息价值的能力。大数据让我们重新审视信息的潜在价值，全数据分析思维代替了传统的小量样本分析。借助大数据技术，知识产权行政机关能够将海量信息纳入统一的分析框架，挖掘出看似相隔甚远信息之间的相关关系，从而协助知识产权行政机关逐步构建起有关特定侵权人及侵权行为的丰富线索。

正是因为看到大数据带来的线索检索便利，在政策层面，高层级的知识产权行政管理、执法机关在相应的知识产权政策中作了相应的引导，明确提出了知识产权执法机关可以充分利用大数据的技术进行侵权线索的检索。例如，国务院发布的《国务院办公厅关于印发2016年全国打击侵犯知识产权和制售假冒伪劣商品工作要点的通知》《国务院办公厅关于发挥品牌引领作用推动供需结构升级的意见》等相关政策，要求利用大数据技术，开展打假工作，净化市场环境，保护企业品牌。这里所称的利用大数据技术主要是强调利用大数据的数据整合、分析技术，通过主动检索，发现可疑线索。另外，可以众包形式实现侵权行为发现的社会化协作。在众包平台上（如各类讨论社区等），每个社会个体都是一个重要的信息搜集、传输、共享基点。每个社会个体贡献一部分信息就能够实现大范围的相关数据有效的汇总、整理，通过社会化的协作，实现对特定潜在侵权线索的广度汇总、深度挖掘。

在具体实践上，部分知识产权行政管理机关已经加强与各类电子商务平台的合作，进行侵权数据检索的有益尝试。杭州海关联合阿里巴巴电商平台查获、处理假冒阿迪达斯运动鞋案件即是全数据分析获取侵权线索的例证。杭州海关获得涉嫌假冒阿迪达斯运动鞋的基础线索，1949 个涉嫌侵害知识产权的邮包分批次从义乌、宁波等地寄往意大利、西班牙多达 1000 余个收件人。但除此之外，杭州海关却因难以介入电子商务平台用户的交易行为而获取不到更为充分的侵权线索。而阿里巴巴电商平台则具备全数据获取分析的能力。在接到海关通报的线索后，阿里巴巴电商平台迅速对侵权邮包涉及的千余条交易记录进行追踪，分析上万条关联数据并反复比对、串并相关账号，查找出多个具有团伙性质的电子商务平台商家。在锁定不法商家大致范围后，阿里巴巴电商平台全数据分析技术，针对锁定商家进行更为深入的数据分析，充分掌握了特定商家的主体基础信息，涉嫌侵害他人商标产品的生产、销售、物流、资金流等信息，并将之共享给杭州海关。这为杭州海关查处、打击此类通过互联网跨境电商平台向境外销售侵权商品的售假团伙提供了充分的线索和证据，成为我国首起应用大数据分析查获的通过互联网跨境渠道出口侵权的案件。

二、多维论证，减少行政执法偏差

（一）行政执法权力的扩张

现有知识产权法律法规赋予了知识产权行政机关广泛的行政职权。以专利行政执法为例，国家知识产权局是国家层面管理专利事务的主导机关，地方专利行政管理部门是进行专利权行政执法的主要部门。其具体执法职能包括：第一，处理专利侵权纠纷；第二，查处假冒专利行为；第三，调解专利侵权纠纷之外的以权属纠纷为主的其他专利纠纷案件；第四，规范专利标识标注方式；第五，开展展会专利行政执法工作。有权依法采取查封、扣押涉嫌假冒专利产品的强制措施，依法作出行政处罚决定。可以说现有制度赋予了知识产权行政执法机关广泛的执法权利，知识产权行政执法机关可以自主决定采取行政执法的方式、程度、时间。一方面行政执法机关享有广泛的权限，另一方面权力的扩张也容易导致执法失误情形的出现。

（二）行政执法证据的获取与审查

知识产权行政执法中，证据搜集的范围包括但不限于涉嫌知识产权行政违法行为主体基本信息的证据材料、有关证明知识产权行政违法存在以及情节严重的证据材料、有关证明知识产权行政违法不存在或者情节轻微的证据材料以及与行政执法相关的其他证据材料。这些证据材料是行政执法机关判断行为人行为是否侵害他人知识产权、存在行政违法情形以及作出对应的行政执法行为的依据。知识产权行政执法机关可以通过询问、调取、鉴定、勘验、检查、辨认以及抽样取证等方式获取行政执法的证据。

在执法机关对于相关证据的审查事项上：在程序方面，行政执法机关需要审查每个证据的来源，证据收集是否合法、科学；在内容方面，需要审查特定证据与案件事实之间的关联，审查证据形成的时间、地点、条件，审查证据本身的内容前后是否一致，是否明确具体、是否存在逻辑矛盾以及不符合情理的部分。在完成对特定个别证据的审查后，还应当将全案证据联系起来，相互印证分析，进而得出行政执法的依据。只有满足最为基本的客观性、合法性、关联性要求的资料才有可能成为行政执法的证据。

一般而言，知识产权侵权活动隐蔽难以被发现，侵权情形复杂难以判断。在信息有限情形下，对于那些侵权边界模糊、侵权判断比较复杂的案例，行政机关是难以胜任的，知识产权执法实践中曾发生过很多执法错误的案例。小样本的抽样检查往往暗含着不为我们察觉的行为惯性、选择盲区，导致抽样检查的判断结果与实际情况之间的偏差。小样本也往往只是展现了涉嫌侵权行为的部分构象，不能为行政执法机关呈现整个涉嫌侵权行为的整体情形，这可能导致行政执法机关的错误判断和错误执法。

（三）减少行政执法偏差

大数据讲究实用主义，追求数据之间的相关性，通过相关性简历模型，寻找规律，不再像传统科学那样执着于因果性的追求。行政执法机关基于现有资料作出的判断也可以通过大数据的预测予以验证，从而提高行政执法机关判断与大数据分析预测结果的吻合度。

大数据分析支撑下的多维论证，使得行政执法机关充分获知隐藏在数据背后不为我们所察觉的彼此之间的相关性；可以排除与特定知识产权行政执法事项无关、影响行政执法机关判断的线索；可以根据线索资料充分了解侵权人侵权的地域、数量、时间、影响，由此评估侵权行为给知识产权人造成的损失；可以深入了解侵权人所获收益，并以此作为进行行政处罚的必要依据。从证据审查角度看，这使得行政执法机关能够更加严谨地依据"三性"进行证据内容及获取、保全程序合法性的审查，剔除不符合行政执法证据要求的线索，减少证据链条内部各证据间在逻辑上的颉颃之处，促使行政执法证据链条更加完善，证明效力更加充分。这也使得知识产权行政执法做到了有法可依、有证据可知，防止了行政执法的盲目性。

行政执法机关还可以充分评估不同类型的执法手段所需成本、收益以及效果。经过上述论证，行政执法机关可以因地制宜采取既能够及时制止侵权行为、防止损失扩大又能够有效控制执法行为负面影响，避免公权力行为过度干预市场经济的恰当的行政执法手段，尽量减少行政执法偏差的产生。

三、流程优化，提升行政执法效率

（一）传统语境下的行政执法

知识产权行政执法可分为主动行政执法以及经权利人或利害关系人申请的被动行政执法。以被动行政执法为例，往往要经过当事人申请、执法机关受理、执法机关审查，若在审查中发现申请人资料或证据有所欠缺，会及时通知申请人补充完善相应的材料并完成相应的受理。行政执法机关在受理后，会根据申请人提供信息、自有信息以及第三方来源信息确定有关涉嫌侵权行为人以及侵权行为的基本信息（如侵权行为人住所地、联系方式、主要生产经营地，侵害知识产权行为的发生地，相关产品的生产地销售地等）。在此基础上，行政执法机关将独自或者联合其他诸如工商机关等着手开展针对性的检查，检查的目的在于进一步获取有关侵权行为的证据，以便进一步明确被申请人行为及其生产、销售的产品是否构成侵权。若执法机关所查证的事实不清或者证据不明的，行政执法机关将对申请人的执法申请予以撤销。若行政执法机关获取足够支撑其确认侵权行为存在的证据，行政执法机关将填写立案呈报表，完成相应的立案程序。检查同时通过下达取证决定书、填写取证笔录、获取各类证据等完成对于侵权行为的证据获取与保全。行政执法机关在充分证据基础上，根据侵权行为的具体情形，采取与之情况相对应的诸如查封、扣押、处罚、没收生产设施及侵权产品等措施制止侵权行为，防止损失的扩大。对于被申请人，法律法规也赋予了诸如听证、提起复议以及行政诉讼等救济措施。与经申请而采取的行政执法措施相比，行政执法机关主动采取的执法行为在整个流程上少了申请人申请受理等环节。由上述论述可知，行政执法机关整个的行政执法过程可以大致分为涉嫌侵权信息获取、侵权行为核实、执法措施采取等环节。

对于知识产权行政执法机关而言，在以往信息隔离、共享缺失的背景下，行政执法机关信息获取途径较为有限，主要是通过申请人提供信息以及特定知识产权行政执法机关主动检查获取。在缺乏执法联动的情形下，侵权行为的核实以及行政执法措施的采取往往需要特定机关独立完成，个别情况下存在重复核实、重复执法等情况。行政执法过程取证难度大、执法措施难落实。对于申请行政救济的行为人而言，则不得不为跨区域的知识产权维权而奔波。整个救济过程成本高、耗时长且经常遭受地方保护主义的阻碍。

（二）大数据支撑行政执法降本增效

在大数据时代，行政工作的数字化管理、各类材料的电子化、信息的共享使得原本的潜在侵权行为预警、行政执法流程、具体办理等得到进一步的优化。通过数字化举报、申请平台的建立，知识产权权利人及利害关系人可以通过公开的链接渠道，按照举报及申请要求填写相应的有关申请主体、被申请人、涉嫌侵权行为等相关信息，并完成基础证据材料的上传。申请人借助覆盖范围各异的举报平台，通过一次性的申请，就能够实现在多地域涉嫌侵权行为的举报，这样就避免了权利人及利害关系人因为地域阻隔等原因，难以低价、及时申请行政救济的阻碍。行政机关在获取相应的信息后，可以借助侵权信息共享平台向侵权所涉地域机关发出存在特定侵权行为的预警通知。与此同时，通过与其他行政机关、司法机关以及与市场主体的信息共享机制准确获知有关涉嫌侵权行为人，侵权产品生产、销售、流通各个环节的信息。行政执法机关不能获取、不便获取的证据等信息能够通过司法机关、其他行政机关的共享从而获得。这极大地降低了执法机关的信息获取成本，又能够更为准确地锁定侵权行为人、核实侵权行为存在与否。

在侵权证据的保全等环节，行政执法机关可借助大数据优势，将获取的侵权证据予以电子化呈现并保存在更为安全、便捷，成本更为低廉的云端存储平台等，避免了特定电子证据的遗失，降低了证据的获取与保全成本。由此可见，借助大数据优势，知识产权行政执法的流程及其具体开展得以进一步优化，减轻了申请人在申请行政救济，特定行政执法机关在信息获得、证据获取保全、行政处罚下达与执行等环节的成本，提升了行政执法的效率，提高了行政执法的效果。

综上所述，借助大数据，知识产权行政执法机关能够通过对数据的及时收集与分析处理，做到涉嫌侵害知识产权行为的合理预测与准确判断；再通过对数据的不断补充与更新，采取更为准确高效的行政执法措施，并不断跟进行政执法措施效果，及时调整知识产权行政执法的思路和方法，保持知识产权行政管理、行政执法的及时性、适应性、连续性和有效性。

第四节　大数据丰富救济路径，推动执法协同

一、权利人维权渠道不断拓宽

普遍存在的侵权行为打破了市场稀缺，阻碍了利益传输，损害了知识产权人的合法

权益。为保护知识产权权利人的合法权益，现行法律法规为知识产权权益人提供了包括私力救济、公力救济在内的多种方式。选取成本最为低廉的救济手段、及时有效地制止侵权行为防止损失扩大、高效充分追偿填平自身损失是所有知识产权权益人永恒的诉求。私力救济具有自主性、灵活性的特点，能够充分尊重当事人的意思自治，在处理方式、时间、结果上更好地满足当事人的利益诉求。但私力救济的成本需要由权利人直接承担，所达成的合意可能因不具有强制执行力而落空。司法救济具有法定性、程序性、强制性的特点，但往往成本高、效率低、时效性不足，结果难预测。从维权成本及维权效果的对比看，选择知识产权行政执法，知识产权人所支付的人力、物力成本较低，所面临的法律风险较小；知识产权行政执法机关权限大、自由度高，能够及时有效地制止侵权行为，防止损失的扩大。因此，申请知识产权行政救济往往成为权利人维权的优先选择。面对网络环境中的侵害知识产权行为，传统的知识产权行政救济申请机制、行政执法机关纯粹管理者角色定位、传统的行政执法流程及措施难以打破区域阻隔、行政管辖划分所造成的阻碍，难以在节奏效率上满足权利人快速核实、及时打击侵权行为的诉求。

为方便权利人申请行政救济，减轻其在申请行政救济方面的成本，公权力机关以及相应的市场主体分别根据自身的特点及优势，积极拓宽知识产权行政救济路径。在行政机关层面，我国知识产权系统积极转变自身定位认知，强化知识产权行政机关的服务意识，在全国范围内设立了"12330"知识产权维权援助与举报投诉公益服务电话，积极接收社会公众和权利人的举报投诉，及时向相关执法部门转交案件线索，追踪反馈案件信息。各地知识产权系统积极支持举报投诉平台建设，"12330"电话接听量与移交案件量大幅增加，有力地推进了专项行动与执法办案工作的开展。部分援助中心借助大数据技术，建立起覆盖本区域的行政救济申请平台。如前文所言，权利人及其利害关系人可以根据涉嫌侵权人及侵权行为发生地的行政救济云平台申请该行政区划的救济。其只需要通过在线注册，提交权属证明以及初步证明侵权的证据材料就可以完成行政救济的申请流程，而无须实际奔赴侵权行为发生地的行政主管机关当面进行救济申请。这些行政救济申请平台往往结合本区域产业特点，建立起行政救济快速审查、快速确权、快速维权机制，有效地提高了地区知识产权执法维权效率，保障了产业的健康发展。

在市场层面，以阿里巴巴为代表的大中型电子商务平台业已凭借大数据技术，强化与知识产权行政执法机关的合作，搭建起各具特色的知识产权救济平台。阿里巴巴构建知识产权保护平台旨在与全球知识产权权利人建立合作机制，为权利人与阿里巴巴集团旗下各网站之间搭建知识产权保护桥梁，为全国乃至全球范围内的知识产权人提供专业的救济路径。平台倡导权利人参与构建机制，引导权利人诚信维权，深度参与平台治理过程，强化平台与知识产权权利人的深度合作。平台在与知识产权权利人维权过程中，会全程保持互动，深入把握权利人的自身需要以及侵权的实际情况，明确双杠维权目标，制定符合权利人的治理策略方案。在具体的维权过程中，双方则根据自身的定位职责，相互协同共同面对和解决维权过程中面临的各种问题。就具体维权程序而言，权利人及利害关系人首先签署《知识产权保护平台使用协议》完成相应的注册，再提交自身享有合法权益的知识产权信息。在已完成权利备案的基础上，就可以针对特定行为人提起知识产权投诉。投诉环节不仅需要提供相应的被控侵权人的基本信息，如网址链接等，还需要提供投诉人认为侵权行为存在的相关证据。平台在收到上述信息后，将对权利人权利以及被控侵权行为进行核实，并依据当事人申请制定制止侵权行为方案。

二、专项行动不断强化

重点突出、特色鲜明的各类打击知识产权侵权的专项行动是知识产权行政执法机关主动采取执法手段打击侵权行为的重要体现。中央层面，各知识产权主管机关会定期或不定期地发布相关指导文件，在全国范围内组织、引导下属各省市知识产权管理机关开展各类专项执法活动，诸如"护航""雷雨""天网""亮剑"等。以往专项打击行动的开展往往与特定的知识产权日主题相挂钩，在上层知识产权管理机关明确专项行动主题与要求后，各地知识产权行政管理、执法机关按照上级机关要求开展相应行动。在缺乏大数据支撑难以及时获取足够的信息并作出量化分析的情形下，高一层级知识产权行政管理、执法机关对于大区域内的知识产权侵权情况尤其是侵权主要发生地域、主要涉及领域、侵权主要方式以及侵权影响等往往不能够予以及时准确地掌握。各个区域所出现的知识产权侵权纠纷也可能与高一层级下发的专项行动的表述与要求存在一定的差异。这在一定程度上会导致下级执法机关确定的打击领域、行为、重点、类型等与上级机关的要求相一致而与该下级执法机关领域内的具体情形相区别。这不仅耗费了大量的行政执法成本，未能及时打击真正不断蔓延的侵权行为，也往往导致知识产权行政执法行为逐步流于形式。

而在大数据时代，知识产权专项行政执法制定的依据、内容、领域、形式依据的是海量数据的深度分析，能够分地域、分领域、分时段地获取特定区域知识产权侵权情况并予以数据化呈现。这样就为行政执法机关开展专项整治提供了强有力的数据支撑，整个知识产权行政执法在执法重点上更加准确，在执法区域上更加明确，在执法时间上更加及时。也可以说大数据时代的知识产权专项行政执法更为贴合本地域、本领域的实际。

例如在著作权领域，著作权行政管理部门采取专项治理与日常监管并重的方式，多年来相继开展了打击网络、软件预装、图书馆、假冒他人署名书画作品等领域的侵权盗版专项治理行动，探索运用技术手段打击侵权盗版行为，著作权执法力度空前加大。而伴随着视频产业的规模壮大，游戏直播、网络直播产业的迅猛发展，各主要的知识产权行政管理、执法机关也都顺应产业发展的需求，结合产业发展的客观实际，加强了对主要视频网站、新兴直播平台的主动监管，以规范视频网站的著作权授权环节，从源头上防范侵权盗版问题发生。对重点网站的主动监管，规范了整个视频网站行业的正常经营秩序，在很大程度上遏制了网络视频的盗版现象。

在商标领域，打击未经商标注册人许可的使用行为以及仿冒他人商标商品行为一直是商标领域专项执法的重点内容。珠三角、福建及浙江的知识产权行政执法机关在开展各类商标行政执法行动时，就充分利用各类电子商务平台提供的数据、信息进行缜密分析，从而获取有关假冒名牌运动鞋行为人以及生产、销售行为的准确信息，进而有针对性地开展专项执法活动。

在专利领域，专利行政执法机关借助大数据带来的便利，充分推进信息共享机制、执法协同机制的建设。在此基础上，不断推动专利假冒侵权执法关口前移，加强互联网、进出口、展会等关键环节的行政执法，针对网络交易平台、大型展会专业市场等组织开展专项行动。

作为知识产权边境保护重要组成部分的海关，也积极开展各类专项行政执法。开展了"重点打击利用邮递快件渠道侵犯知识产权行为的专项行动""长三角地区海关知识产权专项执法活动"和"全国海关保护知识产权龙舟行动""世博会标志专有权专项保护行动""打击侵犯知识产权和制售假冒伪劣商品专项行动""打击进出口侵权药品、食品、汽车配件专项整治"等，有效遏制了相关领域的侵权势头。

由此可见，大数据时代知识产权行政执法是建立在海量数据共享、深度挖掘数据信息的基础之上的。海量的数据共享使行政执法机关对于特定区域知识产权的侵权情况更为深入了解，深度数据分析使得行政执法机关执法依据更为充分、专项行动方向更加明确、领域更加突出、执法内容更具有针对性。

三、执法手段不断丰富，协同维权不断深入

（一）现实困境倒逼行政机关丰富执法手段

行政执法机关可以采用的执法手段主要包括查处、查封、扣押、责令停止侵权、罚款、纠纷调解等。其中责令停止侵权行为是最为主要的方式，行政执法机关可以要求侵权行为人销毁制造侵权产品的设备、模具，不得销售使用尚未售出的侵权产品或者以其他形式投放市场，或者销毁该侵权产品等。这些手段在知识产权权利人寻求行政救济、行政机关打击各类侵权行为的过程中发挥了重要作用。但网络环境下电子商务环境中的侵害知识产权行为则呈现出新的特点。侵权主体虚拟化，行政执法机关难以准确锁定知识产权侵权人，难以充分掌握有关知识产权侵权人的相关信息。网络技术一方面扩大了潜在侵权人对

于知识产权及其产品的基础路径，降低了侵权行为成本；另一方面扩大了侵权产品的生产销售渠道，整体提升了侵权人的侵权收益，导致侵权行为丛生。借助网络技术，侵权行为人也实现了侵权行为的虚拟化。一个完整的侵权行为被分割为多个环节，侵权设备、设施、材料等被隐藏在虚拟网络环境中。

在此种情形下，囿于专业人才匮乏、技术能力有限，传统的行政执法手段难以及时获取、保全相关侵权证据，难以及时发现制止侵权行为，难以深度介入侵权行为人的生产经营活动，查封、扣押、销毁生产销售各类侵权产品的设备、设施以惩戒侵权行为人。对于侵权行为人而言，其所获取的侵权收益仍然远高于其侵权成本。行为人从事侵权行为的基础资源未被有效打击，其可以再次变换身份，继续从事侵害知识产权行为。由此导致原本强有力的行政执法手段在打击网络环境中侵害知识产权行为时逐渐鞭长莫及、隔靴搔痒。

为应对网络环境、电子商务给知识产权行政执法带来的挑战，行政执法机关也在法律法规允许的范围内不断丰富行政执法手段。在侵权行为的查处与证据获取、保全上，各层级的知识产权行政执法制度或多或少、或疏或密地规定了电子商务领域证据搜集、获取、保全、出示的指引，为行政执法机关电子证据保全提供必要引导。部分行政执法机关则吸纳专业人才，强化专业培训，强化与高校间的交流合作，提升专业能力。在人才资源、硬件设备上进行提升，以更好地推进执法措施的准确、高效落实。

在制止侵权行为和惩戒侵权行为人的措施上，从制度层面充实知识产权行政机关的执法权限。以专利行政执法为例，《专利法送审稿》强化了专利行政执法机关的执法权限和内容。《专利法送审稿》第六十条规定了执法机关有权要求停止侵权并可以申请法院进行强制执行；对于群体侵权、重复侵权，执法机关有权没收生产设备并可以惩罚性处罚。第六十三条则规定了专利行政部门认定网络用户利用网络服务侵犯专利权或者假冒专利的，应当通知网络服务提供者采取本条第一款所述必要措施予以制止，网络服务提供者未及时采取必要措施的，对损害的扩大部分与该网络用户承担连带责任。第六十七条则规定了执法对象的协助义务。专利行政部门依法行使前款规定的职权时，当事人应当予以协助、配合。当事人拒绝、阻挠专利行政部门行使职权的，由专利行政部门予以警告；构成违反治安管理行为的，由公安机关依法给予处罚；构成犯罪的，依法追究刑事责任。在具体惩戒措施的落实上，行政执法机关通过电子商务平台等对侵权人予以惩戒。电子商务平台可以按照行政机关要求采取警告，删除，屏蔽，切断信息、技术、现金流支持等方式制止侵权行为。还可以通过通报批评、降低信用评分、提高保证金比例、设置准入诚信黑名单、提高准入门槛拒绝侵权人进入交易平台等多种措施，惩戒知识产权侵权人。

此外，行政执法机关也强化诚信机制的建立完善，设立对反复恶意侵权行为人的诚信关注名单机制，强化对于日常生产经营行为的关注；通过诚信缺失名单共享机制，联合其他行政机关、司法机关对行为人的其他生产、经营活动予以约束、限制。符合失信被执行人条件的，将之纳入失信被执行人名单强化对其惩戒。在法律法规允许的框架下，知识产权行政执法、惩戒的手段正日趋多样化。例如，《专利法送审》第七十四条就明确规定专利行政部门应当建立专利权保护信用信息档案，并纳入全国信用信息共享交换平台。行政处罚案件信息会纳入社会征信体系，这与市场主体参与的一系列市场经济活动相捆绑，对被处罚的企业或个人的正常经营活动产生重大影响，比如企业的信贷资质、债权人及其他商业合作伙伴的信用评价、企业形象（商誉）等。

（二）维权协同不断深入

1. 公权力机关间强化维权协同

现有知识产权执法现多部门管辖情形，但由于现行的知识产权行政执法主体与各类知识产权之间一一对应的关系，部分行政执法机关出于执法依据以及执法成本、收益的考量，选择拒绝申请人的执法申请，导致实践中出现了一些"三不管"地带，网络环境下的侵害知识产权行为基本都是跨地域侵权，但我国在地方知识产权机构的设置上，除了商标局设置有一个自上而下的统一组织和管理体系外，对其他机构法律并无明文规定。这就导致了各地机构设置模式的多样化，致使地区知识产权管理工作差别较大，也给地区之间的协同管理造成一定的障碍。例如，侵权行为地的行政执法机关若欲采取销毁侵权行为人模具、销毁侵权产品等行动就不得不进行跨区域执法或者申请侵权行为人所在行政区域的执法机关配合。否则，知识产权人申请行政执法救济无门。就我国现实情况而言，一般认为部分学者主张开展集中管理模式的行政执法并不实际。以深圳市为例，统一的市场监管部门行使知识产权行政执法权，但从试点情况来看，由于专利侵权判定需要较高的专业知识，执法难度较大，统一的市场监管机关执法意愿不强。更为切实可行的是在既有的机制设置基础上，强化各行政执法机关间的执法协同，弥补职责空缺，修补执法机制缝隙。

伴随大数据信息共享机制的不断完善，公权力机关间的执法协同不断深入。在著作权领域，国家版权局每年均联合文化部、公安部、工信部、国家互联网信息办公室等部门联合开展打击网络侵权盗版（文学、音乐、视频、游戏、动漫、软件）的各类专项行动。各级著作权、公安、工信、互联网信息办公室及文化市场综合执法队等执法部门协调配合，著作权领域协同执法取得长足发展。

在商标领域，全国已建立了多个区域性的商标行政执法协作网络，所有省、自治区和直辖市都纳入了商标保护协作网。商标保护协作网的出现，为交流商标工作经验、统一商标法律理解与执行水平、研讨商标管理工作中的新情况、新问题提供了有力的工作平台。之前工商行政管理部门不断加强与海关、公安、司法等部门的执法合作，取得了积极成效。原工商行政管理总局与海关总署联合下发了《加强保护商标专用权执法合作的暂行规定》，双方以驰名商标、著名商标、地理标志商标以及出口企业商标为保护重点，加强联合执法，发挥各自优势，实现战略合作，与公安部、最高人民检察院制定下发了《关于工商行政执法与刑事司法衔接配合工作若干问题的意见》，以解决案件移送中遇到的重点、难点问题。

在专利领域，上海市知识产权局、江苏省知识产权局、浙江省知识产权局以及江苏和浙江两省所辖 24 个地级市知识产权局的代表一致同意并签署了《长三角地区知识产权局系统专利行政执法协作协议》。该协议扩大了协助调查取证的范围。从省际协议规定的"协助开展重大、复杂案件的调查取证"扩大到"积极配合协助开展专利侵权纠纷、假冒他人专利和冒充专利案件的调查取证"。该协议也进一步明确"协作办理重大案件"的执法协作内容，明确规定"对跨区域的故意侵权、群体侵权、共同侵权、重复侵权等重大案件，相关区域的知识产权局根据实际情况可以协作办理"。该协议还明确"联席会议下设办公室，负责处理联席会议的各项日常工作"，从而更加突出加强执法协作的组织保障。在信息共享、大数据技术未能广泛应用的情形下，初始期的行政执法协同面临信息实时共享、证据实时传输、执法实时反馈等多方面问题。但伴随着云计算、大数据技术的发展，数据化信息共享、执法协同平台的完善，协同执法正不断走向深入。与之类似的专利行政执法协同机制还包括川南片区专利行政执法协作机制、闽浙赣皖九市专利行政执法协作机制、西部十二省区市专利行政执法机制等。

国家知识产权局在浙江杭州建立中国电子商务领域专利执法维权协作调度（浙江）中心，广州市知识产权局等单位参与签订《知识产权系统子商务领域专利执法维权协作调度机制运行协调会议备忘录》，接收国家调度中心分送的电子商务领域专利侵权假冒举报投诉案件。中心可将接收的浙江省内电子商务平台上的专利侵权举报投诉案件分送至全国各有关知识产权维权援助中心协助办理，相应知识产权维权援助中心应尽快作出咨询意见书。与此同时，提升线上案件移送与执行中的协作水平。对于电子商务领域的案件，各地方知识产权局应在接到协助执行书后快速提供协助，对具有重大社会影响或群体性的专利侵权案件，由国家知识产权局协调处理。最后要强调的是做好线上转线下案件的衔接工作。对于线上查实的专利侵权假冒案件，可由中心通过电子商务平台商确认被请求人详细信息，及时将案件线索移送有管辖权的地方知识产权局进行线下办理，从源头打击专利侵权假冒行为。

担负知识产权边境保护重责的海关总署及其直属各级机关，在电子商务时代面临着更为严峻的知识产权保护责任。为此，海关总署及其直属机关不断加强与其他地区行政执法机关的合作。在国内层面，海关总署建立起了海关系统内部的跨区域执法协同机制，实现了人员调度、快速立案、及时移交、线索共享，有效提高了跨地区案件的办理效率。在国际层面，与其他国家和地区海关在知识产权执法的情报交换、执法培训、执法经验和人员交流等方面的合作也在不断深化，先后与欧盟、俄罗斯等海关签订了知识产权保护合作行动计划，为国际间海关联手打击侵权货物的跨境流通搭建了合作平台。同时加强了与美国电影协会、中国外商投资企业协会优质品牌保护委员会（QBPC）、国际商标协会等行业协会的交流，增进了信息共享、执法培训等多层次合作。

此外，行政执法机关还强化了与司法机关的维权合作。行政保护与司法保护对于知识产权保护来说都是不可或缺的方面，两者不能相互替代。行政保护应严格遵循行政为辅助方式、司法为纠纷最终解决方式的原则。在现有制度中，知识产权行政执法与刑事司法制度已经存在一定的衔接基础，如《著作权法》第四十八条、《商标法》第六十一条等。在现实操作中，行政执法机关与司法机关的衔接也逐步推向深入。

2. 加强与市场主体合作，推进执法落实

网络交易服务提供者最大的优势在于资源集成，平台汇聚了个人或者单个企业难以获得的各类商业信息，极大地降低了用户个人的信息搜集成本。这种信息的多样性增加了用户的选择项，提高了交易达成的可能性。网络用户对于网络交易服务提供者提供的商业信息、软硬件服务形成了路径依赖，需要服务提供者搭建的宣传销售平台、虚拟支付平台以及信用机制完成交易。表面上网络交易服务提供者与用户之间是平等的民事主体，但实际上网络交易服务提供者处在相对优势地位。大多数网络交易服务提供者奉行"不接受即走开"的原则，用户若想利用这些丰富的交易信息以及便捷的交易服务，就必须遵守网络服务提供者制定的各类规则并接受其管理监督。目前，各大相对成熟的网络交易服务提供者均已逐步建立起涵盖平台入驻、交易管理、信用评定、侵权处理等多方面的规则体系。这些内容庞杂、体系严密的交易规范可以直接内化在交易活动中，具有直接的实施效力。网络服务提供者将自身的资源集成优势转化为规则优势，这种规则优势实际上打破了网络平台服务提供者、平台用户之间原本独立平等的地位。网络服务提供者能够凭借详尽的平台管理规则、先进的技术手段对网络服务平台内部的用户进行监督、管理，对违反平台管理运营规则的用户进行相应的处理。

以阿里巴巴旗下的电子商务平台为例，无论是个人用户还是企业用户在入驻网络交易平台时都需要提供个人身份证明资料，如真实的姓名、地址、营业执照等信息，这些信息可能帮助网络交易服务提供者准确地识别平台内部交易主体尤其是卖家的真实身份和具体地址、联络方式。网络交易服务提供者通过相应的规则、协议以及先进技术，能够实现对于交易主体以及部分交易流程的监督控制。对于违反电子商务平台交易规则以及相关法律法规的平台用户，网络服务提供者能够依照事先达成的协议或者相关法律规定采取减分、降级、暂停服务、封锁账号等措施实现对于平台内部主体以及交易行为的有效控制。对于经确认核实的侵权行为，部分网络交易服务提供者能够从技术层面采取删除、暂停服

务等必要措施，从物理层面直接、及时、有效制止侵权行为，防止损害结果的扩大。浙江等地的知识产权行政执法机关也建立起了电子商务知识产权专项维权机制。按照行政执法机关与电子商务平台的合作机制，行政执法人员直接进驻电子商务平台，现场接受权利人维权申请，核实潜在侵权行为，直接采取必要措施处理知识产权纠纷，案件处理力度和效率大幅度提升。

第五节　大数据平台监督，规范行政执法

一、强化监督的必要性

与司法机关不同的是，知识产权行政机关执法是动用国家的公共资源进行执法，基于自身定位，可以采取各类管理措施、执法措施并从中获得相应激励，如对被管理对象罚款，即使存在管理错误、执法失当也可以通过司法救济予以纠正。行政管理及执法机关有着充分的内在激励去强化行政管理和执法。知识产权行政机关能够从执法行为中获得足够的激励，这为执法寻租、选择性执法、执法不作为、地方保护等留下很多可乘之机。如果知识产权行政机关滥用行政权力，将打破市场良性竞争，过度干预市场资源的分配，强化乃至异化个别知识产权权利人对于专利技术的垄断。行政处罚具有执法上的主动性和威慑性，具有与刑罚类似的效果，如忽视制度平衡而片面地强调行政处罚对保护力度的加大必然会抑制或者扼杀社会的创新积极性，使保护制度与权利实际不相适应。此种不良影响将在地域保护色彩浓厚、市场尚未完全开放的区域成倍放大。缺乏必要监督的知识产权行政执法行动将逐步走向运动化，此种运动化可以理解为以运动式的思维或者方式来推动行政管理和执法。这主要体现在两方面：一方面，大量的临时性、应急性行政机构被随意设立出来，处处铺摊子、层层搭班子；另一方面，为配合特定时期的中心工作，突击性、阶段性地开展围绕特定主题的综合执法、联合执法、专项执法等。此类行动虽能够在短时间内调动各方力量，打击侵权行为，保护权利人的合法权益。但运动式执法本质是行政机关事前管理缺位、事中疏于监督、事后矫枉过正的体现，临时性机构的铺设导致专利行政机关臃肿，政出多门；行政管理未能形成长效机制，行动的随意性助长了侵权人的投机心理，行政执法效果不确定，问题反复出现难以彻底解决。

虽然知识产权行政执法存在权力滥用、权力寻租的可能性和现实例证，但不能以偏概全全盘否定掉知识产权行政执法所发挥的重要作用和优势。对于专利行政执法不是"要

不要"的问题，而是"如何发展和完善"的问题。认真总结经验，查找不足，研究解决存在的弊端，强化体制和机制建设，才是不断优化知识产权行政执法的正确路径。

二、制度规范行政执法，构建多层次监督机制

（一）完善执行执法相关制度，规范行政执法

目前，各级知识产权行政管理、执法机关基本均制定了本层级的知识产权行政执法制度、知识产权行政执法细则等，为本行政区域内的知识产权行政执法提供必要的指导。但制度本身定位为普适性规则，时常滞后于经济社会的发展趋势，难以满足市场主体的利益诉求。电子商务发展使得针对电子商务平台的行政执法日趋增多，但对于电子商务环境中的行政执法开展、证据留痕、执法公开缺少一定的引导。因此，规则制定机关可以细化操作指南，明确强化行政机关对知识产权执法、纠纷处理全过程的留痕，并对证据尤其是电子证据的获取、归档、保存、出示等环节进行明确规定，为知识产权行政机关高效、有力推动行政执法提供必要指导。

（二）强化行政执法信息的公开

知识产权行政处罚案件信息公开不仅具有维护公平竞争的市场秩序、保护消费者权益的原初设计，而且也承载了行政机关处理知识产权纠纷正当性的效能；不但具有提高执法公信力的价值预设，而且还影响到行政处罚相对人的知情权、参与权、表达权、监督权与救济权等合法权益。知识产权行政执法机关应当在履行职责过程中将获取的，以一定形式记录、保存的信息尤其是其执法依据、执法程序和执法结果，予以及时、准确的公开发布。

具体到知识产权行政执法领域，在中央部委层面，与知识产权行政执法相关的各机关已经对于知识产权行政执法信息的公开进行了有益尝试。例如，原农业部结合案件信息公开，强化执法档案建设，规范执法程序管理，扎实推进执法工作制度化、规范化。文化部结合全国文化市场技术监管与服务平台推广应用，采集文化市场基础数据，提高案件信息公开效率，保证信息质量。原新闻出版广电总局加强对案件信息公开工作的巡查，将案件信息公开纳入执法评议考核和依法行政示范点制度建设内容。国家知识产权局将有关案件信息及时录入专利执法办案报送系统，并将案件信息公开纳入年度执法维权工作绩效考核中。

以专利行政执法的信息公开为例，在《专利法送审稿》中也明确国务院专利行政部门"负责涉及专利的市场监督管理，查处有重大影响的专利侵权和假冒专利行为，建设专利

信息公共服务体系，进一步地完善专利权以及专利行政执法的信息公开机制"。国家知识产权局发布的《关于公开有关专利行政执法案件信息具体事项的通知》中将假冒专利行为的处罚与专利侵权行为的查处分别规定，并明确了行政处罚决定因行政复议或行政诉讼发生变更或撤销后公开相关信息的时间为 20 天。

（三）构建多层次的监督机制体系

推进行政执法监督平台的构建。覆盖不同行政层级的行政执法监督平台能够实现对于本行政区域内各类执法主体在实施行政执法行为过程中产生的相关信息实时归集、实时监督、实时反馈，并及时向社会公开，接受权利人以及社会公众的监督，促进了执法监督从被动到主动、从事后到全程的转变。社会公众可以通过手机客户端等获取所关切的相关行政执法信息，并可以在投诉、举报专区举报行政执法机关在执法过程中的违法违规行为。在此意义上，互联网的最大贡献不在于方便了沟通而在于为公众发声提供了丰富的路径。选聘监督员监督行政区划内知识产权行政执法的开展。监督员一方面扎根于自身本职工作，了解社会公众对于知识产权行政执法机关的意见与观点；另一方面连接着行政执法机关，能够有效地向社会公众传递最新知识产权行政执法动向，向行政执法机关提出民众对于行政执法机制的意见和建议。

基于上述例证，有学者提出了云治理的理念，云计算技术以及大数据分析使得网络社会进一步扁平化，普通社会公众的呼声也被大数据作为分析的样本。这超越了传统社会治理的逻辑形式，实现了社会治理主体的社会化。政府各类行政机关能够通过互联网的技术平台实现更为高效的分享公共信息公共服务的社会职能。

（四）强化问责机制构建

一方面，知识产权各行政执法部门应该全面推行行政执法责任制，认真梳理执法依据，把执法任务分解到具体的内部执行机构，明确执法职权和执法任，建立行政执法评议考核办法、行政执法责任追究办法，并落实到位，以保证履行职权不越位、不错位、不缺位。例如，北京市要求市、县级打击侵权假冒工作领导小组办公室和政府信息公开办公室对同级执法部门信息公开工作进行监督，各级行政执法部门采取平时抽查、重点督办、定期报告、绩效考核等方式开展内部监督。甘肃省将案件信息公开纳入打击侵权假冒工作年度绩效考核，坚持定期检查与结果监督相结合，推动工作开展。以上制度和措施，为案件信息公开工作顺利开展提供了保障。再比如，武汉知识产权局发布《武汉市知识产权局行政执法责任制专用考核目标》，建立了既反映该局执法特点，又具有规范性、连续性、操作性的专用目标体系。同时，按照有权必有责、用权受监督、侵权要赔偿的要求，完成了依法界定执法职责的工作，将法定职责落实到相关部门、相关岗位及其具体工作人员，为深化执法责任制奠定了必要基础。通过完善考核评价体系，增强了执法工作人员依法履行职责的意识，加大了执法力度。

另一方面，现有知识产权行政执法制度及细则一般都会明确强调社会监督以及对知识产权行政执法机关滥用职权、徇私舞弊的行政责任，但均未明确规定行政机关错误认定侵权、错误行政执法时需对被执行人在自身过错范围内所应当承担的民事责任。这在一定程度上限制了被执行人在民商事领域对错误行政执法寻求民事损失赔偿的救济路径。因此，有必要完善知识产权行政执法制度规则，对于知识产权行政执法机关错误行政执法的，除了明确规定其所承担的行政责任之外，还应当明确其对错误被执行人所要承担的民事责任。

第八章

大数据时代知识产权行政执法的法律争议

大数据时代的知识产权行政执法是大数据应用在政务领域的具体化，正处于起步阶段，受制于数据获得、数据质量、体制机制、法律规范、社会伦理、技术成本等多方面的限制。其主要体现为两个层面的挑战：第一，技术层面的挑战，即大数据在知识产权行政法领域的应用所需要的数据资源、科学技术、基础设施建设等。第二，制度层面的挑战，即大数据在知识产权行政执法领域的应用所引发的数据采集、传输、存储、使用、开放规则不明的问题，责任主体不明的问题，国家利益、公共安全问题，以及商业秘密、个人隐私、个人数据保护等问题。

第一节 大数据时代知识产权行政执法中的隐私争议

大数据时代中个人行为以数据的形式被记录下来，并成为大数据分析的原料，并汇集于部分企业以及公共管理机构手中。部分激进主义者认为，在大数据环境下，隐私已经消亡，公共管理可延伸至私人的每个角落，个人信息保护政策也到了退出历史的时刻。

另外，数据监控激发人们对个人隐私的关注。这一点在各国的隐私保护立法或个人数据保护立法中可获得深刻的洞见。大数据时代的来临，隐私内容、理念、制度受到冲击在所难免。

一、隐私观念的嬗变

在一百多年前，美国学者第一次提出"隐私权"这个概念，将其描述为"不被打扰的权利"。隐私权这个概念的出现，与19世纪末20世纪初印刷技术的发展为偷窥他人生活创造了条件不无关系，因此，有学者认为，隐私权的产生就是针对新闻出版社的。后来，隐私权被明确规定在《世界人权宣言》《欧洲人权公约》和《公民权利与政治权利国际公约》中，将其定格为现代社会最基本的人权之一，并得到各国的普遍认同。1971年，我国加入联合国，并担任常任理事国，自动承担《世界人权宣言》的各项义务。1998年，我国签署《公民权利与政治权利国际公约》，并承认隐私权是公民基本人权之一。

从各国的法律来看，隐私的保护范围存在很大的差异。《美国侵权行为法（第二次）重述》将侵犯隐私的行为分为四种，即侵入、窃用姓名或肖像、公开私生活、公开他人不实形象。这种观点被美国许多州所采纳，但也有一些州只认可侵入和公开私生活。还有学者将保护隐私的利益分为四种：第一，信息隐私，即个人控制他人掌握本人信息的利益；第二，领域利益，即控制侵入行为领域的利益；第三，身体隐私，即免于身体受到干扰的利益；第四，通信隐私，即通信免受监视和保密的利益。

从美国学者对隐私权的界定可以看出，他们并未区分个人数据权与隐私权。这与美国的立法模式相关，其将个人数据权放在隐私权中受到保护。欧盟各国的立法模式与美国不同，前者将个人数据权与隐私权予以分开，英国、法国、德国皆是如此。

从《民法总则》的规定来看，我国对隐私权和个人数据权的保护模式采取的是分开保护模式。王利明教授将隐私权的内容界定为生活安宁和生活秘密，并严格区分个人数据权与个人隐私权。他认为，生活安宁是指自然人对自己的生活所享有的不受他人打扰、妨碍的权利。其内容主要包括以下三个方面：第一，排除对私人正常生活的干预；第二，禁止非法侵入私人空间；第三，对个人自主决定权的妨碍。生活秘密是指个人不愿意为他人所知道的信息，包括生理信息、身体隐私、健康隐私、财产隐私、谈话隐私、个人电话号码、夫妻生活、亲属关系、婚姻状况、个人情感生活等。

隐私权虽然以生活安宁和生活秘密为主要内容，但其范围依然具有不确定性。这种不确定性主要表现在以下几个方面：第一，技术的发展使隐私的内容不断扩张，例如，互联网的诞生产生了新的私人空间即网络虚拟空间，生物技术的发展，使基因信息成为一种新的私人秘密；第二，个人信息往往被政府部门、司法机关、医疗机构、金融机构等组织掌握，这些信息是否应当公开以及如何公开，需要权衡是否涉及公共利益，而公共利益本身便具有不确定性。

然而，大数据基本特征之一就是数据体量大。当数据达到一定量时，个体的所有信息将被集中，孤立的信息彼此联系，借助数据的深度分析，私人空间会因第三方重组而遭到披露。单个的姓名、职业、工作单位、联系方式、收入情况等信息的公开因不具备识别性而不属于侵犯个人隐私的情形，但是信息重新组合后，足以识别某一个人。这就产生了一个问题，第三方对单项信息的披露不构成对隐私信息的披露，但是，在不同的时间对单项信息的大量披露，可能导致信息具有识别性时是否构成对隐私的侵犯？如果构成对隐私的侵犯，那么侵犯隐私的主体是披露信息的主体还是对这些信息进行收集和分析的主体。这个问题在政府信息公开中显得尤为突出。

二、隐私的保护现状

隐私权在性质上属于民事权利中的具体人格权，因此，本部分对隐私权保护现状的梳理主要是基于民法的视角。隐私在我国民法上的保护经历了一个由司法到立法的演变过程。《侵权责任法》第二条，第一次采用了隐私权的概念，使隐私脱离于名誉权，并冠以民事权利。不可否认，这是一种进步。但这并不意味着对隐私权的保护就止于《侵权责任法》。《侵权责任法》第二条只是规定了隐私权的概念，其主要目的在于宣示隐私权应当受到侵权法的保护。而并未规定隐私权的内涵和外延、隐私权的分类、隐私权的行使和保护、隐私权与其他权利的冲突解决规则、隐私权的限制等适用《侵权责任法》前提的制度。当隐私权受到侵害时，虽然能依据《侵权责任法》提起诉讼，但获得保护范围以及保护程度并未明晰。因此，《侵权责任法》对隐私权的保护存在一定的局限性。故王利明教授主张应当将隐私权纳入未来的《人格权法》中或《民法典》的人格权编中，以规定完整的隐私权制度，然后再通过侵权法加以保护，这样才能在法律体系内部形成有效的衔接。

三、隐私保护的法律争议

隐私权制度还未建立，大数据时代已经来临。知识产权行政执法作为保护知识产权的一种途径，在数据收集、整合、分析的背后隐藏着知识产权行政执法与个人隐私权的矛盾，即知识产权行政执法能否收集、整合、分析公民的个人隐私？如果能的话，能在多大程度上利用公民的隐私？

这是一个此消彼长的过程。要保持知识产权行政执法权与隐私权的平衡，在理论上，有两种思路可供选择：其一，严格界定隐私权的范围，凡是隐私权之外的领域不受限制，而只要落入隐私权的范围，知识产权行政执法机关就不得对其进行限制、侵害，即个人隐私受到绝对的保护。其二，在隐私领域设定若干例外，即知识产权行政执法机关可对涉及执法权限的隐私形成某种限制，即执法机关在涉及知识产权行政执法的隐私时，不构成侵犯隐私权。

路径一是从隐私权的外部解决知识产权行政执法权与隐私权的冲突问题。路径二是从隐私权的内部解决知识产权行政执法权与隐私权的冲突问题。由于隐私权本身就是一个具有开放性，随着技术和观念的变化而不断向外扩张的权利，要从外部明确地界定隐私权的范围具有较大的难度。更何况隐私本身具有相对性，针对不同的人和不同的场景是否属于隐私以及是否侵犯隐私的判断标准不一样。因此，从外部界定隐私权的范围具有模糊性和不确定性，这同样会导致知识产权行政执法机关以扩展模糊领域的形式逐渐碾压甚至蚕食隐私权。故路径一难以达到平衡知识产权行政执法权与隐私权的目的。

知识产权行政执法是一个笼统的称谓，因为知识产权是一个权利束，它包括很多子权利，如著作权、商标权、专利权等，相应的知识产权行政执法也可细分为著作权行政执法、商标行政执法、专利行政执法等。知识产权行政执法的复杂性不仅体现于知识产权的复杂性，还体现于知识产权行政执法事由以及执法后果的复杂性。就执法事由而言，既有纯粹侵犯私人权利而启动的知识产权行政执法，也有不仅侵犯私权还侵犯公共利益的知识产权行政执法。执法后果包括查处侵权物品、销毁侵权物品、销毁制造侵权物品的模具、罚款、责令停止销售等。一般认为不同的知识产权行政执法事由涉及不同的利益主体，纯粹侵害知识产权人利益的知识产权行政执法仅涉及私人利益而不涉及公共利益，因此，隐私权受到的限制较小。部分知识产权行政执法既涉及私人利益又涉及社会公共利益，隐私权受到的限制较大。执法后果是执法事由的延伸，在执法事由对隐私权有所区分的情况下，没有必要再进行区分。在知识产权行政执法的启动条件和知识产权行政执法的类型还没有被厘清的现阶段，如何区分对隐私权的限制，没有一个定论。

第二节　大数据时代知识产权行政执法中的个人信息争议

一、个人信息保护的必要性

关于个人数据的称谓，各国家或各地区有诸如个人数据、个人隐私、个人信息等不同的表达。我国台湾地区采用"个人资料"，欧盟及其成员国使用"个人数据"，日韩采用"个人信息"，而美国多采用"信息隐私"。虽然称谓略有差别，但是在涉及个人信息保护方面基本可以互用，没有实质性的差异。由于我国《民法总则》第一百一十一条以立法的形式确立了"个人信息"的称谓，因此本文也采用个人信息的称谓。

个人信息是指与个人相关的，能够直接或间接识别特定自然人的信息。从个人信息的定义可以看出，识别性是个人信息的重要特征，识别性是指个人信息与信息主体存在某一客观确定的可能性，这种可识别性包括直接的可识别性和间接的可识别性。直接的可识别性是指通过单个信息能够直接确认某人身份，例如身份证号码、基因序列、指纹。间接的可识别性是指单个信息虽然不能直接指向某人，但是同其他信息相结合或者通过对比分析，可以确定某人身份，例如，地址、性别、职业、联系方式等。因此，在判断某个信息是否构成个人信息时，识别性是重要的判断标准，只有特定信息能够与特定的个人存在可识别的客观联系，才构成个人信息。

但是随着通信技术与信息挖掘技术的提高，信息与信息之间的关联性越来越容易被发现。从理论上来说，如果不考虑技术、经济、时间等成本，以任何数据为起点，通过数据关联和挖掘都可以将数据指向特定的自然人。因此，为了避免个人信息的保护范围过大，有必要对间接识别的信息进行限制。《欧盟数据指令》对个人信息的识别性强调了两点，即识别的可能性、识别的合理性。如果需要付出不成比例的费用，或需要克服很多困难才能识别的信息不构成个人信息保护法规上所保护的个人信息。

法律是调整人与人之间利益关系的规则的总和。一项事物，要获得法律的保护，那么它必须包含了值得法律所保护的利益。

有学者认为，个人信息具有自主价值和使用价值。个人信息的自主价值，是指自然人通过对个人信息的自主使用以实现人格自由发展的价值，且主要包含两方面的内容：其一，个人有权自主决定对个人数据的使用方式、内容和范围，即使个人决定以何种方式发展人格以及发展的目标；其二，保护个人信息的自主使用要求他人不得以违反本人意愿的方式对个人信息进行处理。个人信息的使用价值是指个人信息可以通过在社会交往过程中公开并流转的方式为本人带来各种利益的价值。对个人信息的使用方式多种多样，大致来说包括两个个方面：第一，利用自己的个人信息获得经济利益；第二，利用自己的个人信息获得某种社会评价或服务。

基于个人信息的自主价值和使用价值，谢远扬认为，个人信息具有人身属性和财产属性。而郭瑜也明确指出，个人数据权是人格权与财产权的兼容体。一般认为，一项权利是人身权还是财产权，抑或是人身权与财产权的并存，这主要看保护的对象涉及人身利益还是财产利益，抑或是，人身利益与财产利益并存。个人信息具有自主价值和使用价值，自主价值主要是满足自然人的自我发展的利益，而使用价值主要是涉及通过自然人自己使用而获得经济利益的价值。故个人信息兼具人身属性和财产属性，个人信息权是人身权与财产权的并存。

与个人信息相关的绝大多数困扰，均属于数据被信息化技术加工处理的结果。个人信息保护的立法是随着计算机在产业中应用范围的不断扩大而展开的，也是为了防范个人数据与信息技术的结合给个人生活带来危险才被提出来的。个人信息的保护也是对信息技术发展回应的一部分。在大数据影响下，个人信息的变化主要体现在两个方面：其一，个人数据信息化；其二，个人数据的信息化给个人生活带来了负面影响。

个人数据的信息化是指个人数据被信息化处理，使个人数据与传统的个人数据的使用发生了变化。这些变化主要体现在四个方面：第一，信息收集和保存方法发生了变化。人只要生存和活动就会产生各种信息，因为时间、金钱、能力的限制，过去很少有人大规模收集普通人的生活足迹。但是现在，大街小巷的摄像头、网络上的监控软件，轻轻松松地就收集到了普通人所留下的电子脚印。几乎人手一部的手机，成了机主生活轨迹的实时记录器。不计其数的政府部门和商业机构建立了关于普通公民的各种数据库，提供着所有地方所有人的所有信息。第二，信息的处理方法也在进步。计算机不仅可以记忆，还可以联系、过滤，找出潜在的趋势。因为数据清洗、加工、再造、转换、存储等技术的运用可以从原始数据产生更多的数据。各种没有价值的数据碎片，最后变成了有价值的信息。例如，我们在网上购买商品时，电子商务公司知道了你的姓名、住址、购买商品的记录、浏览过的其他商品，则该公司可以分析出你的收入状况、消费习惯、兴趣爱好、购物时间等。商家就可以针对这些信息有针对性地投放商品和广告。第三，信息的应用和传播范围也在发生变化。过去要在资料库中找到有用的信息，绝对是一件耗时费力的体力活。如今，即使数据库中的信息浩如烟海，但只要借助检索技术，瞬间即可完成信息检索。信息的力量不仅取决于其内容，更取决于其传播的速度和范围，在快速广泛传播的情况下，信息的半衰期缩短，影响范围扩大。第四，当信息技术与个人数据相结合，个人数据的采集、传播、分析、使用都呈现出前所未有的新局面。利用个人数据对个人生活进行干预的深度和广度远超从前，甚至在信息技术的作用下个人数据在我们的生活中被重新发现、重新认识。

个人数据的信息化处理造成的负面影响，主要包括以下三个方面：第一，精神上的不安宁感。如果个人情况、活动规律、偏好、能力甚至具体的所思所想，都可以成为数据，并被新的技术挖掘整理，个人的一切都无所遁形，这使所有人都感到惴惴不安。第二，电子化人格的真与假。个人数据的处理还会重塑个人的社会形象，这些社会形象很容易被改变、被强化、被弱化。个人数据汇集成个人的公共形象，可能因数据本身的偏差或数据处理方式的偏差，而使个人的形象被完全扭曲。可能存在外在的数据化的自我与真实的自我有所差别从而影响自己的就业或者受到某种歧视。根据美国的一项调查，75％的美国招聘人员和人力资源专家会对应聘者进行网络搜索，其中70％遭拒的应聘者是因为网上有他们的不良信息。在购买保险时，保险公司通过对承保人的基因信息进行分析，并计算出他们患某种疾病的概率，然后依据概率的不同决定他们的保险费率以及是否签订保险合同。第三，决策自由被剥夺。从更深层次的分析来说，个人数据的处理会限制甚至剥夺个人的决策和行为自由。在个人数据被分析的情况下，商家将针对每个人量身定制广告和销售计划诱导消费者的行为，甚至限制消费者选择。

二、个人信息保护的现状

姓名、肖像、名誉、个人私密信息即属人格权的内容也属个人信息的内容，身份证信息、个人通信信息、个人医疗信息、个人金融信息、税收信息、档案信息属于个人信息的内容同时也受到其他法律的调整。

在我国，姓名权、肖像权、名誉权、隐私权都是独立的人格权，都能够得到民法的保护。姓名权是指个人有权决定、使用和依照规定改变自己的姓名，禁止他人干涉、盗用、假冒。姓名权对姓名的保护范围仅限于禁止他人对个人行使姓名权的干预以及冒名顶替。对于目前讨论较为激烈的买卖含有个人姓名的客户名单的情形，不能用姓名权予以保护。名誉权的保护范围仅限于"用侮辱、诽谤等方式损害公民、法人的名誉"，如果对个人的不良评价是基于事实并没有侮辱性语言，即使是广泛的传播也很难被认定侵犯了他人的名誉权。肖像权是指公民依法享有的禁止他人以营利为目的使用自己的肖像。肖像权的保护范围限于，未经个人同意，其肖像不被营利性使用。当他人将个人的照片上传到网上，不能以侵犯肖像权为由获得救济。隐私权是指个人享有私人生活安宁和私人秘密，不被他人非法收集、打扰和知晓。隐私权对个人信息的保护，仅限于个人不愿意为他人所知晓的处于保密状态的信息。但是，大多数的个人信息都不是处于保密状态的，而是被公开的信息，隐私权对这类信息无法提供充分的保护。

姓名权、名誉权、肖像权、隐私权对个人数据的保护作用比较有限。因此，有人主张在现有的法律框架下，可以用一般人格权保护个人信息。虽然这种保护方式相较于具体人格权的保护方式，扩大了保护个人信息的范围，但是依然存在一定的局限性。因为，一般人格权的适用以人格尊严受到侵害为要件，而目前存在很多滥用个人信息且没有损害个人人格尊严的情形，比如，在网上大量地公开个人信息、人肉搜索等。

其他法律也对部分个人信息提供保护。例如《居民身份证法》规定，公安机关和人民警察应当对公民的个人信息予以保密，国家机关或者金融、电信、交通、教育、医疗等单位的工作人员在履行职责或提供服务的过程中，泄露公民个人信息的，依法承担民事责任、行政责任和刑事责任。《统计法》第九条规定，统计机构和统计人员对在统计工作中知悉的个人信息，应当予以保密。《互联网电子邮件服务管理办法》第九条规定，互联网电子邮件服务提供者对用户的个人注册信息和互联网电子邮件地址，负有保密义务，并不得非法使用。由此可见，这些单行法律法规对个人信息的保护仅针对本领域涉及的个人信息予以保密并不得泄露。涉及本领域外的个人信息以及对个人信息泄露以外的滥用方式，这些单行法律法规无法给予保护。

2016年11月7日通过并于2017年6月1日实施的《网络安全法》对个人信息的保护作了较为全面的规定。其中主要涉及网络运营者对个人信息的收集使用规则以及保密义务，信息主体的更正权、删除权，以及其他人对个人信息的义务。《网络安全法》对个人信息的保护仅停留在网络运营者对个人数据享有的保密义务，以及根据法律的规定对个人信息进行收集、使用。其对个人信息的保护具有主体的局限性。在现实中，滥用个人信息、非法收集个人信息、非法使用个人信息主体的恰恰是政府部门。如果仅依据《网络安全法》，公民的个人信息难以获得保护。为了更全面地保护个人信息，2017年3月15日通过的《民法总则》将个人信息作为一项民事权利予以保护。《民法总则》将个人信息纳入民事权利范畴可谓意义重大。首先，任何组织和个人都负有不得侵犯他人个人信息的义务，从此对个人信息的保护不存在主体之别、行业之分。其次，结束了以单行法保护部分个人信息的历史，本来所有的个人信息都应当受到法律的保护，但是以前由于未规定个人信息的法律地位，所以，只得在各个单行法中对公民的部分个人信息予以保护。最后，对个人信息的保护突破了保密的限制，扩展到了个人信息安全和个人信息收集、使用规则。在个人信息入《民法总则》之前，以单行法的方式对个人数据进行保护，最主要的保护方式就是相关主体负有保密义务，不得泄露个人信息。这种保护方式没有抓住当下个人信息面临的主要问题，现在面临的问题主要是，对个人信息的使用问题。不可否认，《民法总则》对个人信息的保护确实有较大的进步，但是也存在一个问题，即对个人信息的保护最主要的是保护个人信息的使用，禁止对个人数据的滥用，但是《民法总则》第一百一十一条的规定太过于抽象，对"收集、使用、加工、传输、买卖、提供、公开"这些行为的限制仅限于"非法"。此处的"非法"应当如何界定？如果立法对此不予以规定，那么对此处"非法"的探讨，又将成为学界争议的焦点和法律适用的难点。

三、个人信息保护的争议

大数据时代知识产权行政执法中的个人信息保护亦受到质疑，知识产权行政执法机关收集个人信息的方式方法、使用个人信息的范围以及使用个人信息的方法，是其必须明确的问题。

知识产权行政执法机关的信息收集渠道是多元的：有的来自政府机关内部的信息共建平台，有的来自其他企事业单位就相关事项提供的协助材料。而通过不同渠道收集知识产权侵权信息的关键在于，知识产权行政执法对个人信息的需求与信息主体对个人信息的控制之间的平衡。一般认为，知识产权行政执法机关可以用监控的手段收集所需要的个人信息，但是要满足以下条件：第一，收集的个人信息只能用于知识产权行政执法，不能用作他途；第二，对收集到的私密信息具有保密义务；第三，加强网络安全，防范他人攻击、盗取个人信息。

知识产权行政执法机关有权使用哪些信息，涉及隐私权保护的范围。个人信息保护涉及的是个人信息的使用规范，而隐私权涉及的是个人信息可使用的范围。

知识产权行政执法机关如何使用个人信息涉及两个问题：其一，知识产权行政执法机关对个人信息予以处理时，是否要征得信息主体的同意；其二，知识产权行政执法机关能否对这些个人信息进行二次利用。在大数据背景下，知识产权行政执法中，在作出侵权认定或作出处罚决定之前，系统将对个人信息作深度分析，其数据子集既包括某一主体的个人信息，也包括不特定多数主体的个人信息。理论上，为了不侵害个人信息自主权，知识产权行政执法机关在进行个人信息处理前应当取得个人的同意。但是由于大数据自身特性，过大的数据子集带来过高的交易费用，取得个人同意的成本与保护个人信息自主权的收益不成正比。默示同意规则是有益的尝试。知识产权行政执法是知识产权保护的重要方式，而普罗大众将会从知识产权保护中受益，为了从知识产权保护中受益，同意对个人信息进行分析是信息主体的不二选择，而这种选择不需要信息主体逐一承诺，只需要法律对此事实予以表达即可。这既解决了成本问题，也不至于侵害公民的信息自主权。

第三节　大数据时代知识产权行政执法中的信息安全争议

一、知识产权行政执法信息的泄露风险

近年来，数据泄露事件层出不穷，并具有扩大的趋势。"为了规范公开制售假冒伪劣商品和侵犯知识产权行政处罚案件信息，保护消费者权益，提高执法公信力，维护公平竞争的市场秩序"，全国打击侵犯知识产权和制售假冒伪劣商品工作领导小组制定了《关于依法公开制售假冒伪劣商品和侵犯知识产权行政处罚案件信息的意见（试行）》（以下简称《意见》）。后经国务院转批，《意见》成为规范制售假冒伪劣商品和侵犯知识产权行政处罚案件信息公开的行政法规。因此，在知识产权行政执法中，侵犯知识产权行政处罚案件的信息应当予以公开。各知识产权行政执法机关为了认真贯彻执行《意见》，纷纷制定了具体的规定，例如，原国家新闻出版广电总局（国家版权局）下发了《新闻出版（版权）行政执法部门依法公开制售假冒伪劣商品和侵犯知识产权行政处罚案件信息的实施细则（试行）》，国家知识产权局下发了《国家知识产权局关于公开有关专利行政执法案件信息具体事项的通知》。

各知识产权行政执法机关就侵犯知识产权行政处罚案件信息公开具体内容的规定与《意见》的规定保持一致，只是表达上有细微差别。《意见》规定，公开的内容主要是行政处罚决定书载明的内容和依照法律法规应当公开的其他信息，包括被处罚的自然人的姓名、被处罚的企业或其他组织的名称、法定代表人姓名等。但是公开的信息不得涉及商业秘密以及自然人住所、肖像、电话号码、财产状况等个人隐私，除非经过个人同意或不公开可能对公共利益造成影响。根据《行政处罚法》的规定，行政机关给予行政处罚的，应当制作行政处罚决定书，而行政处罚决定书应当载明当事人的姓名或名称、地址。地址与

住所有着千丝万缕的联系，地址是指人的居住地方或者团体机关所在地，而住所是指一个人以久居的意思而居住的某一处所。一个人可能存在多个居住的地方，但久居的住所却只有一个，所以，地址的范围比住所的范围要宽泛得多，住所是地址中的某一处所。因此，知识产权行政执法机关在公开行政处罚决定书的时候，应当对当事人的地址作隐匿性处理，以免泄露了当事人的住所。

根据《政府信息公开条例》和《意见》的规定，知识产权行政执法机关对侵犯知识产权行政处罚案件信息的公开，属于行政机关主动公开的信息。在公开前要进行保密审查，对属于个人隐私和个人信息的相关内容不得公开，除非取得当事人的同意或者不公开将影响公共利益。但实际上，这点在操作中存在一定的困难。知识产权行政执法机关进行保密审查时，缺乏明确的个人隐私判断标准和法律的明细规定，认定是否属于隐私的随意性过大，自由裁量权过大，导致对隐私的保护难以落到实处。这一困境是由隐私的两个属性所决定的：其一，隐私的相对性。生活安宁和私密信息是隐私的主要内容，然而是否属于"私密"，取决于当事人知名度。例如，公众人物的住所、财产状况、工作单位不属于个人隐私，但是普通人的住所、财产状况、工作单位可能就属于个人隐私的范畴。其二，隐私的扩张性。信息交互成本越低，私密信息越容易被他人知晓，对私人生活的影响也越大，个人的隐私观念越强，隐私保护需求越大，隐私所包含的内容越宽泛。

在知识产权行政执法信息公开中，相较于隐私保护，个人信息保护的形势更为严峻。个人信息以识别性为标准，这种识别性包括直接识别和间接识别。直接识别是根据某一条信息就可以锁定某一特定主体，例如通过个人的肖像、身份证号码、基因序列等信息识别某一特定主体。间接识别是指单个信息不能指向某一特定的主体，但是同其他信息相结合或者通过对比分析可以确定某人的身份。

从理论上而言，以个人为媒介，其产生的所有信息都具有客观的联系，通过对信息的挖掘和分析，可以识别某一特定的主体。基于经济考量，识别成本过高的信息一般不纳入个人信息保护的范畴。《欧盟数据保护指令》规定，需要付出不成比例的成本，或者需要克服较大困难方可识别的信息，不构成法律上的个人信息。这是一个值得参考的方式。若仅以不能公开信息（国家秘密、商业秘密、个人隐私、个人信息）为限，由于缺乏明确标准，它将难以得到适用。

二、知识产权行政执法信息泄露的控制

对信息泄露事件的制止受到法律、社会准则、市场、架构等要素的影响。劳伦斯·莱斯格在其著作《代码2.0：网络空间中的法律》中以对吸烟的规制为例，详细阐述了这四个要素是如何相互作用，从而影响潜在的吸烟者选择吸烟与否。

如果一个潜在的吸烟者想吸烟，那么他面临的第一个约束就是法律。至少在有些地方法律规制着吸烟，例如，在任何一个国家的飞机上、动车上都禁止吸烟。如果违反法律禁令，吸烟者将被处以罚款，情节严重者可能构成犯罪。在这个例子中，法律意图指导吸烟行为，它作为对潜在吸烟者的约束而发挥着作用。社会准则亦起到约束的作用。在公共汽车上、电梯里等公共场所不得吸烟，是长期生活形成的共同准则，若部分吸烟者在该等区域吸烟，将会受到周围人指责，或形成缺乏教养的社会评价。市场同样也约束着吸烟。香烟的价格会约束吸烟者的吸烟能力，一旦价格变化，吸烟者的需求也会随之发生变化。烟的架构，即香烟本身的质量、制作、设计也会影响潜在吸烟者的行为。例如，吸经过尼古丁处理的香烟容易使人上瘾，故而比吸未经处理的香烟约束要大，吸气味较小的香烟比吸气味儿较大的香烟的约束小。

同理，在知识产权行政执法中，信息泄露也要受到法律、社会准则、市场、架构的约束。上文已经论证，信息泄露的具体行为类型分为五种，即黑客攻击、系统漏洞引发的信息售卖和传播、信息管理单位内部人员非法售卖和披露、信息管理单位的售卖、设备失窃。这五种类型的行为均要受到法律、社会准则、市场和架构的约束，但是针对不同的行为，各因素的约束力是不一样的。

首先，抵制黑客攻击，防止信息泄露，保障信息安全。从信息泄露的途径来看，黑客攻击是信息泄露事件发生的罪魁祸首。因此，对知识产权行政执法信息安全威胁最大的就是黑客攻击。

黑客攻击可以分为破坏性攻击和非破坏性攻击，破坏性攻击以侵入他人电脑系统、盗取系统保密信息、破坏目标系统的信息为目的，非破坏性攻击一般是为了扰乱系统的运行，并不盗窃系统信息，通常采用信息攻击或信息炸弹。因此，对信息安全有威胁的黑客攻击一般都是破坏性攻击。破坏性攻击通常利用系统漏洞、木马、后门程序等工具，采用网络监听、密码破解等手段，从而获取目标信息、非法访问保密系统、涂改信息、暴露信息。

针对以上行为，一是从法律的角度，《刑法》第二百八十五条、第二百八十六条规定：非法侵入计算机信息系统，非法获取计算机信息系统数据，非法控制计算机信息系统，提供侵入、非法控制计算机信息系统程序、工具，破坏计算机信息系统等行为构成犯罪。二是从社会准则来看，任何人都禁止他入侵入自己的计算机，即便是黑客本身也不例外，但是黑客侵入往往具有隐秘性，在攻击时不易被社会公众所察觉，所以社会准则对黑客攻击的约束力很小。三是黑客攻击也要受到市场的约束。在大多数情况下，黑客攻击知识产权行政执法信息系统就是为了获取大量的信息，然后再非法售卖以获取利益。如果打击非法买卖数据成效明显，数据交易市场不活跃，那么入侵者获取的数据就难以售出，黑客入侵的激励不足，黑客攻击的数量便会减少。反之，黑客入侵的数量则会增加。四是黑客入侵也会受到构架的约束。黑客经常利用系统漏洞、后门程序、木马等网络程序自身的缺陷侵入信息系统，从软件和硬件方面提高信息系统安全性能，增加黑客入侵的成本，从而有效地减少入侵的数量。例如，及时填补系统漏洞、关闭后门程序、安装杀毒软件、设置网络防火墙。

其次，系统漏洞。知识产权行政执法机关作为执法信息的管理者应当承担保障信息系统安全的职责，如何减少、填补甚至拒绝系统漏洞是网络技术的问题，而非法律所能解决的问题。从法律上来讲，要建立健全执法信息安全保障制度，例如，在知识产权行政执法机关内部，设立专门的信息安全官，以保障执法信息系统的安全。如果知识产权行政执法信息系统存在明显的系统漏洞或安全隐患，那么信息安全官应当及时填补漏洞并向上级报告，如果因为其不作为而导致执法信息大量泄露，那么知识产权行政执法机关以及安全官应当承担法律责任。

最后，知识产权行政执法机关或其工作人员非法售卖、披露执法信息。知识产权行政执法机关出卖执法信息或者知识产权行政执法机关工作人员售卖、披露执法信息也是信息泄露的重要途径。如何规制这两种行为呢？第一，从法律上来讲，要坚持信息专用原则，知识产权行政执法的信息不能用作他途。第二，规范执法信息的管理，信息管理人员之外的工作人员不得随意查看、接触执法信息。第三，建立健全信息安全责任机制，例如，知识产权行政执法机关或知识产权执法机关工作人员售卖或披露执法信息，根据法律的规定，应当承担民事责任、行政责任和刑事责任。除了从法律上规制执法机关工作人员售卖、披露执法信息外，还应当从技术上保障信息的安全。其一，对具有识别性的个人信息、个人隐私信息采取隐匿性处理，这样做的目的在于，即使这些信息被售卖或被披露，也能够减轻其危害后果。其二，对于已经结束的知识产权行政执法的相关信息，应当予以删除，从源头上删除或销毁数据，使他人无法售卖或披露。其三，对存储的数据采取加密措施，增加数据获取的难度，从而有效地阻止信息轻易被售卖或披露。

参考文献

[1] 柴广成，杨阳，顾立平 . 知识产权共享与限制 [M]. 北京：科学技术文献出版社 ,2019.

[2] 韩旭 . 跨境电子商务与知识产权保护 [M]. 北京：电子工业出版社 ,2020.

[3] 何隽 . 创新驱动的知识产权政策 [M]. 北京：知识产权出版社 ,2018.

[4] 贺志丽 . 知识产权信息与创新发展 [M]. 北京：企业管理出版社 ,2019.

[5] 来小鹏 . 知识产权法学 [M]. 北京：中国政法大学出版社 ,2019.

[6] 黎长志 . 中国知识产权制度 [M]. 北京：中国民主法制出版社 ,2019.

[7] 李雨峰 . 知识产权行政执法机制改革研究 [M]. 北京：知识产权出版社 ,2020.

[8] 倪静 . 知识产权纠纷调解理论与实务 [M]. 北京：法律出版社 ,2020.

[9] 戚涌，董新凯 . 新时代知识产权发展与变革 [M]. 北京：知识产权出版社 ,2020.

[10] 漆苏 . 支撑强国建设的知识产权公共服务体系研究 [M]. 上海：同济大学出版社 ,2019.

[11] 尚苏影 . 中国知识产权行政保护实践与创新研究 [M]. 哈尔滨：东北林业大学出版社 ,2018.

[12] 隋洪明 . 知识产权法律应用研究 [M]. 北京：知识产权出版社 ,2019.

[13] 王俊 . 创新、知识产权与政府政策 [M]. 北京：知识产权出版社 ,2020.

[14] 王黎莹，刘云，肖延高 . 知识产权管理 [M]. 北京：清华大学出版社 ,2019.

[15] 王鸣涛 . 科技创新能力与知识产权实力评价研究 [M]. 北京：科学技术文献出版社 ,2018.

[16] 王肃 . 国家自主创新示范区知识产权若干问题研究 [M]. 北京：知识产权出版社 ,2019.

[17] 吴汉东 . 知识产权应用问题研究 [M]. 北京：中国人民大学出版社 ,2019.

[18] 吴黎譞，聂嫄芳 . 网络时代的知识产权研究 [M]. 北京：中国商业出版社 ,2018.

[19] 杨雄文 . 知识产权总论 [M]. 广州：华南理工大学出版社 ,2019.

[20] 张大伟 . 欧盟知识产权法 [M]. 上海：东方出版中心 ,2019.